OS SEGREDOS DE SAND HILL ROAD

OS SEGREDOS DE SAND HILL ROAD

Capital de Risco e Como Consegui-lo

SCOTT KUPOR

SÓCIO-GERENTE NA ANDREESSEN HOROWITZ

ALTA BOOKS
GRUPO EDITORIAL
Rio de Janeiro, 2024

Os Segredos de Sand Hill Road

Copyright © **2024** Alta Books.
Alta Books é uma editora do Grupo Editorial Alta Books (Starlin Alta Editora e Consultoria LTDA).
Copyright © **2019 Scott Kupor**.
ISBN: 978-85-508-2176-4

Translated from original Secrets of Sand Hill Road. Copyright © 2019. ISBN 9780593083581. This translation is published and sold by Penguin Random House, the owner of all rights to publish and sell the same. PORTUGUESE language edition published by Alta Books, Copyright © 2024 by STARLIN ALTA EDITORA E CONSULTORIA LTDA.
Impresso no Brasil — 1ª Edição, 2024 — Edição revisada conforme o Acordo Ortográfico da Língua Portuguesa de 2009.

Dados Internacionais de Catalogação na Publicação (CIP) de acordo com ISBD

K96s   Kupor, Scott
     Os Segredos de Sand Hill Road: Capital de Risco e como Consegui-lo / Scott Kupor ; traduzido por Alberto Gassul Streicher. - Rio de Janeiro : Alta Books, 2023.
     304 p. ; 15,7cm x 23cm.

     Tradução de: Secrets of Sand Hill Road
     Inclui índice e apêndice.
     ISBN: 978-85-508-2176-4

     1. Administração. 2. Negócios. I. Streicher, Alberto Gassul. II. Título.

2023-3572   CDD 658.4012
                       CDU 65.011.4

Elaborado por Vagner Rodolfo da Silva - CRB-8/9410

Índice para catálogo sistemático:
1. Administração : Negócios 658.4012
2. Administração : Negócios 65.011.4

Todos os direitos estão reservados e protegidos por Lei. Nenhuma parte deste livro, sem autorização prévia por escrito da editora, poderá ser reproduzida ou transmitida. A violação dos Direitos Autorais é crime estabelecido na Lei nº 9.610/98 e com punição de acordo com o artigo 184 do Código Penal.

O conteúdo desta obra fora formulado exclusivamente pelo(s) autor(es).

Marcas Registradas: Todos os termos mencionados e reconhecidos como Marca Registrada e/ou Comercial são de responsabilidade de seus proprietários. A editora informa não estar associada a nenhum produto e/ou fornecedor apresentado no livro.

Material de apoio e erratas: Se parte integrante da obra e/ou por real necessidade, no site da editora o leitor encontrará os materiais de apoio (download), errata e/ou quaisquer outros conteúdos aplicáveis à obra. Acesse o site www.altabooks.com.br e procure pelo título do livro desejado para ter acesso ao conteúdo..

Suporte Técnico: A obra é comercializada na forma em que está, sem direito a suporte técnico ou orientação pessoal/exclusiva ao leitor.

A editora não se responsabiliza pela manutenção, atualização e idioma dos sites, programas, materiais complementares ou similares referidos pelos autores nesta obra.

Alta Books uma Editora do Grupo Editorial Alta Books

Produção Editorial: Grupo Editorial Alta Books
Diretor Editorial: Anderson Vieira
Editor da Obra: J.A Ruggeri
Vendas Governamentais: Cristiane Mutüs
Gerência Comercial: Claudio Lima
Gerência Marketing: Andréa Guatiello

Assistente Editorial: Matheus Mello
Tradução: Alberto Gassul
Copidesque: Alessandro Thomé
Revisão: Amanda Penachin e Renan Amorim
Diagramação: Rita Motta
Revisão Técnica: Carlos Bacci Jr.
(Graduado em Economia pela USP)

Rua Viúva Cláudio, 291 — Bairro Industrial do Jacaré
CEP: 20.970-031 — Rio de Janeiro (RJ)
Tels.: (21) 3278-8069 / 3278-8419
www.altabooks.com.br — altabooks@altabooks.com.br
Ouvidoria: ouvidoria@altabooks.com.br

Editora afiliada à:

Para todas as mulheres em minha vida — Laura, Ashlee, Alexa e Amanda —, que aguentam minhas palhaçadas e, contudo, me lembram diariamente de como sou sortudo por ter seu amor.

Sumário

Prefácio — ix

Introdução — 1

1. Nascido na Bolha — 9
2. O que É Realmente Capital de Risco? — 24
3. Como os Capitalistas de Risco de Estágios Iniciais Decidem Investir? — 41
4. O que São as Limited Partners (LPs) e Por que Você Deveria Conhecê-las — 52
5. Edição "Limitada": Como as LPs e os VCs Jogam Juntos — 68
6. Criando Sua Startup — 89
7. Levantando Fundos com um VC — 109
8. A Arte da Apresentação — 120
9. A Sopa de Letrinhas dos Term Sheets: Parte Um (Economia) — 135

10.	A Sopa de Letrinhas dos Term Sheets: Parte Dois (Governança)	164
11.	O Dilema: Qual É o Melhor Negócio?	183
12.	Membros do Conselho e o Selo de uma Boa Administração	193
13.	Confiamos na Trados	204
14.	Financiamentos Difíceis: Quando Coisas Ruins Acontecem com Pessoas Boas	225
15.	Saindo de Cena (no Bom Sentido)	240

Conclusão: Oportunidades Iguais	262
Apêndice	269
Agradecimentos	280
Notas	283
Índice	287

Prefácio

Os segredos de Sand Hill Road: Capital de risco e como consegui-lo, de Scott Kupor, foi motivado pelo desejo de democratizar as oportunidades. A obra desmistifica o capital de risco, expondo como essa parte crucial do ecossistema das startups funciona para qualquer um que fizer sua leitura, e examina o ciclo de vida do capital de risco na startup sob todos os ângulos, incluindo como os investidores de risco decidem onde investir, como fazer a proposta e todos os inúmeros detalhes jurídicos e financeiros, bem como os atores envolvidos na formação e no desenvolvimento de uma startup. (Só a exposição do term sheet[1] já faz o livro valer muito mais que o preço de capa, e quem me dera ter tido acesso a ele quando estava buscando financiamento para a minha startup.) Ela compreende que, às vezes, decisões difíceis precisam ser tomadas e que as negociações podem ser confusas, encerrando com uma análise do processo de IPO ["Initial Public Offering" ou Oferta Pública Inicial]. Todas essas informações são apresentadas como uma forma de reestruturar o relacionamento entre as startups e seus investidores em uma verdadeira parceria, em vez de uma aliança desconfortável. Scott participou do processo, estando em ambos os lados do balcão, como executivo de startup e como investidor, e condensa suas experiências e sua perspectiva em um guia acessível e simples. Seu propósito é ajudar a dar continuidade ao progresso que já foi conquistado no sentido de mudar a concepção sobre empreendedorismo, deixando de ser visto como sendo uma carreira aberta a poucos e privilegiados, para se transformar

---

[1] Também chamado de memorando de intenções (MOU — Memorand of Understanding). É um documento que expõe as intenções do empreendedor e do investidor que estão fazendo uma negociação. [N. do T.]

em um caminho aberto a qualquer um que tenha uma ideia e a vontade de vê-la frutificar. Essa é a obrigação mais urgente do movimento das startups como um todo à medida que trabalhamos para ajudar a criar uma sociedade mais igualitária, mas também tem implicações gigantescas para o sucesso econômico contínuo e para a sobrevivência dos EUA, onde novas empresas representam praticamente toda a criação líquida de vagas de emprego e quase 20% da criação bruta de empregos no geral. Os líderes como Scott estão nos aproximando do cumprimento dessa obrigação.

Durante a maior parte do século XX, o empreendedorismo não era visto como uma carreira. Era mais um caminho aberto e seguido por pessoas que não se encaixavam em uma das profissões tradicionais e que podiam se dar ao luxo de fazer algo diferente. Embora algumas tenham obtido sucesso, ser empreendedor era tanto uma maldição — ou talvez pior — quanto uma oportunidade emocionante. Muitos empreendedores que tiveram sucesso inicialmente chegaram até a encerrar suas carreiras na pobreza ou foram removidos à força de suas criações. Agora, porém, as condições favorecem os empreendedores. As barreiras de entrada estão sendo reduzidas em todos os lugares graças à revolução dos semicondutores, ao surgimento da globalização e ao influxo de novos talentos em todas os setores de atividade. Considere o seguinte: as empresas financiadas com capital de risco gastam agora 44% de todo o orçamento para Pesquisa e Desenvolvimento das empresas de capital aberto. Nos EUA, as 665 empresas listadas na bolsa que são financiadas com capital de risco compõem 20% da capitalização total de mercado das empresas de capital aberto[2]. Elas empregam 4 milhões de pessoas. São números significativos, mas acredito que esse seja apenas o início. O movimento das startups pode — e deve — crescer para causar um impacto ainda maior. Quando despejamos tanto dinheiro em um número limitado de empresas, não podemos abordar de maneira eficaz os desafios que enfrentamos. É por isso que uma de minhas coisas favoritas sobre este livro é o modo claro como ele analisa os incentivos e os sistemas por trás do capital de risco. Isso ajudará todos os empreendedores a lidar com o emaranhado de investidores de risco e a decifrar seus comportamentos. O sistema

---

2 Também conhecida como "valor de mercado", a capitalização de mercado é calculada multiplicando-se o número de ações em circulação da empresa de capital aberto pela cotação de fechamento diário das ações. Ou seja, não é um valor fixo. [N. da RT.]

funciona como funciona por um motivo, e agora é possível compreender tal motivo.

Mas também existem outras grandes lições a serem aprendidas. Como você descobrirá durante a leitura, a maioria das empresas de capital de risco investe dinheiro em nome de grandes gestores institucionais de ativos, como fundos patrimoniais de universidades [em inglês, "endowments"; que são formados por doações em dinheiro ou propriedades] e fundos de aposentadoria. A maioria desses gestores de ativos usa uma fórmula para determinar quanto dinheiro alocar para diferentes tipos de investimentos, incluindo o setor de risco com altos riscos e grande falta de liquidez. (Essa abordagem à construção de portfólio tem como pioneiro David Swensen, de Yale, cujos métodos foram amplamente adotados, como você lerá a respeito no Capítulo 2.) Isso significa que o montante de recursos que a sociedade norte-americana investe atualmente em inovação baseia-se na porcentagem de ativos que precisam receber investimentos de acordo com essa fórmula, *e não no número de oportunidades investíveis que existem*. Quando dinheiro demais vai atrás de negócios de menos, apenas um resultado torna-se possível: visto que temos tão poucos empreendedores, não podemos colocar dinheiro suficiente para trabalhar. Em vez disso, ele é desperdiçado para aumentar os preços dos poucos ativos disponíveis, e não para financiar os tipos de organizações que são de fato necessárias. O problema é ainda mais premente quando o consideramos sob o ponto de vista da diversidade. O fato é que, além de não haver um número suficiente de startups, as que existem não estão nem perto de se diversificar o bastante para criar os tipos de empresas que nosso presente e futuro demandam. Possivelmente, pela primeira vez na história, temos restrições de talentos, em vez de restrição de capital. O livro de Scott é um passo importante para tornar a oportunidade de criação de empresas com escala de capital de risco — as que têm potencial de crescimento exponencial e de proporcionar retorno substancial —disponível para todos, de modo a mudar isso. As informações sobre como buscar e garantir financiamento não devem estar limitadas a um clube de elite. Cada startup trata de uma ideia única, mas, em conjunto, todas também têm um propósito em comum: moldar um mundo melhor para todos nós. E um mundo melhor é aquele no qual todos são bem representados e servidos pelas empresas e sistemas que criamos.

É por isso que *Os segredos de Sand Hill Road* é tão valioso e oportuno. Ele se destina àqueles interessados em capital de risco, é óbvio, mas também às pessoas que se importam com a capacidade de seu país de permanecer competitivo, gerar empregos e continuar no caminho do crescimento econômico. Essas pessoas incluem formuladores de políticas, acadêmicos, funcionários do governo, líderes civis em centros de startups no país e no mundo — que já estão ajudando a democratizar as startups geograficamente —, bem como aqueles que trabalham com inovação corporativa (que podem analisar o universo do capital de risco em busca de inspiração sobre como financiar e desenvolver projetos dentro de suas organizações). Por fim, *Os segredos de Sand Hill Road* se destina a todos os empreendedores que talvez não se enxerguem como parte do Vale do Silício — todos que talvez não estejam considerando tentar começar um negócio com base em sua ideia maluca, mas que realmente deveriam pensar a respeito. Considerando as chances, qualquer uma dessas ideias poderia se tornar uma realidade que mudaria o modo como vivemos, e são essas ideias que precisamos apoiar. Acredito que o livro de Scott está predestinado a mudar a equação quando o assunto é quem receberá financiamento. Ele está nos levando a um futuro mais justo e robusto, e não posso pensar em ninguém mais sábio para nos conduzir até lá.

Eric Ries,
autor de A startup enxuta
e O estilo startup

Introdução

Estou escrevendo este livro em meu escritório localizado em Sand Hill Road, a venerada rua do Vale do Silício que promete tanto aos empreendedores quanto a Hollywood Boulevard o faz para atores, a Wall Street para banqueiros investidores e a Music Row para artistas country. E como a maioria das ruas renomadas, não há nada de mais aqui — a Sand Hill Road é uma coleção sem graça de prédios modestos e baixos, ofuscada por sua vizinha muito mais famosa, a Universidade Stanford.

Mas não escrevo com um ar de superioridade. Este não é um sermão ou tábuas de pedra passadas adiante. Este livro não tem a intenção de ser a bíblia do capital de risco [VC — venture capital]. Há nuances muito mais importantes na área, com inúmeras empresas diferentes investindo em estágios distintos, sob teses de investimento diferentes, com construções diversificadas de portfólio e com várias expectativas de retorno. Isso sem mencionar as muitas personalidades.

E isso apenas sob a ótica do investidor de risco. O mais importante é que todos os empreendedores são diferentes. As empresas inovadoras e que normalmente transformam o mundo por eles criadas oferecem um conjunto singular de oportunidades, desafios e condições a ser considerado.

Também reconheço plenamente os vieses pessoais que trago para a mesa. O primeiro é minha experiência, conquistada a duras penas, trabalhando em startups como LoudCloud e Opsware. O segundo foi desenvolvido pessoalmente, agora sob a ótica de investidor de risco, em meu papel como sócio-gerente na Andreessen Horowitz, ou a16z, onde atuo desde que a empresa foi fundada, em 2009. Isso significa que tive a oportunidade de observar o capital de risco sob inúmeros pontos vantajosos.

E, de fato, minha esperança é nos ajudar a parar de pensar de forma divisiva em termos de um lado *ou* de outro, um lado *versus* o outro. Empreendedores e investidores de risco não estão em lados opostos, como um time de futebol que tenta vencer o outro na Copa do Mundo. Ao contrário, somos parceiros, e uma vez que concordemos em trabalhar juntos (e mesmo se não o fizermos), permanecemos do mesmo lado. Nós compartilhamos um desejo de criar empresas benignas, vê-las causar um impacto no mundo e melhorá-lo e, juntos, conquistar algum benefício financeiro ao longo do caminho.

A história do capital de risco é um *subconjunto* da história do empreendedorismo. Como investidores de risco, levantamos fundos de investimentos a partir de uma vasta gama de sociedades conhecidas, nos EUA, por "limited partners" (LPs), como fundos patrimoniais, fundações, planos de pensão, "family offices" [serviço privado de consultoria em gestão de patrimônio para clientes ricos] e fundos de fundos. O capital levantado com as LPs é, então, investido em grandes empreendedores com ideias inovadoras.

Os investidores de risco investem em qualquer momento, desde o estágio mais inicial, quando a startup é pouca coisa além de uma ideia e duas pessoas, até startups em estágio de crescimento, quando há uma boa receita entrando e o foco está efetivamente em escalar o negócio. Em geral, uma empresa deixa o ecossistema de investimento de risco de uma destas três formas: por meio de uma oferta pública inicial (IPO), por uma fusão ou aquisição ou por falência e dissolução.

Há o equívoco difundido de que os investidores de risco são como outros gestores de fundos de investimentos no sentido de que encontram investimentos promissores e liberam a verba. Mas liberar a verba é apenas o início de nosso engajamento; o trabalho duro começa quando nos engajamos com startups para ajudar os empreendedores a transformar suas ideias em empresas de sucesso.

Por exemplo, na Andreessen Horowitz, normalmente trabalhamos com nossas empresas para ajudá-las a identificar funcionários e executivos talentosos e trazê-los para a empresa ou a identificar empresas existentes que podem servir como locais de testes de seus produtos em tempo real com os clientes. A realidade é que aqueles que alcançaram o sucesso em nossa área não apenas escolhem os campeões. Trabalhamos ativamente com nossos investimentos para ajudá-los ao longo do ciclo de vida de criação da empresa durante um longo período. É comum apoiar as empresas de nosso portfólio com múltiplas rodadas de investimentos que, não raro, levam de cinco a dez anos ou ainda mais. Servimos nos Conselhos de Administração de muitas das companhias de nosso portfólio, oferecemos conselho estratégico, abrimos nossas listas de contato e geralmente fazemos o que está ao nosso alcance para ajudar nossas empresas a terem êxito.

Dito isso, os investidores de risco dependem dos empreendedores em quem têm o privilégio de investir. E ninguém deve confundir o trabalho pesado incansável que os empreendedores e suas equipes realizam para criar uma empresa de sucesso com a atividade de investimento de um investidor de risco [VC — venture capitalist]. Para simplificar, os empreendedores criam empresas; os investidores de risco, não. Ótimos investidores de risco ajudam da forma que puderem durante a jornada de criação da empresa, mas são o empreendedor e suas equipes que trilham esse caminho diariamente e fazem a diferença entre o sucesso e o fracasso. E embora os investidores de risco esperem que cada uma de suas empresas tenha sucesso diante dos riscos enormes e que cresçam e se tornem empresas exitosas, a realidade é que a maioria delas fracassa.

O empreendedorismo é algo inerentemente arriscado, mas absolutamente essencial para a economia norte-americana. As empresas de sucesso que receberam financiamento de risco têm um impacto positivo descomunal na economia dos EUA. De acordo com um estudo de 2015, feito por Ilya Strebulaev, da Universidade Stanford, e por Will Gornall, da Universidade da Colúmbia Britânica, 42% de todos os IPOs nos EUA desde 1974 receberam investimento de risco. Coletivamente, essas empresas investiram US$115 bilhões em pesquisa e desenvolvimento (P&D), representando 85% de todos os gastos com P&D, e criaram US$4,3 trilhões em capitalização de mercado, o que representa 63% da capitalização total de mercado das empresas de capital aberto formadas desde 1974. Além disso, com respeito especificamente ao impacto na mão de obra dos EUA, um estudo de 2010 da Kauffman Foundation descobriu que as startups jovens, a maioria financiada com capital de risco, foram responsáveis pela criação líquida de *quase todos* os 25 milhões de empregos desde 1977.

O que tudo isso significa? Simples. Precisamos de você. Precisamos de suas ideias e de sua coragem. Precisamos de suas empresas e de seu comprometimento com o crescimento.

O que mais quero com este livro é ajudar os empreendedores. Acesso ao capital é crucialmente importante para o sucesso de uma startup, e mais cedo ou mais tarde você terá de considerar (ou considerará) se sua empresa deve levantar investimentos de risco. Espero que este livro ajude a democratizar o acesso à informação sobre o que faz o negócio de investimento de risco se comportar como se comporta — para seu benefício, o empreendedor.

A decisão de conseguir capital com uma empresa de investimento de risco é enorme e não deve ser tomada sem uma consideração plena dos benefícios e dos riscos com essa fonte de capital. Por exemplo, para início de conversa, será que sua empresa é mesmo adequada para levantar capital de risco? Será que o tamanho do mercado é grande o suficiente para que a empresa em expansão tenha a possibilidade de marcar um gol de placa e, desta forma, fazer a diferença para um investidor de risco em termos de seus retornos gerais sobre o fundo? Como você pode entender melhor os incentivos econômicos do setor de investimento de risco para decidir se está, de fato, buscando capital em todos os lugares certos (ou errados)?

Se você escolheu ir atrás de investimento de risco, qual é, em sua opinião, o equilíbrio adequado entre economia e governança com seu financiador de risco? Do que está disposto a abrir mão e quais são as implicações posteriores dessa decisão, especialmente se precisar levantar capital adicional quando a empresa se desenvolver em um ritmo diferente do que você esperava? E como você e o Conselho de Administração trabalharão de forma eficaz para alcançar os objetivos de longo prazo da empresa?

É uma verdade injusta que os investidores têm muitas oportunidades de marcar gols, muitas chances de investir em uma empresa "campeã", enquanto a maioria dos empreendedores pode tentar comemorar uma vitória apenas algumas vezes. Ou, para misturar minhas metáforas esportivas, você terá somente algumas chances reais de colocar a bola no fundo do gol, enquanto os investidores de risco terão várias. Devido a tal desequilíbrio, especificamente em relação às decisões de investimento, a assimetria de informações pode entrar em cena (em geral, à custa do fundador). Os investidores de risco são litigantes habituais; sendo assim, têm o benefício de muitos anos de desenvolvimento de sua compreensão dos inúmeros mecanismos (especialmente ao negociarem as propostas de investimentos), ao passo que os fundadores passaram pelo processo no máximo apenas umas poucas vezes. O que espero expor aos fundadores é uma compreensão melhor e uma apreciação da interação entre os investidores de risco e os fundadores, de modo a ocuparem um mesmo patamar de igualdade. A assimetria de informações não deve poluir a fundação de um casamento que pode durar dez ou mais anos.

O cronograma o surpreende? Você se admira de que está basicamente entrando em um casamento de (no mínimo) dez anos com seus parceiros investidores de risco? É mais longo agora do que jamais foi; contudo, tem havido uma falta de transparência quanto aos bastidores dessa parceria.

É por isso que quero lhe conceder, caro fundador, algumas informações privilegiadas, alguns segredos e conselhos para que possa navegar melhor ao longo de suas interações com as empresas de capital de risco, da primeira apresentação de sua proposta até um IPO ou uma aquisição.

Eu já tive a oportunidade de analisar o investimento de risco sob ambas perspectivas — como integrante de uma startup e, agora, como sócio-gerente da Andreessen Horowitz. Embora minha posição tenha mudado — e certos elementos do setor de investimento de riscos tenham evoluído —, os fundamentos permanecem os mesmos: os investidores de risco buscam oportunidades de investimento com potencial assimétrico de lucro (e desvantagens limitadas — afinal, você só pode perder o dinheiro que investe), e os empreendedores que são financiados por investidores de risco buscam desenvolver empresas revolucionárias, independentes e valiosas. E sempre que esses incentivos se alinham, a mágica acontece.

Os empreendedores precisam entender suas metas e seus objetivos e ver se estão alinhados com as fontes de financiamento que buscam explorar. Para determinar essa conta, os empreendedores agirão com sabedoria ao entenderem como funciona o setor de investimento de risco, o que faz os investidores de risco se comportarem do jeito que se comportam e qual é sua motivação (e restrição) máxima. Afinal, todos somos motivados pelas estruturas de incentivos que nossos setores de atividade produzem; entendê-las é, de muitas formas, uma parte essencial da jornada empreendedora.

Comece Fazendo as Perguntas Certas

Já viu os comerciais de Charles Schwab sobre como falar com seu assessor financeiro? A menos que assista a muitas partidas de golfe na TV ou que realmente preste atenção nos anúncios do YouTube, provavelmente não. Considere a premissa.

Um casal comum de meia-idade passa por uma série de coisas da vida. Eles pedem explicações ao responsável pela reforma na casa sobre o porquê de ele ter escolhido cedro, em vez de madeira sintética. Eles discutem meticulosamente os méritos de uma escolha específica para um de seus filhos. Interrogam o vendedor sobre se o carro com potência de 467 ou o de 423 é o mais adequado. Mas então, na vinheta final do comercial, o casal aparece sentado à mesa de mogno perante um assessor financeiro bem vestido que lhes diz: "Acredito que vocês devem investir em meu novo fundo." O casal se olha, sem expressão por um segundo, e imediatamente aceita a proposta. Não perguntam nada.

O narrador do comercial relembra bondosamente os telespectadores: "Você faz muitas perguntas boas… mas será que está fazendo perguntas suficientes sobre como seu dinheiro está sendo gerido?" A implicação, é claro, é a de que todos nos sentimos empoderados para nos aprofundar em muitas decisões importantes da vida, mas, por algum motivo, damos um passe livre para os outros se for um assunto que não entendemos ou com o qual nos sentimos intimidados, independentemente de quão importante seja a decisão.

Este livro não é sobre como resolver esse problema subjacente — todos precisaremos procurar livros na seção de psicologia da Amazon para termos as respostas a essa questão. Mas *é* sobre ajudá-lo a fazer as perguntas certas sobre um dos eventos mais importantes da vida para os empreendedores — sua startup e sua carreira —, para que você possa tomar uma decisão fundamentada sobre qual é a melhor forma de proceder.

Por quê?

Porque, se você vai buscar capital com os investidores de risco ou começar a trabalhar em uma empresa que faz investimentos de risco, a única forma de saber que essa é uma boa ideia é **entender por que os investidores de risco fazem o que fazem. Ou seja, conhecer seu parceiro antes de se casar.**

Ter uma compreensão profunda sobre as motivações de um possível parceiro o ajudará a antecipar suas ações e (espero) interpretá-las corretamente quando ocorrerem. E o mais importante, isso o ajudará a decidir, antes de qualquer outra coisa, se entrar em uma parceria é o caminho certo a seguir.

O Ciclo de Vida do Capital de Risco

Este livro acompanha o ciclo de vida do capital de risco no sentido de como ele se relaciona com os empreendedores e os informa. A primeira seção aborda a formação de uma empresa que faz investimentos de risco — quem são as pessoas que as financiam, quais incentivos (e restrições) oferecem às empresas e como os sócios dentro de uma empresa assim interagem entre si. Para entender como os investidores de risco escolhem investir em certas empresas e como podem agir uma vez que estejam envolvidos com uma empresa, também precisamos de um olhar retrospectivo para compreender as motivações dos financiadores de tais empresas. Afinal, se as empresas que fazem investimentos de risco não atenderem às necessidades de seus mestres, não haverá mais dinheiro para investir em novas startups.

Em seguida, exploraremos a formação de uma empresa startup. Analisaremos todas as coisas que os fundadores precisam considerar ao decidir começar uma empresa — da divisão do capital entre os fundadores à decisão sobre quem participa do Conselho de Administração, como incentivar os funcionários e muito mais. Uma grande parte da decisão final sobre buscar ou não um financiamento de risco será influenciada por decisões que os fundadores tomam no momento da formação da empresa.

Passaremos um bom tempo falando sobre o processo de financiamento de risco em si — em particular, o term sheet. Essa é a Carta Magna do setor, visto que, em última instância, define as regras econômicas e de governança sob as quais a startup e os investidores de risco atuarão.

Depois, com o financiamento em mãos, os fundadores precisarão conseguir operar dentro das restrições econômicas e de governança com as quais concordaram. Desta forma, falaremos sobre o papel do Conselho de Administração e como ele influencia a trajetória da startup e, em potencial, a capacidade do fundador em continuar conduzindo o navio. Os Conselhos, inclusive o fundador, também precisam atuar sob várias restrições jurídicas bem definidas que podem afetar substancialmente os graus de liberdade de uma empresa.

Na última seção, completaremos o ciclo de vida. No início, o dinheiro chega à empresa de investimento de risco por meio dos investidores no fundo. Esse dinheiro, por sua vez, vai para as startups. Por fim, o dinheiro retorna (ou não) aos investidores do fundo na forma de ofertas públicas iniciais ou aquisições. Se não há dinheiro suficiente chegando ao fim do ciclo, então a vida, ao menos como a conhecemos no mundo do capital de risco, deixa de existir. A torneira de financiamentos se fecha, o que pode ter efeitos posteriores na taxa de financiamento de startups com novas ideias Esperançosamente, todos no ecossistema farão sua parte para evitar isso.

Obviamente, nem todos os investidores de risco são iguais, e, como mencionei antes, o que escrevo aqui sofre uma forte influência de minhas experiências na Andreessen Horowitz. Assim, seu peso pode, de fato, variar. Dito isso, tentei ampliar a conversa para deixar este livro mais genérico para a atividade geral de capital de risco.

Este livro pode não responder todas as perguntas que você tem e não pretende ser uma fonte completa sobre o tema. Há diversos acadêmicos que lecionam cursos que duram semestres sobre capital de risco e, é claro, há diversos investidores de risco e outros no ecossistema de capital de risco — empreendedores, advogados, contadores e outros prestadores de serviços — que passam sua vida profissional aprendendo e aperfeiçoando sua arte.

Ainda assim, espero que este livro lance uma luz sobre como o capital de risco funciona — e por que funciona como funciona —, para gerar cada vez mais e melhores oportunidades para a criação de empresas.

CAPÍTULO 1

Nascido na Bolha

No intuito de abrir algumas das portas obscuras do capital de risco, por trás das quais estão os bastidores, os incentivos e os processos de tomada de decisão dos investidores de risco, permita-me começar por me apresentar de forma mais adequada.

A primeira coisa que precisa saber sobre mim é que, se eu não fosse um investidor de risco, seria cantor de música country em Nashville. Mas para a sorte de todos que são fãs verdadeiros desse tipo de música — e para que eu pudesse sustentar minha família —, de alguma forma, encontrei-me no setor de capital de risco! Moro no Vale do Silício, não no Tennessee; assim, o máximo que posso fazer é vestir minhas botas de cowboy para ir ao trabalho e tocar meu violão no tempo livre. Faço essas duas coisas sempre que posso.

Permita-me lhe dar um pouco de contexto sobre como era o mundo da tecnologia e dos investimentos quando comecei, lá na década de 1990.

Alguns dos nomes mais importantes de tecnologia na época eram E.piphany, NetIQ, VA Linux, Commerce One, Razorfish e Ask.com. Talvez você nunca tenha ouvido falar sobre elas, mas eram — assim como eu — produtos da bolha de tecnologia de 1999 e 2000, que produziram aproximadamente novecentas ofertas públicas iniciais de empresas que foram financiadas com capital de risco. Era uma época excelente para começar no setor de tecnologia, pois a promessa tecnológica parecia infinita, bem como a quantidade de criação de riqueza que estava disponível para todos os envolvidos.

A Netscape havia aberto seu capital em 1995, apenas *dezoito meses* depois de sua fundação, recebendo uma quantidade enorme de atenção da mídia e anunciando o início do boom das empresas pontocom. O Google só seria fundado em 1998, mas o Vale do Silício já estava entusiasmado com a febre das pontocom. Novas startups de internet apareciam diariamente. O mundo tecnológico estava a mil.

Os investidores de risco estavam aplicando em novas empresas em um ritmo sem precedentes em comparação com as normas históricas. Cerca de US$36 bilhões foram para as novas startups em 1999, praticamente o dobro do que havia sido investido no ano anterior (embora esse valor seja menos da metade do que foi investido em 2017). Além disso, "limited partners" entregaram mais de US$100 bilhões de capital novo para o setor de capital de risco em 2000, um recorde que ainda está longe de ser quebrado! Em comparação, as limited partners concederam cerca de US$33 bilhões em financiamentos em 2017.

Durante a bolha pontocom, as startups também estavam chegando mais rápido aos IPOs do que em qualquer outra época. Em média, as empresas levavam por volta de quatro anos, a partir de sua fundação, para abrir o capital, o que por si só já era uma enorme aceleração da tendência histórica de seis a sete anos e meio para um IPO. Hoje em dia, esse período normalmente passa de dez anos, por motivos que exploraremos mais tarde neste livro.

Somando-se a um número recorde de IPOs, o mercado de ações também estava exuberante. No dia 10 de março de 2000, o índice Nasdaq, o barômetro para as ações de tecnologia, chegou ao pico, acima de 5 mil pontos. O mais interessante é que o índice Preço/Lucro (P/L) das empresas listadas no índice Nasdaq permaneceu em 175. Isso quer dizer que os investidores de ações no mercado avaliavam que US$1 do lucro de uma empresa valia US$175.[1]

Embora atualmente seja comum os investidores avaliarem que US$1 dos lucros de uma empresa valha um múltiplo maior do que 1 — porque espera-se que o preço da ação de uma empresa reflita o valor presente dos fluxos de caixa acumulados de uma companhia em relação ao futuro —, um múltiplo de 175 é uma anomalia histórica. Só por comparação, o índice P/L da Nasdaq hoje está abaixo de 20, algo normalmente em linha com as tendências históricas de longo prazo para o índice.

---

[1] Dito de outra forma, dados os lucros atuais da empresa, seriam necessários 175 anos de lucros acumulados para igualar o custo do investimento. [N. da RT.]

Na época, muitos previram que a Cisco se tornaria a primeira empresa com uma capitalização de mercado de US$1 trilhão. Porém, lamentavelmente, esse valor atingiu um pico de US$555 bilhões em março de 2000; hoje, permanece ao redor de US$200 bilhões. No início de 2018, a Amazon se tornou a primeira empresa a alcançar US$1 trilhão em capitalização de mercado, embora, por um breve período, e até o momento da redação deste capítulo, ela esteja em aproximadamente US$800 bilhões. (Um fato divertido: em março de 2000, a capitalização de mercado da Amazon era de meros US$30 bilhões.)

O que Poderia Dar Errado?

Assim, lá em 2000, todos estavam sentindo um barato coletivo para encerrar todos os baratos. O que poderia dar errado? Na verdade, muita coisa.

O índice Nasdaq começou uma queda vertiginosa a partir de março de 2000, saindo do pico e alcançando seu ponto mais baixo em agosto de 2002, com apenas 1.300 pontos. Embora não faltem palpiteiros para explicar o ímpeto para o declínio, muitos analistas de mercado destacam o ajuste agressivo na taxa de juros feito pelo FED no início de 2000, que criou uma grande discussão quanto à sustentabilidade dos empréstimos pesados que diversas empresas de infraestrutura tecnológica haviam contraído. Independentemente da causa final, em cerca de dois anos e meio o índice perdeu quase 80% de seu valor, as empresas de tecnologia despediram um número recorde de funcionários, os investidores de risco pararam de investir em novas empresas e as poucas que tinham dinheiro suficiente para se sustentar estavam focadas puramente na autopreservação à custa de todas as outras coisas.

É por isso que provavelmente você não se lembra da maioria das empresas que mencionei antes. Contudo, era esse o ambiente no qual comecei minha carreira profissional.

Apesar de ter me formado na Universidade Stanford em 1993 e na Faculdade de Direito de Stanford em 1996, sentado bem no epicentro do boom tecnológico o tempo todo, estava, em grande parte, alheio ao que acontecia ao meu redor. Dessa forma, depois de me formar em Direito, saí do Vale do Silício para passar um ano na minha cidade natal — Houston, Texas — como assessor na Segunda Instância da Justiça Federal da Quinta Região. Foi uma experiência incrível de aprendizado e uma maneira divertida de passar um ano, mas o fato é que isso não teve relevância nenhuma para minha carreira de longo prazo.

Mudei-me de volta ao Vale do Silício para trabalhar no Lehman Brothers. O banco de investimentos, obviamente, veio a ser uma vítima da crise financeira global, sofrendo uma falência vergonhosa em setembro de 2008. Meu trabalho na época, além de ser um "faz-tudo", era ajudar as empresas de ciências da vida a levantar recursos financeiros, abrir o capital e fazer aquisições. Eram coisas nobres a se realizar, com exceção do fato de que, apesar de o mercado de tecnologia estar extremamente otimista no Vale do Silício, o interesse dos investidores pelas ciências da vida estava em grande parte dormente.

Para minha sorte, um amigo havia acabado de conseguir um emprego no Credit Suisse First Boston, um banco de investimentos fragmentado que havia levado Frank Quattrone para desenvolver a tecnologia de sua prática bancária. Frank é uma lenda no mundo da tecnologia bancária e começou sua carreira no Morgan Stanley, no qual liderou IPOs para empresas como Apple e Cisco e assessorou uma gama gigantesca de fusões e aquisições importantes. Ainda uma figura dominante no espaço tecnológico, fundou, em março de 2008, uma importante empresa de assessoria de fusões e aquisições chamada Qatalyst.

Assim, comecei no Credit Suisse First Boston e fiquei no olho do furacão da bolha tecnológica em andamento. Alguns anos depois, na véspera de terminar um IPO para a E.piphany, um dos executivos de marketing com quem havia trabalhado, ajudando-o a se preparar para o IPO, me disse que estava saindo da empresa para começar em uma nova startup chamada LoudCloud. Cofundada por Marc Andreessen, o já venerado cofundador da Netscape, a LoudCloud estava tentando criar uma empresa de computação utilitária[2] (muito parecida com a criada depois pelo Amazon Web Services). Ben Horowitz estava entre os outros cofundadores.

Isso foi no terceiro trimestre de 1999, e o frenesi pontocom estava com força total. Finalmente abri os olhos para o que estava acontecendo ao meu redor e queria fazer parte daquilo. Quando meu amigo da E.piphany me ofereceu a oportunidade de conhecer Marc Andreessen e Ben Horowitz e ver o que estavam fazendo, percebi que era algo grande demais para deixar passar. Minha esposa, que na época estava no quinto mês da gravidez de nosso primeiro

---

2 Capacidade de medir os serviços oferecidos e cobrar dos clientes o uso exato. [N. da RT.]

filho e também muito ocupada com o fechamento da compra de nossa primeira casa, não entendeu a situação da mesma forma que eu. Para ser honesto, seu argumento era muito bom. Por que sair de um ótimo emprego no Credit Suisse First Boston, que ia às mil maravilhas — o que representava uma oportunidade financeira e profissional palpável —, para começar em uma startup na qual meu salário seria quase zero pela promessa de uma valorização de capital no futuro a partir de opções de ações? No entanto, mais tarde, ela consentiu, provavelmente indo contra o que achava ser melhor na época.

Nunca me esquecerei da entrevista com Marc. Embora nunca o tivesse conhecido antes, eu sabia, como todos os outros do setor tecnológico, de todas suas realizações e de seu impacto midiático. Assim, quando ele me pediu que o encontrasse em um pequeno restaurante Denny's em Sunnyvale para minha entrevista, fiquei um tanto surpreso.

Mas não foi necessário muito tempo para me animar com a oportunidade de mercado da LoudCloud. Marc apanhou um guardanapo da mesa e começou a desenhar um rascunho quase indecifrável de como a LoudCloud dominaria o mundo da computação. Apenas agora, com o benefício de mais de dezoito anos trabalhando com ele, aprendi que rabiscar em toda sua glória está entre suas inúmeras habilidades.

A ideia da LoudCloud era elegante em sua simplicidade; o fato foi que a execução da empresa foi tudo, menos isso. Em termos básicos, a LoudCloud buscava transformar poder computacional em algo utilitário. Assim como quando você pluga o carregador de seu celular na tomada da parede e não precisa saber (ou se importar) sobre como a eletricidade chegou lá, e apenas faz uso dela, a missão da LoudCloud era fazer a mesma coisa com relação à capacidade computacional. Como engenheiro, você deve conseguir desenvolver seu aplicativo customizado e, então, apenas "plugá-lo" no utilitário computacional que poderia executar o aplicativo de maneira ininterrupta. Não deveria ficar se preocupando sobre que tipos de banco de dados, equipamentos de rede, servidores de aplicativos etc. estão por trás do utilitário; ele deve apenas funcionar. Era uma ideia ótima — uma que o Amazon Web Services transformou em uma empresa multibilionária atualmente.

Provavelmente, a LoudCloud estava dez anos à frente de seu tempo, uma lição que, a propósito, é repetida com frequência no mundo das startups. Embora o timing não seja tudo, ele definitivamente é importante — um grande motivo pelo qual agora vemos muitas ideias que fracassaram na bolha pontocom renascerem como empresas de sucesso duas décadas depois. À medida que as condições de mercado mudam — no caso das empresas pontocom, o tamanho de mercado disponível de consumidores era simplesmente pequeno demais em relação ao custo de sua aquisição —, os modelos de empresas que não deram certo antes podem se tornar viáveis. Marc gosta de nos relembrar de que, quando estava desenvolvendo a Netscape, o número total dos usuários da internet era de aproximadamente 50 milhões de pessoas, sendo que a maioria delas tinha um acesso online por meio de conexões discadas desengonçadas. Dessa forma, independentemente de quanta utilidade o servidor fornecesse, o mercado de usuários finais simplesmente não era tão grande assim. Em contraste, hoje temos cerca de 2,5 bilhões de usuários de smartphones com conectividade à internet em todos os lugares, sendo que esse número tem o potencial dobrar nos próximos dez anos. De repente, as empresas que não conseguiam trabalhar lucrativamente com 50 milhões de usuários adotaram uma visão muito diferente quanto conseguiram apelar a um mercado com um público massivo.

Depois de minha conversa com Marc, fiz entrevistas também com inúmeros outros integrantes da equipe, incluindo o cofundador Ben Horowitz. O ambiente dessa entrevista foi mais normal, visto que nos reunimos em um sábado no escritório da empresa. Mas me lembro de ter ficado surpreso com as vestimentas de Ben — ele estava usando o uniforme completo do time de futebol americano Oakland Raiders, incluindo a camiseta, o relógio e o boné. Sei agora, depois de trabalhar muitos anos a seu lado, que isso era seu normal. Ele tem até um boneco em tamanho real de um jogador de futebol americano vestido com o uniforme do Oakland Raiders em seu escritório. Para o não iniciado, isso pode ser uma baita surpresa!

O Sucesso Atípico da LoudCloud

Consegui o emprego na LoudCloud como gerente de desenvolvimento de negócios. O título era uma forma eufemística de dizer "você era um banqueiro de investimentos em seu trabalho anterior e talvez tenha algumas habilidades a agregar aqui, mas ainda não sabemos ao certo quais são elas". (Durante os sete anos que passei lá, tive a oportunidade de exercer inúmeros papéis diferentes, incluindo cuidar da execução de planejamentos financeiros e do relacionamento com investidores, do desenvolvimento corporativo, de algumas equipes de engenheiros, do suporte ao cliente e de operações de campo, que incluem suporte, serviços profissionais e engenharia de pré-vendas.)

Eu estava dentro e entusiasmado (minha esposa, nem tanto assim), e nós, da LoudCloud, começamos a criar o primeiro utilitário computacional, animadíssimos com o que achávamos ser dinheiro em abundância. Nos primeiros meses, a empresa havia levantado quase US$60 milhões de dívidas e patrimônio líquido. Mas, novamente, era o início dos anos 2000, e estávamos todos vivendo o sonho pontocom. Chovia capital de risco.

Naturalmente, decidimos levantar mais dinheiro — US$120 milhões, para ser exato. Em alguns aspectos, foi um dinheiro fácil (pois a avaliação na qual conseguimos o capital era de mais de US$800 milhões — e isso para uma empresa com menos de um ano de existência!) Porém, não era bem assim, pois com ele vieram as expectativas de crescimento pelas quais os investidores de risco o haviam fornecido.

E nós crescemos. Chegamos a ter seiscentos funcionários antes mesmo de a empresa completar dois anos. Decidimos abrir o capital em março de 2001, que definitivamente não foi o melhor momento, bem no despertar do colapso pontocom. De fato, a LoudCloud foi uma de um número muito pequeno de empresas de tecnologia a abrir o capital naquele ano (ocorreram menos de vinte IPOs em 2001, em comparação aos quase quinhentos do ano anterior). Os gerentes de portfólio com quem nos reunimos durante a jornada de uma reunião após a outra para o IPO não poderiam estar mais chocados com a dizimação que testemunhavam em seus portfólios. Eles nos olharam como se tivéssemos três cabeças quando fizemos a diligente proposta da LoudCloud. Lembre-se de que a Nasdaq estava em quase 2 mil pontos na época, uma queda significativa do pico de 5 mil pontos um ano antes, mas ainda não nas mínimas a que chegaria em agosto de 2001.

Mas abrimos o capital, pois era a única fonte viável de recursos disponível para a LoudCloud. Precisávamos desesperadamente do financiamento adicional para continuarmos a operar a empresa. Apesar de termos levantado muito capital até então, estávamos com um nível perigosamente baixo de dinheiro devido ao colapso pós-2000. Isso porque o alvo original era a oferta de nossos serviços para outras startups; elas pareciam ser uma base natural de clientes, considerando os benefícios que poderiam ter ao pagar à LoudCLoud para se preocupar com a sua infraestrutura computacional enquanto se concentravam nas atividades de desenvolvimento interno de seus aplicativos customizados.

No entanto, para oferecermos esse serviço, tínhamos de adquirir espaços significativos para abrigar o centro de processamento de dados e uma tonelada de equipamentos computacionais. Pagamos por essa infraestrutura antecipadamente com a ideia de que amortizaríamos esses custos à medida que aumentássemos nossa base de clientes. Isso deu certo no primeiro ano, até que os efeitos em cascata do ar que escapava da bolha pontocom nos atingiu. Como resultado, nossos clientes pontocom começaram a fechar, e, naturalmente, não havia investidores de risco dispostos a financiar suas operações em andamento. Acabamos com uma base muito alta de custos fixos de capital de infraestrutura frente a uma base de clientes que diminuía — uma receita para o consumo significativo de dinheiro.

E naquela época, como acabei de mencionar, os investidores de risco tinham basicamente parado de investir, então a única opção que nos restou foi levantar dinheiro com mais "buyout investors", investidores que são, de algumas formas, diferentes das empresas que concedem capital de risco. Especificamente, eles tendem a investir em empresas que estão além do estágio puro de startup e, em geral, fazem o que é denominado de investimentos de "controle". Controle significa que é comum eles serem donos da maior parte da empresa, ocupando a maioria de assentos no Conselho de Administração; isso lhes permite ser os principais determinantes da estratégia da empresa. O capital assim obtido pode, muitas vezes, ser mais caro do que o capital de risco, pois a oportunidade de ganho para esses investidores fica mais restrita devido ao estágio avançado no qual investem. Esse era nosso caso; ou seja, a avaliação de nossa empresa, a partir da qual nos financiariam, era muito baixa, e, assim, o controle que teríamos de ceder seria muito maior. Além disso, os aspectos de controle das alternativas de buyout que tínhamos eram menos palatáveis do que nosso desejo de preservar mais graus de liberdade para operarmos a empresa.

Portanto, de uma maneira estranha, abrir o capital parecia nos fornecer o custo mais baixo disponível de recursos financeiros e ser o caminho com menos resistência. Originalmente, pretendíamos vender ações ao público com um preço variando entre US$10 e US$12 cada. (Quando uma empresa inicia o processo para abrir seu capital, ela determina para o mercado uma faixa de preço na qual esperam vender as ações ao público. Os IPOs que estão em demanda normalmente têm excesso de subscrições, ou seja, há mais demanda institucional para comprar as ações do que ações a serem vendidas, e, naturalmente, nesse caso, a empresa aumenta a faixa de preços.) Mas o mercado de ações continuava a se deteriorar durante o período em que levamos nosso IPO ao mercado, e, no fim, vendemos as ações ao público por US$6 cada. Definitivamente, foi algo incomum. Todavia, o IPO nos permitiu levantar capital suficiente para darmos uma chance ao sucesso sem a necessidade de abrir mão do controle das operações cotidianas da empresa.

"Viva para lutar mais um dia" é outro ótimo mantra das startups para sempre manter sua mente voltada à frente e concentrada. É claro, como John Maynard Keynes nos recorda, que isso se aplica a quase todos os empreendimentos financeiros: "Os mercados podem permanecer irracionais por mais tempo do que você pode permanecer financeiramente saudável." Dinheiro em caixa é, sem dúvida, o rei no mundo das startups — e também no mundo empresarial, mais genericamente.

Porém, a expressão mais pungente que eu talvez tenha ouvido até hoje sobre essa lição foi dita pelo falecido Bill Campbell. Bill é uma lenda do Vale do Silício (Apple, Intuit, GO Corporation, Google etc.) e, em seus últimos anos, foi chamado de "Técnico", pois passava horas incansáveis orientando empreendedores à medida que desenvolviam suas empresas. Ele também foi um técnico "de verdade" do time de futebol americano da Universidade Colúmbia, mas é suficiente dizer que seu histórico lá quase que desaparecia em comparação a seus inúmeros sucessos empresariais ao longo da carreira. Tivemos o privilégio de tê-lo em nosso Conselho de Administração na LoudCloud, no qual ele nos relembrava constantemente, usando termos muitos simples, sobre o papel crucial que o dinheiro em caixa desempenha no ciclo de vida de uma startup: "Não se trata do dinheiro. Se trata da p*rra do dinheiro." Não é necessário dizer mais nada.

Em 2002, vendemos em definitivo a maior parte da LoudCloud para a Electronic Data Systems (EDS) e, basicamente, recomeçamos como uma empresa de softwares chamada Opsware. Além de ser o novo nome da empresa, Opsware também era o nome do software que havíamos desenvolvido para uso interno quando operávamos a LoudCloud — é uma contração de "Operations Software". Visto que, na LoudCloud, precisávamos gerenciar inúmeros servidores, dispositivos de redes e de armazenamento e aplicativos, desenvolvemos o software Opsware para reduzir a quantidade de trabalho manual necessária, automatizando várias tarefas de gestão tecnológica. Quando a EDS adquiriu a LoudCloud, ela licenciou o Opsware, mas nos permitiu manter a propriedade intelectual central. Assim, fizemos o que qualquer startup faria e criamos uma empresa para vender o Opsware a outras empresas grandes que poderiam se beneficiar com a automatização de seus próprios processos de gestão tecnológica.

E fizemos isso enquanto ainda estávamos listados na bolsa, apesar de sermos uma empresa nascente com uma capitalização de mercado que refletia apropriadamente essa (i)maturidade. Nossas ações atingiram seu valor mais baixo, US$0,34, mas as seguramos por mais cinco anos e acabamos fazendo da Opsware uma bela empresa de software, que a Hewlett-Packard comprou em 2007 por US$1,65 bilhão. Meu sócio Ben escreveu extensivamente sobre a transformação da empresa em seu próprio livro, *O lado difícil das situações difíceis*, que recomendo muito. (E não só por ele ainda ser meu chefe!)

Imediatamente depois da venda da Opsware para a Hewlett-Packard, muitos de nós tiveram a oportunidade de continuar como parte da empresa HP Software. Na época, a HP Software era uma divisão de aproximadamente US$4 bilhões dentro da nave-mãe mais ampla da HP (a HP vendia tudo, de impressoras e cartuchos de tinta a computadores de mesa, servidores, equipamentos de rede e dispositivos de armazenagem) que havia sido desenvolvida sobre as bases do HP OpenView, um conjunto de produtos de software que, como o Opsware, ajudava as empresas a gerir seus ativos de TI.

Ao longo dos anos, a HP Software havia adquirido inúmeras outras empresas de software no espaço mais amplo de gestão de TI, e, com isso, sua linha de produtos, seus funcionários e sua base de clientes eram muito diversos e geograficamente dispersos. Eu tive a oportunidade de gerenciar a integração da equipe da Opsware na HP Software e, depois, administrar o negócio de suporte global de software que valia aproximadamente US$1 bilhão. Com 1.500

funcionários espalhados em todos os principais mercados globais, acumulei mais milhas nesse trabalho do que todas as que juntei até hoje em minha vida profissional. Mas gerenciar uma equipe em escala foi uma oportunidade divertida e empolgante, visto que trabalhos e experiências de aprendizagem desse tipo podem ser difíceis de aparecer no mundo das startups em estágio mais inicial.

A Mudança Está em Curso no Vale do Silício

Após a venda da Opsware para a HP em 2007, Marc e Ben começaram a investir seriamente como investidores-anjo. Os anjos são tradicionalmente pessoas que investem em startups que estão em estágios muito iniciais, também conhecidas como "seed-stage companies" ["empresas em fase de semente", em tradução livre]. No Vale do Silício em 2007, a comunidade de anjos era muito pequena e não havia muitos "fundos semente" institucionais, quer dizer, investidores profissionais que levantavam capital com os investidores institucionais tradicionais para investir em empresas nessa fase. Na realidade, o investimento de anjos era dominado, em grande parte, por uma coleção flutuante de pessoas que concediam verbas a partir de suas contas pessoais. Curiosamente, Marc e Ben fizeram seus investimentos-anjo por meio de uma entidade conhecida como HA Angel Fund (Horowitz Andreessen Angel Fund), uma inversão do nome de marca agora muito conhecido de seu fundo de capital de risco.

Marc e Ben começaram a investir em uma época empolgante, quando as mudanças estavam em curso no Vale do Silício. Para entender essas mudanças, você precisa entender um pouco da história do setor de capital de risco.

Como você verá quando nos aprofundarmos nos detalhes em capítulos subsequentes, o setor de capital de risco no Vale do Silício começou para valer na década de 1970 e se caracterizou, durante a maioria dos trinta e poucos anos seguintes, por um número relativamente pequeno de empresas com muito sucesso que controlavam o acesso ao capital para startups. Para simplificar, o capital era um recurso escasso, e tal recurso era de "propriedade" das empresas de capital de risco existentes na época, muitas das quais ainda são muito ativas e exitosas no mercado atual de capital de risco. Desta forma, aqueles que queriam acesso ao capital — os empreendedores — precisavam, com efeito, competir por ele. O equilíbrio de poder, portanto, entre as empresas que fornecem capital de risco e os empreendedores estava categoricamente a favor das empresas.

Contudo, começando no início da década de 2000, houve algumas transformações significativas no ecossistema de startups que mudariam as coisas a favor dos empreendedores.

Primeiro, o montante necessário de capital para começar uma empresa começou a diminuir; isso continua valendo até hoje. Não apenas o custo absoluto de servidores, redes, armazenamento, espaço de centros de dados e aplicativos começou a cair, mas o método de "procurement"[3] evoluiu de uma compra antecipada para um "aluguel", opção muito mais barata com o advento do que agora é conhecida como computação em nuvem. Para uma startup, essas mudanças são muito significativas, pois a quantia de dinheiro que é preciso levantar com os investidores de risco para iniciar é muito menor do que no passado.

A Y Combinator Escancara a "Caixa-Preta"

A segunda transformação importante no ecossistema das startups foi o advento de uma incubadora conhecida como Y Combinator (ou YC, para abreviar). Iniciada em 2005 por Paul Graham e Jessica Livingston, a YC basicamente criou uma escola de startups. Lá, uma coorte de empreendedores formou um grupo, trabalhando em um escritório com espaço aberto e participando de uma série de tutoriais e sessões de mentoria ao longo de três meses para ver o que poderiam conseguir no fim. Ao longo dos últimos 13 anos, a YC lançou cerca de 1.600 startups promissoras, incluindo algumas histórias de sucesso muito conhecidas, como Airbnb, Coinbase, Instacart, Dropbox e Stripe.

Porém, esse não é o impacto mais significativo que a YC causou no ecossistema de capital de risco. Acredito que a relevância da YC é que ela educou toda uma gama de empreendedores quanto ao processo de iniciar uma empresa, no qual levantar capital com os investidores de risco é uma parte fundamental. Ou seja, a YC escancarou a "caixa-preta" que existia no setor de capital

---

3 Processo dentro do departamento de compras de uma empresa que engloba diversos aspectos da cadeia de suprimentos. [N. da RT.]

de risco, iluminando para os empreendedores o processo da formação de uma empresa startup e do levantamento de fundos.

Além disso, a YC criou reais comunidades de empreendedores nas quais eles podiam compartilhar seus conhecimentos e suas opiniões sobre a criação de empresas e suas experiências ao trabalharem com as empresas outorgantes de capital de risco. Antes dessa época, a comunidade de empreendedores era mais dispersa, e, assim, o compartilhamento de conhecimentos entre os integrantes da comunidade era certamente limitado. Mas com o conhecimento vem o poder, resultando no segundo motivador fundamental para a mudança no equilíbrio de poder entre empreendedores e investidores de risco.

Algo a Mais

E isso nos leva à fundação da Andreessen Horowitz, inaugurada em 2009 por Marc Andreessen e Ben Horowitz. Marc e Ben perceberam essa mudança fundamental no cenário que faria com que obter acesso apenas ao capital deixasse de ser um diferenciador suficiente para as empresas de capital de risco. Na visão deles, essas empresas precisariam oferecer algo mais do que apenas dinheiro, que estava se tornando uma commodity; em vez disso, nesta era do capital de risco pós-2005, as empresas outorgantes de fundos precisariam competir pelo direito de financiar empreendedores ao oferecerem algo a mais.

Esse "algo a mais" foi definido pelo pensamento deles sobre a natureza do capital de risco para as startups de tecnologia. Ou seja, essas startups são basicamente empresas com um produto ou um serviço inovador. Na maioria dos casos, as startups tecnológicas representam uma amálgama de engenheiros que identificam alguma maneira inovadora de resolver um problema existente ou de criar um novo mercado ao introduzirem um produto ou um serviço que os consumidores nem mesmo sabiam que poderia existir. Essa afinidade entre a identificação do problema a ser resolvido e o desenvolvimento do produto ou serviço que realmente resolve o problema é um componente fundamental das startups tecnológicas de sucesso. Não há dúvidas de que vendas e marketing eficazes, emprego do capital e criação de equipes, entre outras coisas, também são ingredientes cruciais para o sucesso, mas, fundamentalmente, as startups tecnológicas precisam "encaixar" um problema de mercado com uma solução convincente para ter uma chance de sucesso.

Assim, para aumentar as chances de criação de uma empresa amplamente exitosa e valiosa, Marc e Ben tinham a tese de que os fundadores deveriam ser, em última instância, orientados ao produto e à engenharia e que deveria haver uma ligação forte entre o visionário do produto e a pessoa responsável por conduzir a estratégia da empresa e tomar as decisões de alocação de recursos. Essas últimas responsabilidades são tipicamente tarefas do CEO. Portanto, Marc e Ben tinham uma predileção para apoiar CEOs que também fossem a fonte visionária para o produto da empresa.

Porém, embora os CEOs que são fundadores técnicos possam ser ótimos no desenvolvimento de produtos, eles talvez não tenham as outras habilidades e os relacionamentos necessários para serem CEOs ótimos e versáteis — recrutamento técnico e executivo, relações-públicas e marketing, vendas e desenvolvimento de negócios, desenvolvimento corporativo e questões regulatórias, entre outras coisas.

Consequentemente, o "algo a mais" definido por Marc e Ben para servir de fundamento para a criação da Andreessen Horowitz foi uma rede de pessoas e instituições que poderia melhorar as chances de transformar CEOs fundadores de produtos em CEOs de primeira linha. E eu tive a sorte de ser o primeiro funcionário quando a empresa foi lançada, em junho de 2009.

Nos últimos dez anos, saímos de US$300 milhões em fundos sob nossa gestão e uma equipe de 3 pessoas para a gestão de mais de US$7 bilhões em fundos e aproximadamente 150 funcionários. A maioria da equipe se concentra nesse "algo a mais", passando muito tempo no desenvolvimento de relacionamentos com pessoas e instituições que podem ajudar a melhorar a probabilidade de que nossos CEOs fundadores criem empresas duradouras e valiosas.

Uma Ode aos Empreendedores

Tivemos a sorte de investir em muitas empresas ótimas, algumas das quais são nomes familiares hoje em dia — Airbnb, Pinterest, Instacart, Oculus, Slack, GitHub — e muitas outras que esperamos que se tornem nomes familiares no futuro. E aprendemos muito, às vezes ao tomarmos as decisões certas, mas também ao errarmos no decurso do desenvolvimento da empresa. Acreditamos na inovação e na experimentação em nossa própria empresa. De fato, pedimos consistentemente à nossa equipe para "cometerem novos erros", algo que esperamos que se traduza em assumir riscos conscientes, na iteração de ofertas de produtos e serviços e no aprendizado com erros passados para evitar trilhar o mesmo caminho sem saída. Ao longo deste livro, passaremos mais tempo com muitas das lições aprendidas.

E, mais importante, acreditamos profundamente na santidade do processo do empreendedorismo e trabalhamos muito diariamente para respeitar a difícil jornada que os empreendedores aspirantes trilham em seu caminho, que esperamos ser de sucesso. Sabemos que as chances de sucesso para a maioria deles são pequenas e que aqueles que são bem-sucedidos devem isso a uma combinação singular de visão, inspiração, determinação e uma dose saudável de sorte.

É a história deles, da LoudCloud, da Opsware e da Andreessen Horowitz que, de muitas maneiras, compõem a história deste livro.

As startups prosperam (ou morrem) com base na disponibilidade de capital vindo dos investidores de risco, especialmente nos estágios formativos de sua vida, quando a própria empresa está em modo de crescimento e não consegue se sustentar por meio do fluxo de caixa operacional. E o capital de risco, como todos os tipos de capital, é uma ótima maneira de financiamento quando as necessidades e os desejos do empreendedor e do investidor estão alinhados; há um pacto mútuo no qual as duas organizações entram com um conjunto acordado de objetivos que esperam alcançar juntas. Dinheiro advindo de investidores institucionais com empresas de capital aberto também pode ser uma parte importante da equação de financiamento quando a startup chegar a um ponto posterior de maturidade e conseguir, então, satisfazer as demandas para um crescimento previsível de ganhos que tais investidores exigem.

Em uma linha semelhante, quando os interesses entre os empreendedores e os investidores de risco divergem, o mundo já não é um lugar muito divertido de se estar.

Como já mencionei, a melhor forma de estabelecer um casamento de sucesso entre empreendedores e investidores de risco é ter um mesmo patamar de igualdade e garantir que todos entendam como o capital de risco funciona. Então, chegou a hora de arregaçar as mangas e colocar a mão na massa.

CAPÍTULO 2

O que É Realmente Capital de Risco?

Comecemos do princípio — o que é capital de risco e quando ele é uma forma apropriada de financiamento para uma nova empresa?

A maioria das pessoas vê o capital de risco como uma fonte de financiamento para startups de tecnologia. Isso com certeza é verdade. Verbas de capitalistas de risco forneceram os fundos para diversas startups muito interessantes, incluindo Facebook, Cisco, Apple, Amazon, Google, Netflix, Twitter, Intel e LinkedIn, só para citar algumas. Na verdade, se observarmos as cinco empresas com a maior capitalização de mercado atualmente (embora este livro possa estar desatualizado quando você o estiver lendo!) — Apple, Microsoft, Facebook, Google, Amazon —, veremos que todas foram financiadas com capital de risco. Nada mal para um setor que, como veremos, é uma parte bem pequena do mundo geral das finanças.

Mas nem todas as companhias que receberam capital de risco são de tecnologia. Entre as empresas não tecnológicas que obtiveram muito sucesso e que também foram financiadas por capitalistas de risco temos Staples, Home Depot, Starbucks e Blue Bottle Coffee.

Sendo assim, qual é realmente o propósito por trás do capital de risco e qual é a melhor forma de analisar o escopo de empresas para as quais o capital de risco pode ser a fonte mais relevante de financiamento?

O Capital de Risco É Apropriado para Sua Startup?

Vamos nos aprofundar muito mais nos próximos capítulos, mas uma forma de pensar no capital de risco é como uma fonte de financiamento para empresas (sejam de tecnologia ou não) que, de outro modo, não conseguiriam obter fundos de outras instituições financeiras mais tradicionais.

Há outras instituições que, de fato, são a fonte de capital inicial para a maioria das novas empresas; são chamadas de bancos. Nos EUA, empréstimos a pequenas empresas, em particular os outorgados por bancos comunitários (instituições de pequeno porte cujos recursos provêm da comunidade local onde se inserem), há muito tempo são a força vital para a formação de novas companhias. É por isso que, entre os muitos problemas causados pela crise financeira global de 2008, o crescimento de empregos e a formação de novas empresas perdeu sustentação — os bancos simplesmente não estavam dispostos (ou, em alguns casos, não tinham a base de depósitos) a conceder empréstimos para novas empresas. Isso também explica em parte por que, nos EUA, testemunhamos o crescimento de plataformas alternativas de empréstimos (como o LendingClub) nos anos após a crise financeira; em parte, elas estavam preenchendo um espaço vazio no financiamento de pequenos negócios criado pela saída dos bancos tradicionais de empréstimo.

No entanto, mesmo que os bancos estejam dispostos a emprestar — o que, felizmente, tem sido o caso nos últimos anos —, contrair um empréstimo não é a melhor forma de financiamento para todas as empresas. Isso porque empréstimos não fazem parte da estrutura de capital social de uma companhia. Usando termos leigos, isso significa que eles realmente precisam ser pagos em algum momento (e quase sempre com juros ao longo do caminho). Assim, os empréstimos são mais adequados a empresas que provavelmente podem gerar, no curto prazo, um fluxo de caixa positivo suficiente para pagar os juros e, por fim, o principal do empréstimo.

Em contrapartida, o "equity"[1] — na forma de um investimento financeiro em troca de participação acionária na empresa — não sofre com tal limitação. É, de fato, um capital permanente, ou seja, não há um período de tempo ou um mecanismo definido pelo qual a empresa precisa devolver o capital aos investidores. Uma companhia que gera um fluxo de caixa excedente pode desejar devolver o capital aos acionistas na forma de dividendos ou na recompra de ações, mas não há necessidade de fazer isso (ao menos não na maioria dos financiamentos de capital de risco). Em vez disso, o acionista investidor está

---

1 "Equity" ou "participação acionária" são termos usados intercambiavelmente, dependendo do contexto. [N. da RT.]

fazendo uma aposta implícita no momento do investimento de que o valor de sua participação crescerá de forma proporcional ao progresso financeiro da empresa, e o método mais provável pelo qual ele perceberá esse valor é pela venda de sua participação em algum momento futuro.

Dívida ou Participação Acionária: Qual Você Escolheria?

Assim, se você é o fundador de uma empresa, supondo que tivesse uma escolha entre dívida ou participação acionária, qual você escolheria? Bem, de fato, a resposta depende do tipo de empresa que está buscando desenvolver e como quer considerar as restrições envolvidas nas diferentes formas de capital.

Caso acredite que possa gerar fluxo de caixa em curto prazo ou se estiver pelo menos disposto a reduzir o investimento em algumas áreas do negócio para disponibilizar dinheiro para pagar os juros (e, em última instância, o principal) da dívida, então o empréstimo bancário pode ser sua melhor fonte de capital. Afinal, recorrer à dívida significa que você não precisará vender nenhuma participação de sua empresa para outros e, dessa forma, poderá manter o controle total da empresa. É claro, os empréstimos bancários exercem certo controle por meio das cláusulas — em geral, métricas financeiras que você precisa manter para evitar ficar inadimplente —, mas o banco em si não é um integrante do Conselho de Administração nem um acionista com direito a voto da empresa.

Porém, caso considere que precisará investir todo seu dinheiro nas despesas da empresa e não vê uma possibilidade de gerar fluxo de caixa em curto prazo (ou não quer ficar restringido pelo fato de ter capital não permanente em sua empresa), vender uma parte dela para obter o financiamento pode ser a melhor aposta.

Obviamente, o financiamento via equity não sai de graça — no mínimo, você terá que abrir mão de parte da empresa. E caso decida fazê-lo com os capitalistas de risco — como veremos neste livro —, precisará conviver com o envolvimento deles em certas decisões da empresa e, em muitos casos, como participantes do Conselho de Administração.

Ainda assim, o financiamento com base na oferta de parte do negócio é a melhor escolha para as empresas que (1) não estão gerando (nem esperam gerar) fluxo de caixa no curto prazo; (2) são muito arriscadas (os bancos não gostam de emprestar para empresas que têm o risco real de falir, pois não gostam de perder o saldo principal de seus empréstimos); e (3) têm longos períodos de iliquidez (novamente, os bancos estruturam seus empréstimos para prazos limitados — normalmente de três a cinco anos — para aumentar a probabilidade de receber o principal de volta).

Devemos voltar à nossa definição de "capital de risco" e esclarecer que ele não é apenas qualquer forma de financiamento para empresas que talvez não sejam boas candidatas para os empréstimos tradicionais em bancos; é, especificamente, o financiamento em troca de participação na empresa. E uma participação que os investidores estão dispostos a manter por um longo período (é isso que queremos dizer com a expressão "longos períodos de iliquidez"), mas apenas sob a premissa de que, no final, serão pagos pelo risco que estão assumindo mediante uma valorização significativa do "equity value" [valor patrimonial].

Talvez você já tenha ouvido que alguns capitalistas de risco investem em empresas por meio de "notes" ["notas promissórias"]. Isso não é uma dívida, na realidade?

Sim e não. É verdade que muitos capitalistas que investem nos estágios iniciais — são denominados investidores-anjo ou semente — normalmente investem em empresas por meio de "notes", que, na realidade, têm uma característica distinta que as faz parecer mais com equity: são as "convertible notes" ["notas conversíveis"]. O que isso significa? O investimento inicial parece uma dívida — tem uma taxa de juros (na maioria das vezes) e uma data na qual a quantia principal da dívida deve ser paga. Isso tem a aparência e o cheiro do empréstimo bancário sobre o qual falamos a pouco.

Mas a dívida também tem um recurso de conversão — quer dizer, um mecanismo pelo qual, de modo a obter o principal de volta, o investidor converte a dívida em participação acionária. Dessa forma, o recurso de conversão transforma o capital não permanente em capital permanente. É comum que a conversão esteja vinculada ao financiamento para a empresa via equity. Na maioria dos casos que tratamos neste livro, a dívida de fato será transformada em participação acionária, assim, por ora, a manteremos em nossa análise sobre equity. Retornaremos a uma discussão mais ampla sobre notas conversíveis no Capítulo 9.

Antes de nos aprofundarmos, vamos passar alguns minutos analisando alguns temas de alto nível sobre o capital de risco.

Isto é uma simplificação exagerada, mas há basicamente três tipos de pessoas envolvidas com o capital de risco. O investidor (institucional, "limited partners" — prometo que destrincharemos essas definições em breve) que investe em um fundo de risco. O capitalista de risco, geralmente um sócio geral na empresa que detém o fundo, que pega o dinheiro para investir em startups que (se espera) crescerão bastante. E, por fim, o empreendedor, que usa esse dinheiro para fazer sua empresa crescer. Esses são os três: o investidor, o capitalista de risco e o empreendedor.

Agora que você entendeu isso, analisaremos como os investidores consideram os fundos de capital de risco no qual colocarão seu dinheiro.

Capital de Risco como uma Classe (Não Muito Boa) de Ativos para Investidores

Usando termos simples, uma "classe de ativos" é uma categoria de investimentos na qual os investidores alocam dinheiro. Por exemplo, títulos são uma classe de ativos, assim como as ações; ou seja, os investidores escolhem — como parte de um portfólio equilibrado — alocar parte de seu dinheiro em títulos ou em ações de empresas negociadas na bolsa. Os fundos de hedge, os fundos de capital de risco e os fundos de buyout, entre outros, também são exemplos de classes de ativos.

Investidores institucionais (os profissionais que fazem a gestão de grandes pools de capital) normalmente têm uma política definida de alocação de ativos que determina como investem. Por exemplo, eles podem escolher investir 20% de seus ativos em títulos, 40% em ações, 25% em fundos de hedge, 10% em fundos buyout e 5% em fundos de capital de risco. Há inúmeras outras classes de ativos a serem consideradas e uma variação quase infinita de porcentagem de alocação entre as classes de ativos que os investidores institucionais podem buscar. Como veremos quando falarmos sobre os fundos patrimoniais [endowments] na Universidade Yale, os objetivos de um investidor em particular determinarão a estratégia de alocação de ativos.

Portanto, se concordamos que o capital de risco é uma classe de ativos, por que não é uma classe "boa"? Simplesmente porque os retornos médios não valem o risco ou iliquidez toleráveis pelo investidor comum em capital de risco.

De fato, até 2017, os retornos médios de 10 anos sobre o capital de risco somaram 160 pontos-base abaixo dos pontos da Nasdaq. Um "ponto-base" é apenas uma maneira elaborada de dizer 1/100 de um ponto percentual — sendo assim, 200 pontos-base significam 2 pontos percentuais.

O que isso significa? Infelizmente, que se você investisse em uma empresa de capital de risco com retorno mediano, teria tornado indisponível seu dinheiro por um longo período e gerado resultados de investimento piores do que se apenas tivesse deixado seu dinheiro em um fundo de índice da Nasdaq ou da S&P 500. E poderia ter comprado ou vendido sua participação no fundo de índice a qualquer momento em que decidisse usar o dinheiro — ao passo que, caso precisasse tirar seu dinheiro do fundo de capital de risco, boa sorte!

O que explica isso? Bem, há algumas coisas em funcionamento aqui. A mais significativa é que os retornos sobre o capital de risco não seguem uma distribuição normal.

É provável que você esteja familiarizado com o conceito de curva de sino, que diz que a distribuição de *qualquer coisa* — neste caso, retornos dos investimentos — é simétrica (ou seja, que metade dos pontos fica à esquerda da mediana e a outra metade à direita) e com desvios-padrão definidos a partir da mediana (por exemplo, em uma distribuição normal, 68% dos pontos ficam dentro de um desvio-padrão da mediana).

Se os retornos sobre o capital de risco seguissem uma curva de sino, teríamos muitas empresas — especificamente, 68% delas — agrupadas dentro de um desvio-padrão da mediana. Ou seja, a maioria dos investidores institucionais poderia escolher um gestor com o qual investir e ter uma alta expectativa de que seus retornos ficariam dentro dessa distribuição.

Contudo, os resultados das empresas de capital de risco tendem a seguir mais uma curva da lei de potência. Quer dizer, a distribuição dos retornos não é normal, mas altamente enviesada, de forma que uma pequena porcentagem de empresas capta uma grande porcentagem dos retornos do setor.

99,7% dos dados ficam dentro de
três desvios-padrão da média

95%, dentro
de dois desvios-padrão

68%, dentro
de um
desvio-padrão

$\mu - 3\sigma$ $\mu - 2\sigma$ $\mu - \sigma$ μ $\mu + \sigma$ $\mu + 2\sigma$ $\mu + 3\sigma$

CURVA DE SINO

ALTO

BAIXO

MENOS　　　　　　　　　　MAIS

CURVA DA LEI DE POTÊNCIA

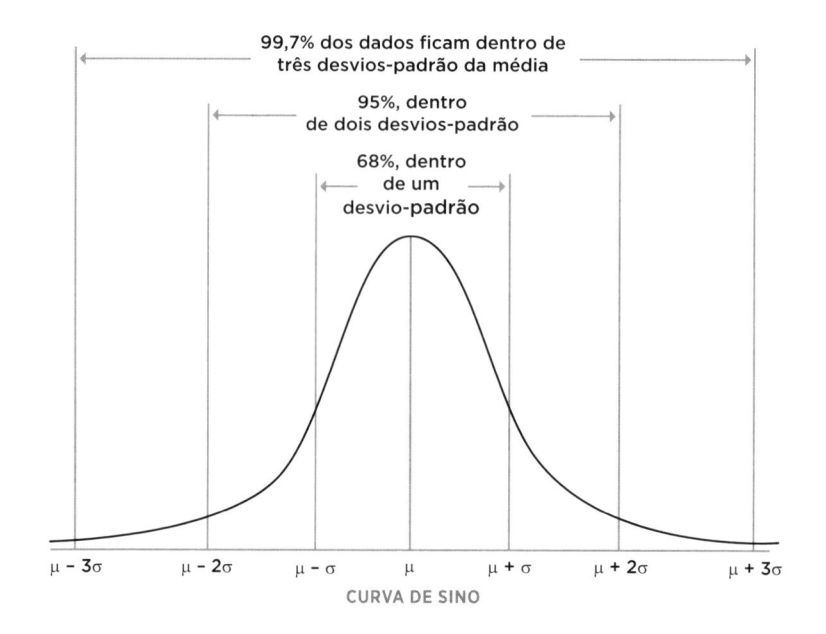

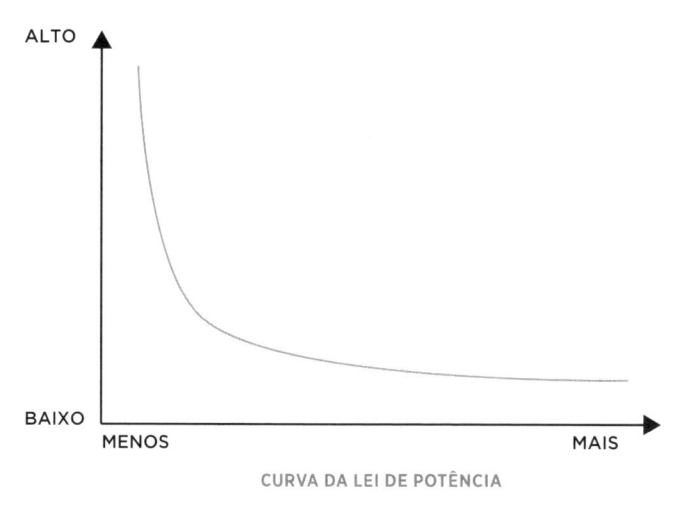

Assim, caso seja um investidor institucional nesse paradigma, suas chances de investir em uma das poucas empresas que geram retornos em excesso são pequenas. E se investir na empresa mediana, os resultados gerados por ela provavelmente estarão na cauda longa de retornos abaixo da média.

Além disso tudo, pesquisas acadêmicas a respeito dos retornos sobre o capital de risco mostram que as principais empresas que fornecem capital de risco têm mais chances de persistir ao longo dos ciclos dos fundos. Assim, as empresas que geram excesso de retorno em um fundo provavelmente continuarão fazendo o mesmo em fundos subsequentes. Em outras palavras, não há um padrão de empresas diferentes se sobressaindo de um fundo para o seguinte; o espólio tende a ir para o mesmo conjunto de vencedores ao longo do tempo.

O que explica tal distribuição dos retornos dos fundos de capital de risco?

A Questão da Sinalização Positiva

Primeiro, a sinalização importa. As empresas de capital de risco desenvolvem a reputação por apoiarem startups de sucesso, e essa sinalização positiva de marca permite que elas continuem a atrair os melhores novos empreendedores.

Pense nisso: se a ABC Capital de Risco (estou usando pseudônimos para proteger os inocentes) investiu em empresas que alcançaram um sucesso fenomenal — Facebook, Amazon, Alibaba —, o empreendedor que acredita que está começando o "próximo Facebook" pode acreditar que conseguir um investimento nessa empresa aumentará as chances de sucesso. E se ele pensa assim, o que dizer dos engenheiros pelos quais a startup está competindo com outras cinquenta empresas para contratar? Eles também não pensarão que o selo de aprovação da ABC Capital de Risco pode aumentar a probabilidade de sucesso e, portanto, decidir trabalhar nessa startup? E a empresa listada na Fortune 500, a quem a startup pode ser vendida futuramente? Talvez a sinalização positiva dos investimentos da ABC Capital de Risco signifique que o risco para a empresa listada da Fortune 500 investir no produto da startup fique mitigado.

A questão principal é que — seja de forma certa ou errada — todos os participantes no ecossistema estão fazendo uma conta simples: aquela turma da ABC Capital de Risco deve ser inteligente, afinal, eles investiram no Facebook, na Amazon, no Alibaba, só para citar alguns, então, pela propriedade transitiva, o empreendedor que está criando o próximo Facebook deve ser inteligente, sendo assim, o risco de fracasso é mais baixo para essa empresa. Daí, o sucesso passado gera o sucesso futuro.

Antes que você considere isso uma loucura, a questão é que essa realidade não é diferente de quaisquer outros mecanismos de sinalização que as pessoas usam em toda a sociedade. Por que muitas empresas recrutam pesadamente os graduados nas melhores universidades do país, muito embora haja diversos alunos inteligentes que se formam em faculdades menos badaladas? Bem, porque elas tiveram sucesso antes contratando os alunos das melhores universidades e acreditam que a universidade em si fez um bom trabalho no vestibular ao selecionar alunos de alto intelecto e bom caráter.

Em essência, é comum usarmos a sinalização como uma forma abreviada de informar avaliações. E, como acontece com todas as formas de generalização, às vezes temos falsos positivos. Isso acontece quando há um ajuste excessivo na curva e atribuímos o sucesso a pessoas ou empresas que, na verdade, não são tão boas quanto pensávamos. Também podemos ter falsos negativos, quando há um subajuste na curva, dessa forma eliminando ótimos candidatos sem termos avaliado completamente suas habilidades.

No contexto de capital de risco, como veremos quando analisarmos os incentivos, haver um subajuste é o erro mais sério. Se você investe em uma empresa que acaba se tornando pior do que esperava (falsos positivos), o máximo que pode acontecer é você perder todo o seu capital investido. Para aqueles que investem as economias de uma vida, esse é um resultado muito desalentador. Todavia, como veremos, para os capitalistas de risco isso é apenas parte de seu trabalho cotidiano. Mas deixar de investir em uma empresa *vencedora* significa que você está abrindo mão de todo o potencial assimétrico que vem junto com esse investimento. Sem dúvidas, é doloroso deixar passar o próximo Facebook ou Google, e, dependendo do restante de seu portfólio, pode ser o fim de carreira para um investidor de risco.

Investimento em Capital de Risco É um Jogo de Soma Zero

Outro motivo pelo qual o sucesso do capital de risco parece ficar aglomerado no gráfico é que esse tipo de investimento é um jogo de soma zero. Permita-me explicar isso fazendo uma analogia com o investimento na bolsa de valores.

Se você e eu acreditamos que a ação da Apple é uma ótima escolha, ambos podemos decidir comprá-la. É claro, se um de nós fosse um comprador realmente grande, o ato de comprar a ação poderia alterar o preço de tal forma que meu preço de compra seria diferente do seu (dependendo de quem chegar lá primeiro). Seja como for, a oportunidade geral de investimento de comprar uma ação da Apple está disponível para nós dois, não importa o que o outro faça. O mercado de ações é uma instituição democrática aberta a qualquer um que tenha dinheiro e uma conta em uma corretora.

Contrastemos isso com o investimento de capital de risco. Na maioria dos casos, quando uma empresa levanta verbas de capital de risco, há uma "vencedora" (ou talvez duas) e muitas perdedoras. Escrevo "vencedora" entre aspas porque todos nós achamos que vencemos quando conseguimos investir no que parece ser uma startup muito promissora. Mas, em geral, descobrimos mais tarde que, em alguns casos, isso pode ser descrito de forma mais apropriada como a "maldição da vencedora" — um fenômeno no qual os compradores, durante o leilão, ficam emocionalmente atrelados ao processo de compra ou têm informações imperfeitas, de modo que valorizam o ativo muito mais do que realmente vale. Em uma negociação de capital de risco, a concorrência certamente pode motivar o que chamamos de "deal heat" [o calor ou a pressão para fechar o negócio], uma resposta às vezes irracional que faz com que os investidores paguem mais por um ativo. E, sem dúvidas, as informações quase sempre são imperfeitas no processo de avaliação de uma empresa em estágio inicial.

Independentemente de o ativo estar precificado de maneira adequada ou não, normalmente há uma empresa de capital de risco que é a investidora "líder" na rodada de financiamento e, como resultado, investe a maior parte do dinheiro na companhia durante essa rodada específica. Às vezes há outras investidoras não líderes que podem participar com quantias menores na mesma rodada, mas em nenhum dos casos a rodada fica disponível em uma bolsa de valores para que qualquer investidor aleatório participe.

Uma vez terminada a rodada de investimentos, na maioria dos casos essa oportunidade de investimento desaparece para sempre. Nunca haverá outra primeira rodada de financiamento para o Facebook. Assim, independentemente de qual seja o retorno a ser gerado a partir dessa primeira rodada de investimento, ele cairá nas mãos de um grupo realmente pequeno de investidores afortunados.

Obviamente, é comum haver outras rodadas de financiamento, como a rodada "B" de financiamento para o Facebook, mas a avaliação da empresa presumivelmente terá, então, aumentado; sendo assim, o retorno futuro a esse grupo de investidores seguirá os passos dos investidores da primeira rodada.

Portanto, se somarmos a sinalização positiva que analisamos anteriormente com essa natureza descontínua de rodadas de investimento e com a noção de "o vencedor leva tudo", espero que você consiga enxergar que os retornos gerais nesse setor com frequência caem nas mãos de um grupo limitado (e persistente) de empresas de capital de risco.

O Investimento em Capital de Risco é Restrito

Outra característica especial do investimento em capital de risco é sua restrição para o que são conhecidos como investidores "qualificados". Os investidores qualificados são basicamente pessoas que atingiram certo nível de sucesso financeiro [no Brasil, as regras atuais exigem, dentre outras coisas, que você tenha R$1 milhão investido e que ateste por escrito essa condição mediante termo próprio]. A teoria de qualificação é que a riqueza é igual à sofisticação do investimento; é uma definição admitidamente ampla demais e subinclusiva, porém uma na qual as leis da CVM (Comissão de Valores Mobiliários) no Brasil e da SEC nos EUA (U.S. Securities and Exchange Comission) parecem ter muita fé.

Quando uma empresa de capital fechado deseja levantar dinheiro para financiar suas operações, ela deve estar de acordo com as leis da agência reguladora do país, ou seja, ela precisa respeitar a definição de investidor qualificado. Sob a lei, uma empresa pode vender títulos e valores mobiliários apenas se seguir os requisitos de registro para a oferta desses papéis (o que geralmente significa que a empresa precisa abrir seu capital) ou deve ter alguma isenção nessa legislação que lhe permita vender seus títulos sem abrir o capital. Essa isenção geralmente se dá pela concordância em não vender os títulos de forma ampla a investidores não qualificados, mas restringir a venda apenas aos investidores qualificados ou profissionais — uma forma ainda mais alta de riqueza, para aqueles no Brasil, cujos investimentos financeiros tenham valor nominal superior a R$10 milhões.

Os próprios investidores em fundos de capital de risco também precisam cumprir essas restrições. Assim, você não será convidado para fazer investimentos em um fundo de capital de risco a menos que cumpra com as definições de investidor qualificado; muitos fundos de capital de risco restringem seus investidores ao seguirem um padrão ainda mais alto que o profissional.

Nos Estados Unidos, há uma exceção a essas regras — as provisões de crowdfunding, ou financiamento coletivo, que o Congresso daquele país criou como parte da Lei JOBS de 2012. Sob essas regras, as empresas têm a permissão de vender até US$1 milhão em ações anualmente para investidores não qualificados. Há diversos outros requisitos que as empresas precisam cumprir para ter acesso a essas regras, incluindo, por exemplo, que os materiais sobre os investimentos sejam publicados em um portal do investidor. Consequentemente, embora isso tenha pretendido fornecer certo nível de democratização ao processo de levantamento de fundos privados, a maioria das empresas que obtêm capital de risco não se beneficia das regras do financiamento coletivo.

Sendo assim, o investimento em capital de risco não é democrático, e isso não só no sentido de que os vencedores parecem, em geral, ficar mais ricos, mas também porque apenas um número limitado de participantes pode realmente competir.

Como Podemos Avaliar o Sucesso de uma Empresa que Oferece Capital De Risco?

Quais são as implicações de tudo isso para o investimento em capital de risco?

Primeiro, a diversificação é uma estratégia ruim para as empresas que oferecem capital de risco. Se você for um investidor institucional que tem a sorte de desenvolver um rol de empresas de sucesso cujos retornos não estão na seção mediana da curva da lei de potência, mas na parte de alto retorno, não terá o desejo de diversificar. Os retornos na extremidade superior dos fundos de capital de risco podem ter 3 mil pontos-base a mais do que na extremidade inferior, o que geralmente é o caso; a dispersão de retornos é enorme quando você tem distribuições de lei de potência. Em geral, a diversificação seria como empurrá-lo para a seção mediana ou de baixo retorno da curva da lei de potência, diluindo, desse modo, os retornos gerais. Sendo assim, muitos investidores institucionais buscam ter um portfólio concentrado de capital de risco — o que, a propósito, provavelmente intensifica ainda mais a distribuição da lei de potência dos retornos.

E isso nos leva à segunda implicação: é muito difícil para empresas novas quebrar as barreiras de acesso ao setor e ter sucesso. Reconhecidamente, isso mudou um pouco na última década — em parte devido à natureza inconstante do ambiente financeiro, o que exploraremos mais tarde —, mas ainda é algo bastante difícil. Para se tornar uma empresa de capital de risco de primeira linha na qual os investidores institucionais queiram investir, é preciso conseguir estar naquela parte boa da curva da lei de potência, mas se você não tem a marca para criar a sinalização positiva que atrai os melhores empreendedores, é difícil gerar retornos — consegue entender o quadro geral, certo? É um clássico problema do tipo, quem veio primeiro, o ovo ou a galinha?

Esqueça o Percentual de Acerto

Mas eis a pegadinha. Os capitalistas de risco com o maior percentual de acerto nem sempre fazem os melhores investimentos de risco.

Nada como o beisebol para nos ajudar a entender o setor de capital de risco. Para aqueles que não conhecem muito o esporte, vamos começar definindo "percentual de acerto" ["batting average"]. É o cociente obtido ao dividir o número de batidas que um jogador consegue fazer pelo número de tentativas. Assim, um jogador que tem 0,300 de percentual de acerto — o que ao longo de uma carreira o levará ao Hall da Fama —, acerta três batidas a cada dez tentativas.

Os bons capitalistas de risco acertam cinco vezes a cada dez tentativas (um percentual de acerto de 0,500). O "acerto" aqui significa que o investimento tem um retorno maior do que a quantia original investida em uma empresa pelo capitalista de risco. À primeira vista, pode parecer bom. Mas não é — e, ainda mais importante, é totalmente irrelevante para determinar o sucesso.

Para a maioria dos capitalistas de risco, a distribuição de tentativas é algo mais ou menos assim:

- Cinquenta por cento dos investimentos ficam "comprometidos", uma forma muito educada de dizer que os investidores perdem parte ou a totalidade de seus investimentos. Pense nisso por um momento: os capitalistas de risco estão completamente errados na metade das vezes e, como consequência, perdem a maioria ou todo o dinheiro confiado a eles por seus investidores. Provavelmente, em qualquer outro empreendimento profissional (o beisebol pode ser a exceção que comprove a regra), se você acertar 50%, há grandes chances de que precisará buscar um novo emprego. Mas, olha só, os investidores de risco celebram o fracasso — de certa forma.

- De 20% a 30% dos investimentos são — para continuar com a analogia do beisebol — "simples" ou "duplos". Você não perde todo o dinheiro (parabéns por isso), mas consegue um retorno de algumas vezes seu investimento. Aqueles US$5 milhões que você investiu no site criptomoeda.com lhe deu um retorno de US$10 a US$20 milhões — nada mal. No entanto, se incluir os 50% de investimentos "comprometidos", o capitalista de risco ainda estará com problemas — entre 70% e 80% do dinheiro investido produziu um retorno total de aproximadamente US$0,75 a US$0,90 por dólar investido. Isso não parece uma receita para o sucesso.

- Por sorte, ainda há de 10% a 20% de nossos investimentos sobrando — e esses são nossos "home runs" [abrasileirando para o futebol, "gols de placa"]: os investimentos com os quais o capitalista de risco espera obter um retorno de dez a cem vezes o dinheiro investido.

Se estiver prestando atenção, essa distribuição de retornos deveria relembrá-lo da análise da curva da lei de potência na última seção. O fato é que não só o desempenho das empresas de capital de risco segue essa curva, como também a distribuição de negócios dentro de determinado fundo.

Com o passar do tempo, os fundos que geram retornos líquidos de 2,5 a 3 vezes mais a seus investidores estarão na porção boa da curva da lei de potência de distribuição e continuarão a ter acesso ao capital institucional. Falaremos sobre as taxas posteriormente, mas para conseguir retornos líquidos de 2,5 a 3 vezes mais (depois de todas as taxas), os capitalistas de risco provavelmente precisam gerar retornos brutos de 3 a 4 vezes mais. Isso quer dizer que, se um capitalista de risco tem um fundo de US$100 milhões, ele precisa alcançar um rendimento total de US$300 milhões a US$400 milhões com seus investimentos de modo a obter entre US$250 milhões a US$300 milhões em retornos líquidos para os investidores institucionais.

O que isso nos diz é que a média de acertos não é a métrica certa para avaliar o sucesso de uma empresa que fornece capital de risco. De fato, os dados mostram que uma empresa com uma média maior de acertos frequentemente não tem um desempenho melhor do que uma com uma média mais baixa — como isso pode ocorrer?

Porque o que importa mais é o resultado de "suas rebatidas por home run". No beisebol, isso é o cociente obtido ao dividir o número de vezes que um jogador chega a rebater pelo número total de home runs alcançados. Mark McGwire tem os resultados mais altos aqui, com uma média de 10,61 em toda sua carreira. Isso significa que ele conseguia um home run a cada dez rebatidas, aproximadamente.

Com relação ao capital de risco, nós nos importamos apenas com essa métrica. Ou seja, a frequência com que um capitalista de risco obtém um retorno de mais de dez vezes seu investimento — o que consideramos um home run, ou um gol de placa, na linguagem futebolística. Se você fizer as contas, verá que os VCs podem cometer muitos erros. Sua média geral de rebatidas pode ser ainda inferior a 50%, desde que suas rebatidas por home run sejam de 10% a 20%, melhor do que as dos melhores jogadores de beisebol de todos os tempos.

E, como destaquei anteriormente, é isso o que de fato vemos no setor. A diferença entre um fundo com alto desempenho e um com um desempenho ruim não é a média de acertos, mas as rebatidas por home run. Em muitos casos, na verdade, as empresas que têm um desempenho melhor têm uma média pior de rebatidas do que aquelas com um desempenho ruim: são como os craques que erram as três tentativas ou que conseguem um home run a cada vez que vão rebater. O fato é que não há como eliminar o risco da jornada de vitória em um fundo vencedor de capital de risco. Se quiser estar nesse negócio, precisa ter um estômago de ferro ou um estoque ilimitado de antiácidos.

A Accel Partners é famosa por, entre outras coisas, ter investido em uma rodada muito inicial do Facebook. Na época, o Facebook estava avaliado em aproximadamente US$100 milhões. Vamos supor que a Accel tenha segurado sua participação até o Facebook abrir seu capital, o que aconteceu com uma capitalização de mercado de praticamente US$100 bilhões. (Estou mantendo a conta simples aqui a título de ilustração, então não importa agora se o investimento inicial da Accel foi diluído por rodadas subsequentes de financiamento, e também não considere os primeiros dias ou as primeiras semanas de negociações das ações do Facebook nas bolsas de valores.)

Uma conta arredondada informa que a Accel teve um ganho de mil vezes sobre o investimento — isso certamente entra para a categoria de home run.

Quanto você acha que a Accel ganhou com os outros investimentos feitos como parte do fundo? É uma pergunta capciosa. A resposta é: "Não importa!" Se você consegue um retorno de mil vezes sobre o valor inicial em um investimento, pode errar em todas as outras vezes e ainda ter um fundo com alto desempenho, que foi o que a Accel fez. O fato é que a Accel também fez outros ótimos investimentos nesse mesmo fundo, incluindo AdMob, XenSource e Trulia, entre outros — um feito de proporções épicas. Mas tudo isso foi dinheiro fácil depois do retorno da lei de potência do investimento no Facebook.

O Setor de Capital de Giro É Peso-pena, Mas Seu Soco É de Peso-pesado

Caso você more na Califórnia, em Massachusetts, em Nova York ou em outra parte do mundo que faça parte do ecossistema de capital de risco e de startups de tecnologia, não conseguirá abrir seu Twitter ou mesmo o jornal local sem se espantar com as notícias do setor. E isso pode fazê-lo pensar que o capital de risco é um setor gigantesco ou, ao menos, que a Terra gira em torno dele.

Na verdade, o setor de capital de risco é bem pequeno, especialmente quando o comparamos com outras classes de ativos financeiros. O ano de 2017 foi grande: os investimentos em empresas feitos por firmas de capital de risco chegaram a US$84 bilhões. É a maior quantia há um tempo, e o setor teve uma mínima (em anos recentes) que chegou pouco abaixo dos US$30 bilhões em 2009. Se você analisar os cinco anos anteriores, os investimentos de capital de risco nos EUA feitos em empresas de portfólio [empresa — aberta ou fechada — na qual uma companhia de capital de risco, buyout ou holding tem capital próprio] ficaram entre US$60 bilhões e US$70 bilhões por ano. Curiosamente, o número de investimentos discretos caiu nos anos recentes, à medida que mais verba está indo para as empresas valorizadas em mais de US$1 bilhão; em 2017, US$19 bilhões (quase 25% do capital total investido em todas as empresas) foram para um número muito pequeno dessas empresas avaliadas em mais de US$1 bilhão. Aí está a lei de potência trabalhando novamente.

A outra métrica de tamanho para o setor é a quantia total de dinheiro levantado pelas empresas de capital de risco com investidores institucionais. Em 2017, as empresas dos EUA levantaram cerca de US$33 bilhões com investidores. No pico da bolha pontocom em 2000, as firmas de capital de risco dos

EUA levantaram cerca de US$100 bilhões com os investidores, então estamos bem afastados do pico.

Para lhe dar um pouco de perspectiva com relação a esses números, o setor global de buyout levantou cerca de US$450 bilhões em 2017. O setor de fundos de hedge gerencia mais de US$3 trilhões. O PIB dos EUA é de aproximadamente US$17 trilhões. Assim, independentemente da métrica, o setor de capital de risco representa uma quantia minúscula do capital aplicado no sistema financeiro mais amplo.

Porém, o soco das empresas financiadas por capital de risco tem um impacto muito mais forte do que o esperado para seu peso.

Como já mencionamos, as cinco empresas com a maior capitalização de mercado nos EUA são todas financiadas por capital de risco — Apple, Facebook, Microsoft, Amazon e Google.

A Universidade Stanford publicou um estudo em 2015 destacando a concentração de empresas financiadas por capital de risco nos mercados de capital aberto norte-americanos desde 1974. A Universidade escolheu esse ano porque o setor de capital de risco expandiu drasticamente a partir de 1979 com a aprovação da "regra do homem prudente". Antes de 1979, os investimentos em capital de risco não eram considerados "prudentes" para a maioria dos investidores institucionais. Assim, o setor atraía dinheiro, em grande parte, de "family offices", fundos patrimoniais e fundações filantrópicas. Com a introdução dessa regra, os fundos de pensão passaram a poder investir na classe de ativos do capital de risco e, com isso, os ativos sob gestão cresceram de modo significativo. Apesar da introdução da regra em 1979, a Stanford, já em 1974 havia capturado uma ou duas empresas importantes — como a Apple —, que, de outro modo, teriam ficado de fora.

Usando 1974 como limite, 42% das empresas com capital aberto receberam capital de risco, representando 63% da capitalização total de mercado. Essas empresas representam 35% do total de empregos e 85% dos gastos totais com pesquisa e desenvolvimento.

Isso é muita coisa para um setor que investe aproximadamente 0,4% do PIB dos EUA!

CAPÍTULO 3

Como os Capitalistas de Risco de Estágios Iniciais Decidem Investir?

Vamos dar uma olhada em como os capitalistas de risco decidem em quais empresas devem investir e por quê. Em um mundo de investimentos glamourizado pelo Shark Tank, pelo Vale do Silício e pelos "unicórnios" [startups avaliadas em valor igual ou superior a US$1 bilhão antes mesmo de abrir seu capital na bolsa de valores], não existe muita comunicação simples e direta sobre o que motiva as decisões dos investidores de risco.

Como mencionei, durante o estágio inicial de investimento de risco, é muito difícil obter os dados brutos. Isso é óbvio! Nessa altura, a empresa normalmente ainda não chegou ao mercado de nenhuma forma real. Assim, quando muitos capitalistas de risco estão avaliando uma startup como um possível investimento, as avaliações qualitativas ofuscam as quantitativas.

Veremos posteriormente neste livro que há diversas formas quantitativas de modelar os retornos futuros potenciais de um investimento. São ótimos exercícios em planilhas quando e se você tem dados suficientes para informar as hipóteses na planilha.

Porém, a expressão "se entra lixo, sai lixo" é especialmente adequada para o investimento de risco em estágios iniciais. Simplesmente não há métricas financeiras o bastante para modelar de modo significativo os retornos futuros potenciais para uma empresa que, de fato, não existe além dos slides do PowerPoint que o empreendedor montou (às vezes, logo antes de entrar em uma reunião de apresentação com investidores de risco).

Assim, o que fazer? Bem, o fato é que há heurísticas qualitativas e quantitativas de alto nível que os investidores de risco usam para avaliar os prospectos de um investimento. E geralmente entram em uma destas três categorias: pessoas, produto e mercado.

1. Pessoas e Equipe

Comecemos com as pessoas, visto que é, de longe, o critério mais qualitativo e, no investimento em estágios iniciais, provavelmente o mais importante para a avaliação. Quando a "empresa" não é nada além de um pequeno grupo de pessoas — em alguns casos, apenas um ou dois fundadores — com uma ideia, grande parte da avaliação dos capitalistas de risco se concentrará na equipe.

Em particular, muitos capitalistas de risco mergulham profundamente nas origens e na formação dos fundadores em busca de pistas sobre sua eficácia para executar essa ideia específica. A hipótese fundamental aqui é a de que as ideias não são patenteadas. De fato, os investidores de risco presumem o contrário — se algo se transforma em uma boa ideia, eles presumem que haverá muitos outros fundadores e empresas criadas para ir atrás dessa ideia.

Assim, o mais importante é: por que eu, como um investidor de risco, quero financiar esta equipe em particular, e não qualquer uma das inúmeras outras que podem vir aqui para executar essa ideia? A forma de pensar sobre isso é que o custo de oportunidade de investir nessa equipe em especial que está correndo atrás dessa ideia particular é infinito; uma decisão para investir significa que o capitalista de risco não pode investir em outra equipe que pode aparecer e se mostrar mais bem preparada para ir atrás dessa oportunidade.

John Doerr, investidor de risco da Kleiner Perkins, é famoso por ter supostamente dito que uma regra fundamental do capital de risco é: "Se não houver conflito, não há interesse", mas a realidade do capital de risco moderno é que o conflito é o rei. Os capitalistas de risco de fato não conseguem investir em empresas que estão buscando a mesma oportunidade, embora, é claro, a definição de conflito esteja sempre sujeita aos olhos do observador.

Por que é assim? Porque a decisão de um capitalista de risco para investir em uma empresa é efetivamente um reconhecimento de que ela é a vencedora de fato naquele espaço. Afinal, por que eu investiria no Facebook, e não no Friendster, se achasse que o Friendster provavelmente dominaria o mercado de redes sociais? Lembre-se da análise anterior sobre o efeito da sinalização positiva que a marca de um investidor de risco exerce na marca das empresas de portfólio; elas estão profundamente conectadas, para o melhor ou para o pior. Assim, cada decisão de investimento tem um custo infinito de oportunidade no sentido de que provavelmente o impede, como capitalista de risco, de investir em uma concorrente direta naquele espaço; você escolheu seu caminho.

À luz disso, entre os pecados capitais do investidor de risco está acertar a categoria (ou seja, você previu corretamente que uma empresa seria criada nesse espaço específico), mas escolher a empresa errada (você escolheu o caminho errado a seguir). Por exemplo, talvez você tenha vislumbrado, no início da década de 2000, que as redes sociais seriam algo grande, mas decidiu investir no Friendster, e não no Facebook. Ou talvez tenha reconhecido, no fim da década de 1990, que os mecanismos de busca seriam um ótimo negócio, mas escolheu investir no AltaReturn, e não no Google.

Assim, como avaliar uma equipe fundadora? Claro, cada investidor de risco faz coisas diferentes, mas aqui há algumas áreas em comum de investigação.

Primeira, qual é o conjunto singular de habilidades, formação ou experiência que levou essa equipe fundadora a buscar essa ideia? Meus sócios usam o conceito de "empresa criada por causa de um produto" [product-first company] versus "empresa criada por causa da empresa" [company-first company].

No primeiro caso, o fundador identificou ou passou por algum problema específico que o levou a desenvolver um produto que resolveria o problema, inspirando-o a criar uma empresa como o veículo pelo qual pudesse levar o produto ao mercado. O segundo caso é quando o fundador decide primeiro que quer abrir um negócio e, depois, faz um brainstorming sobre quais produtos poderá usar para iniciar a empresa. As empresas de sucesso podem, é claro, ser criadas a partir de qualquer um desses modelos, mas a empresa criada por causa de um produto está realmente em sintonia com a natureza orgânica da formação de companhias. Um problema do mundo real experimentado pelo fundador se torna a inspiração para criar um produto (e, em última instância, uma empresa); essa tração orgânica geralmente é muito atraente para os investidores de risco.

Sem dúvida, muitos estão familiarizados com o conceito de "produto ajustado ao mercado" [product-market fit]. Popularizado por Steve Blank e Eric Ries, a ideia representa um produto tão atraente para os consumidores que eles reconhecem qual é o problema que o produto pretendia resolver e sentem-se obrigados a comprá-lo. A "satisfação" do consumidor e a recorrência de compras são os selos clássicos do produto ajustado ao mercado. O Airbnb tem isso, assim como Instacart, Pinterest, Lyft, Facebook, Instagram, entre outros. Como consumidores, quase não conseguimos imaginar o que fazíamos antes de tais produtos existirem. De novo, trata-se de uma atração orgânica sobre os clientes, que resulta da natureza inovadora do produto e de sua adequação ao problema de mercado ao qual se destina.

O equivalente disso na avaliação que os capitalistas de risco fazem dos fundadores é o ajuste do fundador ao mercado. Como um corolário à empresa criada por causa de um produto, o ajuste do fundador ao mercado evidencia as características singulares dessa equipe fundadora para buscar a oportunidade atual. Talvez o fundador tenha um histórico educacional único que seja o melhor para a oportunidade.

Nós, na a16z, vimos isso com Martin Casado e sua decisão de fundar a Nicira, uma empresa que criava redes definidas por software (software-defined networking — SDN). Martin não apenas trabalhou nas iterações iniciais do SDN para a comunidade de inteligência, mas também obteve seu doutorado em Stanford nessa área. Sua carreira profissional inteira efetivamente o levou ao desenvolvimento da Nicira, que, a propósito, foi posteriormente adquirida pela VMware por US$1,25 bilhão.

Talvez o fundador tenha passado por uma experiência única que o expôs ao problema de mercado de uma forma que lhe concedeu insights singulares sobre a solução do problema. Os fundadores do Airbnb se enquadram nessa categoria. Eles estavam lutando para pagar as contas em São Francisco, onde moravam, e perceberam que todos os hotéis ficavam sem vagas na região sempre que havia uma grande convenção por lá. Então pensaram: e se alugássemos um lugar para os participantes da conferência dormir em nosso apartamento para ajudá-los a economizar dinheiro com estadia e nos ajudar a conseguir pagar o aluguel? E, assim, o Airbnb nasceu.

Ou talvez o fundador tenha simplesmente dedicado sua vida para o problema em questão. Orion Hindawi e seu pai, David, fundaram uma companhia chamada BigFix no fim dos anos 1990. A BigFix era uma empresa de software de segurança focada na gestão de endpoints — processo pelo qual as empresas oferecem segurança virtual para seus computadores, notebooks etc. Depois de vender a empresa para a IBM, Orion e David decidiram fundar a Tanium, basicamente uma BigFix 2.0. Ao incorporar todas as lições aprendidas na BigFix e, algo também muito importante, as mudanças na infraestrutura tecnológica que ocorreram no intervalo de mais de dez anos, a Tanium é hoje uma empresa de segurança de endpoints de alto nível e moderna. Ela representa o ápice de uma vida inteira de "comer" desafios de segurança empresariais no café da manhã, no almoço e no jantar.

De uma maneira estranha, às vezes a familiaridade pode alimentar o desprezo — e, por outro lado, a distância de um problema causada pelo fato de a pessoa ter uma formação profissional completamente diferente pode, na verdade, fazer com que o fundador seja ainda melhor. Embora não tenha sido financiada com capital de risco, a Southwest Airlines foi cofundada em 1967 por Herb Kelleher e, obviamente, se tornou uma empresa de muito sucesso. Quando foi entrevistado, muitos anos depois, e respondeu por que, apesar de ser advogado de formação, foi o fundador natural para uma companhia aérea, Kelleher gracejou: "Eu não sabia nada sobre companhias aéreas, o que, acredito, me tornou eminentemente qualificado para começar uma, pois o que tentamos fazer na Southwest foi fugir das maneiras tradicionais pelas quais as empresas do setor faziam negócios."

Isso tem sido historicamente menos comum no universo do capital de risco; porém, cada vez mais, à medida que os empreendedores competem em setores mais estabelecidos — especialmente aqueles que são regulados —, ter uma visão de mercado que não seja limitada pelas experiências profissionais anteriores pode ser de fato um extra. Temos uma piada na a16z de que há uma tendência a "lutar a última batalha" em uma área na qual a pessoa tem uma exposição profissional de longa data; as cicatrizes de equívocos anteriores são profundas e podem dificultar que a pessoa desenvolva maneiras criativas de resolver o problema premente do negócio. Vai saber se, caso Kelleher soubesse nos mínimos detalhes todos os desafios de entrar no negócio das aéreas, ele não teria saído gritando, fugindo dos desafios, em vez de decidir assumir o conjunto total de riscos.

Seja lá quais forem as evidências, a pergunta fundamental que os investidores de risco estão tentando responder é: por que financiar este fundador que tenta resolver este problema, em vez de esperar para ver se não aparecem outros com uma compreensão orgânica melhor do problema? É possível haver uma equipe mais bem preparada para atender às necessidades do mercado e que talvez apareça na minha porta amanhã? Se a resposta for não, então essa será a equipe na qual investir.

A terceira grande área de investigação que o capitalista de risco faz sobre a equipe se concentra nas habilidades de liderança do fundador. Em especial, eles estão tentando determinar se esse fundador conseguirá criar uma história convincente em torno da missão da empresa para atrair ótimos engenheiros, executivos, pessoal de vendas e marketing etc. Nessa mesma linha, o fundador precisa conseguir atrair consumidores para comprarem o produto, parceiros para distribuí-lo e, futuramente, outros capitalistas de risco para financiarem a empresa além da rodada inicial de investimento. Será que o fundador conseguirá explicar sua visão de forma que faça com que os outros queiram se juntar a ele nessa missão? E será que ele fará o que for preciso quando as coisas ficarem difíceis — o que inevitavelmente ocorre em quase todas as startups —, recusando-se a até mesmo simplesmente pensar em desistir?

Quando Marc e Ben fundaram a Andreessen Horowitz, eles descreveram essa capacidade de liderança do fundador como "egomaníaca". Sua teoria — apesar da escolha de palavras — era a de que, para tomar a decisão de ser um fundador (um trabalho carregado com a possibilidade de fracasso), a pessoa precisava ser tão autoconfiante com relação a suas habilidades de ter sucesso que estaria no limite entre estar tão absorta consigo mesma e ser uma verdadeira egomaníaca. Como você pode imaginar, o uso desse termo em nossa plataforma de levantamento de fundos para o nosso primeiro fundo tocou o coração de diversos de nossos investidores em potencial, que se preocupavam com a possibilidade de apoiarmos fundadores insuportáveis. Por fim, decidimos abandonar nossa escolha de palavras, mas o princípio permanece até hoje: você precisa ser um pouco paranoico para abrir uma empresa, considerando as chances de sucesso e a necessidade de continuar seguindo em frente mesmo perante um fluxo constante de céticos.

Afinal, ideias não óbvias que podem realmente se tornar grandes empresas são, por definição, não óbvias. Meu sócio Chris Dixon descreve nosso trabalho como capitalistas de risco como sendo um investimento em boas ideias que parecem ser ideias ruins. Se você pensar no espectro de coisas nas quais poderia investir, há boas ideias que parecem ser boas ideias. Essas são tentadoras, mas provavelmente não gerarão retornos enormes, porque simplesmente são óbvias demais e convidam muita concorrência, o que diminui muito a rentabilidade. As ideias ruins que parecem ser ruins mesmo também são facilmente descartadas; como a descrição deixa a entender, são simplesmente ruins e, desta forma, provavelmente serão como um alçapão no qual o seu investimento desaparecerá. Os negócios tentadores são as ideias ruins que parecem ser ideias boas, mas que, em última instância, contêm alguma falha oculta que revela sua verdadeira "ruindade". Isso leva os capitalistas de risco a investirem em boas ideias que parecem ser ruins — joias ocultas que provavelmente precisam de um fundador levemente paranoico ou nada convencional. Pois se fossem ideias obviamente boas, nunca produziriam retornos ao capital de risco.

Em essência, toda essa investigação aponta para o princípio fundamental de que a maioria das ideias não é patenteada nem determinarão o sucesso ou o fracasso das startups. A execução é o que mais importa, e ela deriva da capacidade dos integrantes da equipe de trabalharem juntos rumo a uma visão claramente articulada.

2. Produto

Já mencionamos muitas das questões relacionadas ao produto, mas a pergunta essencial feita pelos capitalistas de risco que investem em estágios iniciais é: esse produto resolverá uma necessidade fundamental no mercado (seja essa necessidade conhecida ou não pelos consumidores) de modo que os consumidores pagarão dinheiro de verdade para comprá-lo?

Um dos primeiros truísmos da avaliação de um produto é que ele não é estático. De fato, a maioria dos capitalistas de risco presume que o produto concebido e apresentado de início provavelmente não será o produto final. Por quê? Simplesmente porque, até que a startup desenvolva uma versão do produto e o leve ao mercado para os consumidores adotantes iniciais, qualquer noção da empresa sobre o produto estar ajustado à necessidade do mercado é puramente hipotética. É apenas por meio dos testes iterativos com consumidores reais que a companhia conseguirá obter o feedback necessário para criar um produto realmente revolucionário.

Sendo assim, uma grande parte da avaliação do capitalista de risco nesse estágio é o labirinto de ideias do fundador: como ele chegou à ideia atual de produto, incorporando quais insights e dados de mercado para ajudar a fundamentar suas opiniões? Presumindo que o produto de fato mudará muitas vezes ao longo do processo de discernimento de seu ajuste ao mercado, o melhor previsor do sucesso do fundador é como ele chegou a essa ideia, e não a ideia real do produto em si.

De fato, você ouvirá muitas vezes os capitalistas de risco dizerem que gostam de fundadores que têm opiniões fortes, mas que as defendem de forma fraca, ou seja, a habilidade de incorporar dados convincentes de mercado e permitir que isso provoque a evolução de seu raciocínio sobre o produto; ter a convicção e um processo bem examinado, mas se permitir "pivotar"[1] (para recorrer a um dos grandes eufemismos no jargão de capital de risco) com base no feedback do mundo real.

O outro vetor da avaliação do produto está centrado em sua natureza inovadora. Grandes empresas têm uma inércia institucional que dificulta sua adoção de novos produtos; os consumidores têm hábitos que também tornam a mudança difícil. Max Planck, o cientista alemão a quem se credita a invenção da física quântica moderna, disse isso de forma mais eloquente: a ciência avança de funeral em funeral. Dito de forma simples, é difícil fazer com que as pessoas adotem novas tecnologias.

Assim, os novos produtos não terão sucesso se forem melhorias marginais em relação à tecnologia de ponta atual. Eles precisam ser dez vezes melhores ou dez vezes mais baratos do que o melhor do setor para convencer as empresas e os consumidores a adotá-los. (Obviamente, "dez vezes" aqui é apenas heurístico, mas a questão é que diferenças marginais não tirarão as pessoas do sofá.)

---

1   O termo "pivotar" se refere a uma mudança de estratégia que mantém a mesma base existente. [N. da RT.]

Ben Horowitz usa a diferença entre uma vitamina e uma aspirina para articular esse ponto. É bom ter vitaminas; elas oferecem alguns benefícios em potencial à saúde, mas provavelmente você não dará meia-volta quando estiver na metade do caminho entre sua casa e o escritório para buscar as vitaminas que esqueceu. Também é necessário muitíssimo tempo para saber se elas estão lhe fazendo algum efeito. No entanto, caso tenha uma dor de cabeça, você fará o que for preciso para conseguir uma aspirina! Elas resolvem seu problema e agem rápido. De modo semelhante, os produtos que em geral têm vantagens massivas com relação ao status quo são aspirinas; os capitalistas de riscos querem financiá-las.

3. Tamanho de Mercado

O "mercado" é a terceira perna da cadeira que o capitalista de risco usa para avaliar as oportunidades de investimento em estágio inicial. O que mais importa para eles é o tamanho final da oportunidade de mercado de que o fundador correrá atrás. Se o que mais importa para o setor imobiliário é a localização de um imóvel, então, para o capital de risco, é o tamanho do mercado. Os mercados grandes são bons; os pequenos são ruins.

Por quê?

A regra do mercado grande deriva-se diretamente da seção anterior sobre a curva da lei de potência e as "rebatidas por home run". Se os capitalistas de risco estiverem errados mais vezes do que estão certos, e se o sucesso (ou o fracasso) como capitalista de risco for totalmente uma função do fato de ele conseguir ou não que entre 10% a 20% de seus investimentos estejam na categoria de home run [ou "gol de placa"], então tudo o que importa é o tamanho dos vencedores.

Observei antes que um dos pecados capitais do investimento de risco é acertar a categoria, mas errar a empresa. Bem, há outros dois pecados capitais para suplementar aquele.

Primeiro, acertar a empresa, mas errar o mercado, ou seja, investir em uma empresa que acaba sendo uma companhia boa e lucrativa, com uma ótima equipe e um produto muito bom, mas em um mercado que não é tão grande assim. Não importa se a equipe executa de forma maravilhosa, a empresa nunca chegará a ganhar mais de US$50 milhões a US$100 milhões em receitas, e, com isso, o valor patrimonial do negócio fica limitado.

Segundo, os pecados de omissão são piores que os de comissão. Não há problema em o capitalista de risco investir em uma empresa que acaba falindo — como discutimos, isso faz parte dessa atividade. O problema é deixar de investir em uma empresa que se torna o próximo Facebook. Lembre-se, não há como ser avesso ao risco nessa atividade.

Tudo isso nos leva ao truísmo de que os capitalistas de risco devem investir em oportunidades em grandes mercados. O sucesso em um mercado pequeno simplesmente não trará o tipo de retorno ao investidor de risco que ele precisa gerar para permanecer fazendo isso. Assim, eles geralmente pensam no tamanho de mercado usando a pergunta "de que vale isso?" na avaliação do sucesso potencial de uma startup. É bom que a equipe e o produto sejam ótimos, mas de que vale isso se o tamanho de mercado não for suficiente para manter uma grande empresa? Andy Rachleff, um dos fundadores da Benchmark Capital, disse que as empresas podem ter sucesso em mercados ótimos mesmo com equipes medíocres, mas que equipes ótimas sempre perderão em um mercado ruim.

Por que é tão difícil acertar o tamanho de mercado? Porque é comum que, no momento do investimento, seu tamanho real seja desconhecido. Assim, os capitalistas de risco se enganam de várias maneiras ao avaliar os mercados.

A estimativa do tamanho de mercado é mais fácil quando um novo produto é posicionado como um substituto direto de um produto existente.

Tomemos os bancos de dados como exemplo. Sabemos que a Oracle é uma companhia gigante no mercado de banco de dados, então podemos supor, de forma relativamente fácil, que uma startup que quer entrar nessa oportunidade de mercado está em um mercado grande — fácil demais. Mas o que não sabemos é qual será o desempenho do mercado geral de banco de dados com o passar do tempo. Haverá outras tecnologias capazes de suplantar as funções dos bancos de dados e, desta forma, prejudicar o mercado? Ou talvez o número de aplicativos que exigem bancos de dados cresça exponencialmente à medida que a computação em nuvem passar a dominar os fluxos de trabalho, fazendo com que o mercado se torne ainda maior do que é hoje? Essas são boas perguntas, mas a maioria dos capitalistas de risco estaria satisfeita em presumir que uma startup que está indo atrás do mercado de banco de dados, caso tenha sucesso, teria um mercado enorme para desenvolver uma grande empresa e, assim, se tornar um home run do investimento.

Os aspectos mais desafiadores da estimativa do tamanho de mercado surgem com startups que estão indo atrás de mercados que atualmente não existem ou são menores hoje em dia por estarem limitados pelo estado atual da tecnologia.

Consideremos o Airbnb. Quando a empresa levantou fundos pela primeira vez, o caso de uso era predominantemente pessoas dormindo nos sofás de outras pessoas. Alguém poderia ter se questionado quantos universitários famintos existiam para fazer tal coisa e concluído, de forma racional, que o mercado simplesmente não era tão grande assim — como o tamanho dos mercados de "mac and cheese" ou de macarrão instantâneo, que são outros produtos comprados por universitários famintos.

Mas e se o serviço se expandisse a outros componentes com o passar do tempo? Então o mercado hoteleiro existente talvez fosse uma boa base para o tamanho total de mercado. Certo, mas e se a facilidade de fazer as reservas e os preços menores oferecidos pelo Airbnb significassem que as pessoas que nunca viajaram antes decidissem fazê-lo agora — e se o mercado de viajantes que precisassem de acomodações de fato se expandisse em resultado da introdução do Airbnb?

O fato é que o sucesso do Airbnb até hoje parece sugerir que o tamanho de mercado realmente se expandiu devido à existência de uma forma de acomodações de viagem que ninguém havia visto antes. Fortunas podem ser ganhas ou perdidas com base na habilidade do capitalista de risco de entender o tamanho de mercado e pensar criativamente sobre o papel da tecnologia no desenvolvimento de novos mercados.

CAPÍTULO 4

O que São as Limited Partners (LPs) e Por que Você Deveria Conhecê-las

Conta-se que a rainha Isabel, da Espanha, foi a primeira investidora de risco. Ela "apoiou" um empreendedor (Cristóvão Colombo) com capital (dinheiro, navios, suprimentos, tripulação) para que ele fizesse algo que a maioria das pessoas na época achava ser insano e fadado ao fracasso (uma viagem marítima) em troca de uma parte nos possíveis lucros, que, por mais improváveis que fossem, tinham um potencial assimétrico de remuneração quando comparados com o capital de risco que ela possuía.

Se você estudou na Harvard Business School, talvez tenha lido sobre um caso semelhante que ocorreu no século XIX nos EUA — a indústria baleeira. Financiar um empreendimento baleeiro era caro e repleto de riscos, mas quando tinha sucesso, era muito lucrativo. Na cidade de New Bedford, nos anos 1840, os "agentes" (o equivalente dos atuais capitalistas de risco) levantavam capital com as corporações e pessoas abastadas (as "limited partners" de hoje em dia) para financiar os capitães dos navios (empreendedores) a começar um empreendimento baleeiro (uma startup) em busca de retornos assimétricos que estavam muito enviesados em direção dos principais agentes. Contudo, o fracasso abundava: de todas as viagens, 30% perdia dinheiro...

Pouco menos de cinquenta anos depois, em 1878, J. P. Morgan atuou como "capitalista de risco" para Thomas Edison ao financiar a Edison General Electric Company e se tornar o primeiro propagador/testador beta ao fazer com que Edison instalasse cabos elétricos em sua casa, na cidade de Nova York. Reza a lenda que além de a casa de Morgan quase pegar fogo devido aos incidentes iniciais com os cabos, seus vizinhos o ameaçaram por causa do alto ruído que emanava dos geradores necessários para manter a iluminação. Os bancos passaram a desempenhar um papel significativo no financiamento direto de muitas startups até que a aprovação da Lei Glass-Steagall, na década de 1930, restringiu essas atividades.

Hoje, as empresas de capital de risco existem graças às "limited partners" [LPs] que investem parte de seus próprios fundos em fundos específicos de capital de risco. Elas fazem isso porque, como parte de seu desejo de manter um portfólio diversificado, o investimento de risco tem a intenção de produzir o que os gestores de investimentos denominam de alfa — retornos excessivos em relação a um índice específico do mercado.

Embora cada LP tenha seu próprio parâmetro para mensurar o sucesso, os referenciais mais comuns são os índices S&P 500, Nasdaq ou Russell 3000; muitas das LPs buscam gerar retornos em excesso que ultrapassem entre 500 e 800 pontos-base em relação ao índice. Isso significa que se o S&P 500 tivesse um retorno de 7% ao ano em um período de dez anos, as LPs esperariam obter ao menos entre 12% e 15% de retornos com seu portfólio de capital de risco. Exemplificando, o portfólio de capital de risco dos fundos patrimoniais em Yale gerou retornos acima de 18% ao ano nos últimos dez anos, em comparação ao retorno do S&P 500 de aproximadamente 8% no mesmo período.

Tipos de LPs

Há muitas categorias de LPs, mas a maioria tende a ficar em uma destas:

- *Fundos patrimoniais/filantrópicos de universidades [endowments]* (como Stanford, Yale, Princeton e MIT): quase todas as universidades dos EUA solicitam doações de seus ex-alunos. Essa verba precisa ter um retorno sobre o investimento. Tal retorno é usado para financiar despesas operacionais e bolsas acadêmicas, em alguns casos também ajudando a financiar dispêndios de capital, como na construção de novos prédios.
- *Fundações* (como a Fundação Ford e a Fundação Hewlett): fundos são repassados por seus benfeitores às fundações como uma base que garante sua perpetuidade. As fundações precisam obter um retorno sobre seus fundos de modo a oferecer bolsas acadêmicas como caridade. Nos EUA, para manter seu status de isenção de impostos,

as fundações precisam desembolsar 5% de seus fundos anualmente para apoiar sua missão. Assim, no longo prazo, os retornos reais a partir do capital de risco e de outros investimentos precisam superar esse nível de 5% para garantir a perpetuidade de uma fundação.

- *Fundos de pensão privados e públicos* (como o fundo de pensão da IBM e o sistema de aposentadoria dos professores do estado da Califórnia): algumas corporações (embora em menor número atualmente), a maioria dos estados dos EUA e muitos países oferecem pensões aos seus aposentados, financiadas na maior parte por contribuições dos trabalhadores atuais. A inflação (especialmente nos custos relacionados à saúde) e a demografia (mais aposentados do que trabalhadores atuais) consomem o valor dessas pensões, eliminando a possibilidade de gerar retornos reais sobre os investimentos.

- *Family offices* (como o U.S. Trust e o myCFO): são gestores de investimentos que representam famílias riquíssimas nas operações financeiras. Seus objetivos são estabelecidos por família, mas em geral incluem a preservação multigeracional da riqueza e/ou o financiamento de grandes esforços de caridade. Há gestores de patrimônio de apenas uma família (incluindo os herdeiros) e aqueles que prestam esse serviço para várias famílias (basicamente, os gestores sofisticados de investimentos que agregam os ativos de diversas famílias e os investem em inúmeras classes de ativos).

- *Fundos soberanos* (como Temasek, Korea Investment Corporation e o Fundo de Investimento Público da Arábia Saudita): são organizações que fazem a gestão das reservas econômicas de um país (normalmente resultando de coisas sobre as quais os cidadãos não sabem nada a respeito — os excedentes governamentais) para beneficiar as gerações atuais ou futuras de seus cidadãos. No caso específico dos países do Oriente Médio, os fundos soberanos estão obtendo lucros nos negócios atuais com petróleo e reinvestindo em ativos não relacionados a esse setor para se proteger da dependência financeira, no longo prazo, de um ativo finito.

- *Companhias de seguro* (como MetLife e Nippon Life): elas recebem os prêmios pagos pelos segurados e investem esse dinheiro (conhecido como "float") para quando precisarem pagar benefícios futuros. O dinheiro que elas ganham ao investir os prêmios fica, então, disponível para pagar as apólices em seu vencimento.

- **Fundos de fundos** (como HarbourVest e Horsley Bridge): são empresas de capital fechado que levantam dinheiro com suas próprias LPs e depois o investem em operações de capital de risco ou com outros gestores financeiros. As LPs de fundo de fundos são normalmente ocorrências menos frequentes de LPs de capital de risco direto, e, sendo assim, acham difícil ou ineficiente, em termos econômicos, investir diretamente em capital de risco — por exemplo, podem ser fundos patrimoniais de universidades ou fundações com menos de US$1 bilhão em ativos, de modo que contratar uma equipe presencial para lidar com a parte de relacionamentos dos investimentos de risco talvez seja caríssimo. O fundo de fundos agrega pequenos ativos de LPs e emprega o capital em investimentos de risco. Diferentemente de outras categorias de LPs, o fundo de fundos não é um capital permanente; ou seja, assim como os fundos de capital de risco, o fundo de fundos precisa levantar dinheiro periodicamente com suas LPs para ter verbas suficientes a serem investidas nos fundos de capital de risco.

Como já observei, embora haja muitas potenciais LPs com usos variados para seu capital, o objetivo mais abrangente de uma LP é obter um retorno sobre o seu dinheiro que lhe permita cumprir sua missão.

A missão de um fundo patrimonial de uma universidade, por exemplo, é conseguir oferecer um fluxo previsível de receitas com as quais cobrir muitas das despesas operacionais associadas a administração de uma universidade moderna. Em muitos casos, os fundos filantrópicos universitários contribuem com aproximadamente de 30% a 50% das despesas operacionais de uma instituição de ensino.

A inflação (em suas inúmeras formas) é a criptonita do sucesso de longo prazo das LPs. Os fundos patrimoniais das universidades se preocupam principalmente com a inflação na força motriz de suas despesas (especificamente, os salários de professores e administradores), que superaram a inflação regular de forma significativa ao longo dos anos. As fundações se preocupam com a inflação generalizada que consome seu poder de compra (e, como consequência, a possibilidade de oferecerem bolsas). As companhias de seguro, é claro, também se preocupam com isso — se a inflação exceder os retornos sobre seus investimentos, o poder real de compra de seus ativos diminuirá, e isso pode dificultar o pagamento de indenizações no futuro.

Mas ao tentar aumentar o valor real de seus investimentos, as LPs não investem apenas em capital de risco; elas criam um portfólio diversificado em torno de uma alocação definida de ativos para tentar alcançar seus objetivos de retorno, mas dentro de uma estrutura definida de volatilidade (ou risco).

Onde as LPs Investem

De forma geral, os tipos de investimentos nos quais as LPs alocam seu capital entram em uma destas três categorias:

- ***Ativos de crescimento:*** são investimentos com o propósito de (como o nome sugere) obter retornos superiores àqueles obtidos por ativos menos arriscados (como títulos e caixa). Há diversas subcategorias de ativos de crescimento:

    Ações de empresas de capital aberto ["public equity"]: são negociadas em bolsas de valores. A maioria das LPs tem alguma alocação em ações de empresas dos EUA, de países desenvolvidos (Europa), de mercados emergentes (China e Brasil) e de mercados de fronteira (como a Indonésia). Dentro dessas áreas geográficas de foco, algumas LPs também têm alvos específicos para os tipos de ações, como de empresas de capitalização grande ou pequena e de valor ou crescimento.

    Ações de empresas de capital fechado ["private equity"]: não são negociadas em bolsas de valores, mas gerenciadas por fundos que fazem as transações no chamado "mercado de balcão", ou seja, privadamente. As empresas buyout são uma grande categoria das empresas de capital fechado; o capital de risco também está nesta categoria.

    Fundos de hedge: fundos que investem principalmente em empresas listadas na bolsa, mas que podem assumir posições compradas [long] (comprar a ação esperando que ela suba) ou vendidas [short] (apostar que o preço de uma ação cairá). Há vários tipos de fundos de hedge, mas, para citar alguns: fundos apenas long, fundos long/short, orientados a eventos (podem investir em empresas que serão adquiridas), macro (fazem uma aposta de investimento sobre a perspectiva inflacionária de um país, nas variações cambiais etc.) ou de retorno absoluto (procuram atingir um alvo definido de retorno, independentemente dos movimentos gerais do mercado). Algumas LPs têm uma visão diferente sobre o papel dos fundos de hedge no portfólio. Em alguns casos, eles são considerados como ativos regulares de crescimento — ou seja, devem produzir retornos como os das ações e, com isso, trazer a valorização dos ativos ao portfólio. Outras LPs consideram os fundos de hedge mais como uma diversificação de ativos (ou, como o nome — "hedge", em inglês — sugere, ativos de "cobertura/proteção"); ou seja, elas buscam os fundos de hedge cujos resultados não estão correlacionados com o mercado geral de ações para obter um efeito de equilíbrio nos retornos gerais, dependendo de os mercados de ações estarem em alta ou em baixa em determinado ano.

- **Hedges de inflação:** estes investimentos têm o propósito de proteger contra o valor decrescente de uma moeda. Em outras palavras, em qualquer ambiente inflacionário, espera-se que eles obtenham uma taxa de retorno maior que a inflação. Há diversas subcategorias de ativos dentro dos hedges de inflação:

    Imóveis: a inflação crescente deve aumentar o valor subjacente de uma propriedade, e, na maioria dos casos, havendo inflação, o proprietário pode aumentar o aluguel de seus locatários.

    Commodities: ouro, prata e outros metais preciosos tendem a aumentar de valor com a inflação à medida que as pessoas os buscam como reserva de valor em um ambiente em que as moedas estão inflacionando.

    Recursos naturais: investimentos em petróleo e gás natural, no cultivo de árvores para madeira e na agricultura também tendem a ser vistos como ativos de proteção contra a inflação. A inflação geralmente acompanha ambientes em expansão econômica, gerando a demanda por novas matérias-primas necessárias para sustentar esse crescimento; assim, espera-se que os preços dos recursos naturais ultrapassem a inflação.

- *Hedges deflacionários:* quando os preços caem (deflação), o poder de compra da moeda, na verdade, aumenta. Para aproveitar isso, as LPs normalmente alocam parte de seus ativos no seguinte:

    Títulos [bonds]: em geral, as taxas de juros caem com a deflação, e como o valor de um título está inversamente correlacionado com as taxas de juros, seus preços aumentam.

    Caixa: R$1 amanhã em um ambiente deflacionário vale mais do que hoje. Assim, ter alguns ativos em dinheiro vivo fornece uma proteção, ou hedge, contra uma deflação inesperada.

Dependendo do objetivo de retorno geral que uma LP está buscando alcançar, sua disposição em aceitar a volatilidade nos retornos de investimentos e o horizonte de tempo sobre o qual está disposta a vincular o capital, ela desenvolverá uma alocação de ativos a partir das opções listadas que una todos esses objetivos.

E as LPs também tentarão ter algum elemento de diversificação, quer dizer, não colocarão muitos ovos em uma mesma cesta e terão alguma combinação de ativos não correlacionados entre si, caso o ambiente geral de investimentos mova-se de forma inesperada em uma ou outra direção. É claro, você sabe o que dizem sobre os melhores planos: como a crise financeira global de 2008 ilustrou, muitos ativos que as LPs anteriormente achavam não estarem correlacionados acabaram, no fim, indo todos para a mesma direção — para baixo!

O Poderoso Bulldog[1]

Um dos melhores exemplos de alocação moderna de recursos é o fundo patrimonial da Universidade Yale. Durante muito tempo, o cargo de diretor de investimentos desse fundo foi ocupado por David Swensen, já falecido[2], a quem

---

1 Mascote da Universidade Yale. [N. da T.]
2 David Swensen faleceu em 05/05/2023. [N. da RT.]

as pessoas creditam a criação do modelo de alocação que muitos dos principais investidores institucionais seguem atualmente. Há acólitos de Yale que agora administram um grande número de outros fundos patrimoniais e de fundações nos EUA, ajudando, assim, a introduzir o modelo de fundos patrimoniais de Yale a uma variedade de outras instituições.

Curiosamente, Yale chegou ao modelo atual de alocação de ativos logo depois de uma sequência desastrosa de retornos de investimentos. A partir do fim da década de 1930 e até 1967, o fundo patrimonial de Yale era composto quase que exclusivamente por títulos, especificamente do Tesouro. A estratégia mostrou-se custosa, visto que o fundo acabou deixando passar um dos maiores "bull markets" [ou a alta do mercado de ações] na história dos EUA. Para remediar isso, o fundo (no pico da alta do mercado de ações) investiu pesadamente em ações de "small caps" [empresas de menor capitalização de mercado] em 1967, liquidando essa posição com uma perda fenomenal no fim dos anos 1970.

Swensen começou a participar do fundo em 1985, quando o total de ativos era de aproximadamente US$1 bilhão; mais de trinta anos depois, o fundo ostenta mais de US$25 bilhões. É claro, os ex-alunos também doaram dinheiro ao longo do tempo para aumentar o tamanho do fundo, mas nos últimos dez anos, o fundo patrimonial de Yale teve um retorno líquido de mais de 8% a partir da alocação de seus investimentos, classificando a universidade entre as mais prestigiadas instituições educacionais.

O principal propósito do fundo patrimonial é fornecer uma fonte constante de financiamento para a universidade. Em 2016, o fundo contribuiu com US$1,15 bilhão à universidade, representando um terço das receitas da instituição. O que talvez seja curioso (foi para mim) é que as mensalidades e os custos de hospedagem que os alunos de Yale pagaram totalizaram apenas US$333 milhões naquele ano, o que representa 10% do orçamento total da universidade.

Considerando o quanto a universidade depende do fundo para manter as portas abertas, a previsibilidade de suas contribuições é muito importante para Yale. Se as contribuições mudassem muito de um ano para outro, por exemplo, a universidade, que tem uma base muito alta de despesas fixas (sendo a maior parte os salários dos funcionários), seria forçada a contratar ou a desligar funcionários de um ano para outro. De modo alternativo, a instituição poderia ajustar de forma significativa a quantia que pega do fundo, mas isso dificultaria ao fundo saber quanto de seus ativos poderia manter em investimentos líquidos ou ilíquidos, tornando mais difícil o planejamento de alocação de ativos no longo prazo. Por fim, visto que o objetivo do fundo patrimonial é ser perpétuo e aumentar seus ativos ao longo do tempo, caso ele tivesse que fornecer mais dinheiro à universidade toda vez que o mercado de ações estivesse em baixa, o resultado seria que seus retornos provavelmente sofreriam.

Para lidar com esse desafio, Yale usa o que é chamado de "modelo de suavização" [smoothing model] para determinar a quantia de dinheiro que ela contribui anualmente para o orçamento da universidade. Isso permite que a instituição planeje suas despesas com mais certeza e que o fundo planeje seu modelo de alocação de ativos com mais constância. Por definição, o modelo de suavização informa que o fundo patrimonial dará à universidade uma quantia igual a 80% da taxa de despesas do ano anterior mais o produto de 20% da taxa de despesas determinada pelo Conselho de Administração e o valor do fundo de dois anos antes. Hoje isso totaliza uma taxa geral de despesas ao redor de 5,25% do valor do fundo, mas ao longo do tempo variou entre 4% e 6,5%.

Sendo assim, o que isso lhe diz sobre o tipo de retornos que o fundo patrimonial de Yale precisa alcançar para sustentar seu compromisso financeiro com a universidade e, em última instância, aumentar o valor de seus ativos? Em um nível alto, se a inflação estiver um pouco acima de 2% e o fundo precisar contribuir com 5,25% de seus ativos anualmente para a universidade, então os investimentos do fundo precisam ganhar pelo menos 7,25% em retornos brutos para fazer a base de ativos crescer. Por sorte, como já informei, o fundo tem gerado algo um pouco acima de 8% ao ano durante os últimos dez anos. Missão cumprida!

Analisemos agora a alocação de ativos de Yale para entender como a instituição pretende continuar alcançando esses resultados e, em última análise, o papel que o capital de risco desempenha no fundo.

Veja como Yale está alocando seus ativos de crescimento:

- **Ações no mercado dos EUA:** Yale tem uma alocação de 4% em ações negociadas no mercado norte-americano; ao longo dos últimos vinte anos, esse portfólio de ações teve um retorno de 13% ao ano. Observe que, em média, os fundos patrimoniais das universidades têm cerca de 20% de seu portfólio em ações dos EUA. A decisão da universidade de investir substancialmente menos nesses ativos reflete sua crença de que há outros ativos com um maior retorno potencial que têm, ao mesmo tempo, menor volatilidade. Veremos em instantes aonde o excedente em dólares de Yale está de fato indo.

- **Ações de outros países:** Yale tem uma alocação de 15% em ações negociadas em outros países além dos EUA, sendo 6% em mercados de países desenvolvidos e 9% em mercados de países emergentes. Assim como no caso de sua alocação em ativos nacionais, a alocação em ativos internacionais tem, em média, uma diferença de 6% em relação aos fundos patrimoniais. Ao longo dos últimos vinte anos, o portfólio de ações internacionais de Yale obteve um retorno de 14% ao ano.

- **Fundos de hedge:** Yale denomina sua estratégia de fundo de hedge de "retorno absoluto", ou seja, ela investe nessa classe de ativo em grande parte para gerar retornos em longuíssimo prazo ao explorar as ineficiências de mercado com uma correlação relativamente baixa com os retornos do mercado mais amplo de ações e de títulos. De forma geral, a alocação de Yale de 22% em estratégias de retorno absoluto está alinhada com os fundos patrimoniais de outras universidades, obtendo um retorno anual de 9% nos últimos vinte anos (com uma correlação esperada baixa com ações e títulos).

- **Fundos de aquisição [buyout]:** Yale tem uma alocação de 15% em fundos buyout; recorde-se de que são fundos coletivos que normalmente compram participações controladoras em empresas existentes e buscam aumentar seu valor com o passar do tempo ao melhorar suas operações financeiras. Com 15%, a alocação de Yale em fundos buyout excede muito a média de 6% dos fundos patrimoniais das universidades em geral. Ao longo dos últimos vinte anos, o portfólio de aquisições de Yale obteve um retorno de 14% ao ano.

- **Capital de risco:** Yale tem uma alocação de 16% em nossa boa e velha categoria de capital de risco, mais uma vez, muito acima da média de 5% dos outros fundos patrimoniais das universidades. E, meu amigo, isso compensou muito para o fundo de Yale; ao longo dos últimos vinte anos, o portfólio de capital de risco da instituição teve um retorno de 77% ao ano. Não foi um erro de digitação — basicamente, isso significa que Yale vem dobrando seu dinheiro investindo em capital de risco ano a ano pelos últimos vinte anos!

Ao somarmos tudo isso, o fundo patrimonial de Yale está alocando 72% de sua verba em ativos de crescimento. Isso faz sentido se considerarmos as obrigações financeiras que o fundo tem perante a universidade e a necessidade de manter o ritmo com a inflação da universidade, que tem sido muito maior do que a inflação geral de preços.

Veja como Yale está alocando seus ativos de hedge de inflação — um total de 20% de seus ativos estão voltados à proteção contra uma inflação inesperada:

- *Recursos naturais:* Yale tem uma alocação de 7,5% em ativos de petróleo, gás natural, áreas de exploração madeireira, mineração e agricultura, todos com a intenção de protegê-la de uma inflação inesperada e gerar fluxo de caixa em curto prazo. Com 7,5%, a alocação de Yale está, de forma geral, em linha com a média dos fundos patrimoniais. Ao longo dos últimos vinte anos, o portfólio de recursos naturais da instituição obteve um retorno de 16% ao ano.
- *Imóveis:* Yale aloca 12,5% de seus recursos em investimentos imobiliários, muito acima da média de 4% de outros fundos patrimoniais universitários. Nos últimos vinte anos, o portfólio de imóveis de Yale teve um retorno de 11% ao ano.

A menor parte do fundo patrimonial de Yale mira os ativos de hedge de deflação — 7,2%, muito abaixo dos 12,7% de alocação, em média, dos fundos patrimoniais comuns das universidades:

- *Renda fixa:* Yale aloca 4,9% em títulos que buscam protegê-la de uma deflação inesperada e oferecer um fluxo de caixa no curto prazo. Nos últimos quinze anos, o portfólio de títulos de Yale obteve um retorno de 5% ao ano.
- *Caixa:* Yale tem cerca de 2% alocado em caixa.

Considerando o quadro geral, duas coisas se destacam ao observarmos o portfólio do fundo patrimonial de Yale.

A universidade tem uma alta concentração em ativos ilíquidos — seu objetivo é ter 50% em ativos dessa categoria (essencialmente, fundos nos quais o dinheiro fica indisponível por períodos mais longos de tempo). Os investimentos de Yale em capital de risco, buyout, imóveis e recursos naturais entram nessa categoria — a partir de 2016, a porcentagem chegou a 51%; portanto, objetivo alcançado. Segundo Swensen, os mercados ilíquidos tendem a ter menos ativos precificados de forma eficiente, assim, há mais oportunidades para que os gestores inteligentes de ativos obtenham retornos acima do mercado.

Yale também recorre em grande medida a gestores externos de ativos, em vez de fazer suas operações de investimentos internamente. Harvard, sobretudo, testou esse tipo de operação interna com seu fundo patrimonial antes de abandonar a estratégia, mas Swensen foi, há muito, um proponente de gestores externos. De fato, a maior parte da due diligence[3] que a equipe de Yale realiza ao analisar oportunidades de investimento é examinar o que torna um gestor singular e se ele está adequadamente alinhado com os objetivos financeiros de longo prazo do fundo patrimonial.

Antes de deixarmos nossos amigos de New Haven, vamos dar uma última olhada no papel do capital de risco no fundo patrimonial de Yale.

Como observamos, Yale tem uma alocação descomunal de seus ativos em capital de risco (pelo menos em relação a outros fundos patrimoniais universitários) e, como resultado, tem sido recompensada lindamente ao longo dos últimos vinte anos. Embora eu não pense que a equipe de Yale espere obter um retorno de 77% ao ano para sempre (de fato, seu relatório de 2016 menciona um alvo de retorno anual de 16%, e eles obtiveram cerca de 18% ao ano nos últimos dez anos), seja lá qual for o número, a universidade está certamente tentando fazer com que o capital de risco seja uma força motriz de alto retorno relativo e absoluto ao portfólio.

Note a diferença significativa nos retornos de capital de risco de Yale ao longo de vinte anos (77%), em comparação com seus retornos nos últimos dez anos (18%). A bolha pontocom, sobre a qual falamos anteriormente neste livro, criou um retorno incrível para as firmas de capital de risco e suas LPs em um período muito concentrado de tempo no fim da década de 1990. Embora 18% de retorno seja algo que não possa ser desconsiderado, a experiência de Yale dá uma boa ideia de como os retornos descomunais do capital de risco podem estar em boas safras, assim como a variância que pode ocorrer em momentos menos dinâmicos. Os investidores institucionais mais experientes dirão que isso

---

3   Investigação e estudo de diversos aspectos de uma empresa em uma negociação visando detectar eventuais riscos para os interessados, no caso, em investir nessa empresa. [N. da RT.]

reforça a necessidade de "permanecer no curso" nos investimentos de risco ao longo dos ciclos do mercado de ações. Perder uma boa safra pode ser a diferença entre obter retornos descomunais no longo prazo com capital de risco e não ser remunerado adequadamente pelo risco e pela iliquidez da classe de ativos. Contudo, mais uma vez, nossa amiga curva da lei de potência entra em cena.

E, sem dúvida, essas expectativas de altos retornos motivarão o comportamento dos investidores de risco. As firmas de capital de risco continuarão focando a média de "rebatidas por home run" e, assim, procurarão mercados grandes o bastante para sustentar empresas "gol de placa" viáveis. É assim que o mundo gira.

Algo também importante, visto que Yale tem muitos de seus ativos atrelados a categorias ilíquidas como o capital de risco, é que a universidade se importa muito em alcançar a liquidez futuramente. Em outras palavras, Yale quer conseguir obter seu retorno anual de 18% em capital de risco deixando seu dinheiro indisponível por períodos mais longos de tempo, mas para continuar financiando a universidade e reinvestindo em seus gestores de risco, mais cedo ou mais tarde, ela precisará obter a liquidez de seus investimentos mais antigos em capital de risco. E, novamente, isso impulsiona um comportamento correspondente entre as firmas de capital de risco — elas precisam vender as empresas de seu portfólio ou abrir o capital delas em algum momento para obter o dinheiro a ser devolvido para Yale.

O Tempo É Essencial

Sendo assim, como um potencial empreendedor e consumidor do dinheiro de capital de risco, você precisa estar ciente das restrições de tempo que, afinal, lhe são impostas. Em algum momento do ciclo de vida de sua empresa, os capitalistas de risco pressionarão por uma saída para gerar esse tipo de liquidez. Quando isso ocorrer, será uma função não apenas de como a empresa está se saindo, mas também de onde uma firma de capital de risco pode estar no ciclo de vida de seu fundo e do desempenho do restante das empresas do fundo.

Para esse fim, uma coisa para você considerar como empreendedor é há quanto tempo o fundo do qual está recebendo seu investimento existe. Essa é uma pergunta perfeitamente razoável para fazer a seu potencial investidor de risco no momento em que decidir se deseja ou não trabalhar com ele.

Falaremos sobre detalhes específicos do fundo nos próximos capítulos, mas ao escolher uma firma com a qual trabalhar, é sensato perguntar onde ela está em seu ciclo de vida desse fundo em particular. Caso ela esteja no início do fundo, então deverá haver menos pressão para retornar capital para, digamos, Yale (ou suas outras LPs) e, desta forma, colocar menos pressão em você como CEO para gerar um fluxo de saída no curto prazo. Mas se ela estiver em um momento mais tardio do ciclo de vida e ainda não tiver gerado liquidez suficiente a partir de outros investimentos, a pressão para um fluxo de saída no longo prazo pode ser mais intensa. Embora talvez você não consiga captar todas essas informações a partir de uma conversa com seu investidor de risco em potencial, há algumas maneiras de obter insights nas perguntas a seguir.

Primeiro, pergunte sobre o fundo específico a partir do qual o capitalista de risco está propondo investir em sua empresa — a maioria dos fundos tem uma numeração sequencial em algarismos romanos. Você pode, então, verificar a data de início desse fundo para determinar há quanto tempo ele existe. Como verá mais tarde, os fundos tendem a alcançar dez anos de vida, que geralmente podem ser estendidos a alguns anos a mais do que isso. Mas os investidores de risco geralmente ficam limitados em relação a até quando podem fazer novos investimentos no fundo (normalmente apenas até o 5º ou 6º ano). Assim, se está pegando dinheiro com um investidor de risco e o fundo estiver no 3º ou 4º ano, ele provavelmente terá tempo e capital disponível para conviver com você por muitos anos a partir dali. Mas caso ele esteja investindo em sua empresa pela primeira vez no 5º ou 6º ano do fundo, as coisas podem ser diferentes.

Isso porque — como analisaremos mais detalhadamente em breve — os investidores de risco tendem não apenas a investir capital em startups mais no início do ciclo de vida de um fundo, como também é comum separarem "reservas", isto é, verbas esperadas que eles podem investir em uma startup ao longo de suas próximas rodadas de investimento. Assim, quanto mais tarde no ciclo de vida de um fundo ocorrer seu investimento, maiores serão as chances de que o investidor de risco também não tenha reservas suficientes para aportar nas rodadas subsequentes.

A propósito, é verdade que os investidores de risco podem investir e geralmente investem na mesma empresa do portfólio em um fundo subsequente, especialmente se ele ficar sem capacidade de reservas no fundo original em que fez o investimento. No entanto, isso não é tão fácil quanto investir as reservas de um mesmo fundo como se fosse o investimento original, em parte porque o mix de LPs pode ser diferente entre um fundo e outro, criando, assim, potenciais conflitos entre os fundos.

Por exemplo, o capitalista de risco pode ter investido originalmente em sua empresa por meio de seu Fundo I, que tem US$300 milhões com 20 LPs que investiram, individualmente, US$15 milhões no fundo. Vários anos depois, seu capitalista de risco pode ter iniciado o Fundo II, com US$500 milhões e 50 LPs (das quais 30 são novas), tendo cada uma investido US$10 milhões.

Nesse caso, se o capitalista de risco propõe investir mais dinheiro em sua empresa a partir de seu Fundo II, as LPs do Fundo I podem objetar, pois sentem que são "donas" da oportunidade de investimento e estarão recebendo uma alocação proporcionalmente menor do investimento caso ele vá para o Fundo II. Do mesmo modo, as LPs do Fundo II podem se opor ao investimento em seu fundo por temerem que esse novo investimento não seja uma grande oportunidade para o fundo em relação aos outros investimentos que você poderia fazer; ou seja, elas podem pensar que você está apenas tentando salvar um investimento ruim do Fundo I ao investir mais dinheiro por meio do Fundo II.

A outra coisa a considerar — agora que você entende como as LPs, como Yale, pensam sobre seus investimentos de risco — é o desempenho total da firma de capital de risco ao longo dos anos e se ela conseguirá levantar novos fundos no futuro como resultado. Como você viu (espero eu) em nossa análise sobre Yale, as firmas de capital de risco precisam conseguir gerar altas taxas absolutas de retorno para suas LPs e, em última análise, fazem isso por meio de caixa (em vez de apenas aumentar o valor dos investimentos ilíquidos em suas demonstrações financeiras). Assim, caso você esteja pensando que talvez precise de mais capital de sua firma de capital de risco no futuro — e, em particular, se estiver recebendo um investimento mais tarde no ciclo de vida de um fundo —, será importante avaliar a probabilidade de a firma conseguir iniciar um próximo fundo.

Certamente é muito difícil se aprofundar nisso, em grande parte porque os resultados financeiros dos fundos de capital de risco normalmente não ficam disponíveis ao público. Em alguns casos, se o fundo tiver investidores públicos, como universidades públicas ou fundos de pensão governamentais, essas entidades precisam disponibilizar algum nível de desempenho financeiro em seus sites ou, de alguma outra forma, deixar isso disponível a quem perguntar. Mas na vasta maioria dos casos, a sua melhor aposta é apenas fazer uma verificação de antecedentes sobre seus possíveis parceiros capitalistas de risco com outros na comunidade para ter uma noção, ao menos e em termos de reputação, de como a firma está se saindo.

Obviamente, se tudo der certo e você nunca precisar levantar fundos novamente, nada disso importa. Mas provavelmente esse não será o caso — o que não representa as chances de sucesso de nenhum empreendedor. Ao contrário, a maioria deles tende a levantar verbas no mínimo uma ou duas vezes após a primeira rodada de investimentos, pois, se estiverem se saindo bem, buscarão acelerar o crescimento e impulsioná-lo com mais capital; caso contrário, precisarão do capital para chegar ao próximo conjunto de marcos. Dessa forma, ao menos nos primeiros anos de vida de uma empresa, o acesso ao capital é de crucial importância.

CAPÍTULO 5

Edição "Limitada": Como as LPs e os VCs Jogam Juntos

Falamos bastante sobre as limited partners [LPs], e por um bom motivo, pois, sem elas, os fundos de investimento de risco não existiriam. Mas os capitalistas de risco [VCs — venture capitalists] são os responsáveis por gerar os altos retornos que as LPs estão buscando. Sendo assim, voltemos nossa atenção aos próprios fundos de capital de risco para explorar a dinâmica entre eles e as LPs.

Talvez esteja se perguntando por que, sendo você um empreendedor ocupado, deveria se importar com o relacionamento entre uma LP e um capitalista de risco. Bem, porque são as LPs que dão dinheiro para os VCs investirem em você. É a elas também que os capitalistas de risco precisam devolver o dinheiro, em múltiplos gigantescos. Assim, naturalmente, a forma como os VCs são pagos e com o dinheiro de quem causam um impacto em como eles interagem com as empresas de seu portfólio, ou seja, você!

O que Significa "Limited Partner"?

Estamos usando o termo "limited partner" sem qualquer análise sobre o que isso significa. "Limited" [limitado] pretende descrever a estrutura de governança que existe entre as limited partners [LPs] e os fundos de capital de risco.

De fato, as LPs têm um papel "limitado" nas questões do fundo, de duas formas importantes.

Primeiro, elas têm uma governança limitada nos negócios do fundo. Basicamente, isso significa que as LPs não podem opinar sobre os investimentos que o fundo decide fazer. Contanto que o fundo invista no conjunto de coisas prescritas pelos parâmetros do próprio fundo, a LP está essencialmente investindo no que é geralmente conhecido como "blind pool" ["pool cego"], ou seja, é cego para a própria LP, que não pode ponderar sobre as decisões de investimento. De forma semelhante, ela tem uma habilidade limitada para influenciar a decisão de sair de um investimento e determinar a maneira e o timing quanto a distribuir ou não os lucros desse investimento. Como exploraremos em instantes, há um documento formal que define com mais nuances alguns dos direitos das LPs, mas a maneira fundamental de pensar nelas é como investidores passivos — eles estão no banco do passageiro rumo ao lugar ao qual o fundo de capital de risco decidir ir.

Segundo, como resultado de sua governança limitada, as LPs desfrutam de uma responsabilidade limitada sob uma perspectiva jurídica, caso algo dê errado. Por exemplo, se uma empresa do portfólio ou outro investidor processa o fundo de capital de risco por algo feito (ou não feito) para proteger os interesses dos acionistas, as LPs estão basicamente isentas das potenciais responsabilidades. Dito de forma simples, a passividade da LP é recompensada também por uma proteção de quaisquer obrigações às quais o fundo pode estar exposto.

Se as parcerias limitadas são, por definição, passivas e blindadas contra qualquer responsabilidade, alguém precisa dar a cara a tapa — entra em cena o fundo de capital de risco. Mais especificamente, os sócios gerais [ou GPs, "general partners"], aqueles membros seniores do fundo que são responsáveis por encontrar oportunidades de investimento, administrando-as durante o tempo que elas durarem e, em última instância, gerando um retorno de capital às LPs para compensá-las pelo tempo e risco de serem investidoras. E os GPs também assumem toda a responsabilidade caso algo dê errado.

Ao ler isso, pode parecer que as LPs e os GPs não são sócios, mas, juridicamente falando, é o que de fato são. A entidade legal que vincula uma LP e um sócio geral é uma sociedade — se você acompanhou as discussões sobre a reforma tributária de 2017 nos EUA, sabe que as sociedades (e outras entidades semelhantes) são referidas, de maneira eufemística, como "entidades sob o regime pass-through". Isso significa que, diferentemente das "C corporations" (como é o caso da Amazon, Facebook, Apple, Google e da maioria das empresas negociadas na bolsa), as sociedades não pagam impostos [nos EUA]. Em vez disso, os lucros de uma sociedade vão direto ["pass through"] para os proprietários da sociedade — em nosso caso, as LPs e os GPs. Cada uma das partes, então, faz as respectivas declarações de imposto de renda.

Por que isso é algo bom? Bem, em primeiro lugar, significa que você evita a temida dupla tributação dos lucros corporativos. Se você tem ações do Facebook e a empresa ganha US$1,00, ela paga impostos corporativos sobre esse valor (costumava ser de 35%; agora é de 21%, após aquela reforma tributária de 2017); então, se o Facebook decide distribuir parte de seu lucro para você, seu acionista, você pagará imposto uma segunda vez assim que receber a sua parcela. Em contraste, as LPs e os GPs pagam os impostos sobre lucros uma só vez.

Em segundo lugar, e de especial relevância para diversas LPs nos fundos de capital de risco, muitas LPs são entidades isentas de tributação. Especificamente, os fundos patrimoniais das universidades e das fundações são entidades sem fins lucrativos que não precisam pagar ao Tio Sam nenhum imposto sobre seus lucros. Assim, nesse regime, elas evitam todo e qualquer imposto.

O "LPA": As Regras Estabelecidas

Já vimos que a parceria limitada investe em um pool cego e basicamente cede o controle do dinheiro aos GPs, mas não é tão simples assim. As LPs não simplesmente abrem mão de bilhões de dólares sem ter algum poder de influenciar os negócios. O contrato de sociedade limitada [LPA — "limited parternship agreement"] é o documento jurídico que estabelece formalmente as regras: a relação econômica e de governança entre a LP e o GP.

Vamos analisar o LPA e começar com os termos econômicos. Você deve se importar com isso como empreendedor porque os incentivos financeiros são importantes em todos os níveis. São eles que motivam comportamentos, e a quantia que um capitalista de risco recebe afetará o modo como interage com sua startup.

A Taxa de Administração

Uma pedra basilar da relação econômica é a taxa de administração que o GP cobra da LP. A maioria dos GPs cobra uma taxa anual de administração que é calculada como uma porcentagem do capital com a qual a LP se comprometeu em contribuir para o GP ao longo do tempo de existência do fundo. Normalmente, nos EUA, as firmas de capital de risco cobram 2% ao ano, embora algumas cheguem a cobrar até 3%.

Observe que mencionei que a porcentagem da quantia é multiplicada pelo capital com a qual a LP se comprometeu a contribuir durante o tempo de existência do fundo. Preciso explicar um novo conceito aqui para você entender a parte econômica: a "chamada de capital".

Quando um GP fecha um fundo de US$100 milhões, ele não coleta essa quantia toda com as LPs logo de cara. O que ocorre é que as LPs fazem um compromisso financeiro para prover capital, ao longo da vida do fundo, quando este for "chamado" pelo GP. O motivo para essa prática é simples: manter o dinheiro parado na conta do GP diminui a taxa final de retorno que ele pode obter para suas LPs. Fazer uma chamada de capital sob demanda elimina esse empecilho sobre os retornos. Normalmente, a maior parte do capital será chamada durante os três ou quatro primeiros anos da sociedade, visto que a maior parte do investimento provavelmente será feito pelo GP nesse período.

Assim, mesmo que o GP não esteja investindo (e, portanto, não "chame") todos os US$100 milhões logo no início, ele pode cobrar uma taxa de retorno de 2% (US$2 milhões por ano) sobre a quantia total de capital comprometido. (É verdade que alguns fundos de capital de risco cobram a taxa de administração proporcional, coletando-a apenas sobre a quantia real de dinheiro investida. No entanto, o padrão é cobrar sobre a totalidade do capital comprometido.)

Para que serve a taxa de administração? É o dinheiro com o qual o GP paga as contas necessárias para manter tudo funcionando no fundo de capital de risco — salários de funcionários, aluguel e materiais de escritório, viagens e quaisquer outras despesas cotidianas. Como você pode imaginar, as LPs querem manter essa taxa a menor possível, pois ela pode ser um empecilho sobre os retornos totais do fundo.

A propósito, o caso é que a taxa às vezes muda conforme o fundo envelhece. Se a maior parte do dinheiro foi investida nos primeiros três ou quatro anos do fundo, o que acontece é que o GP passa mais tempo no início do fundo avaliando e selecionando novas oportunidades de investimento. As LPs, portanto, estão dispostas a financiar essa atividade ao pagar a taxa total de administração. À medida que os anos passam e a atividade do GP se concentra mais na gestão dos investimentos existentes (e não mais em buscar novas oportunidades), muitos fundos começam a diminuir a taxa.

A diminuição geralmente se reflete de algumas formas, às vezes em sincronia. Em primeira instância, a taxa de 2% é reduzida entre 50 a 100 pontos-base nos anos finais da sociedade. O segundo mecanismo para reduzir as taxas é mudar sua aplicação sobre a totalidade do capital comprometido e aplicá-la apenas sobre o custo dos investimentos restantes no portfólio. Assim, por exemplo, se estivéssemos no 8º ano do nosso fundo de US$100 milhões e apenas um investimento ainda não houvesse sido liquidado (pelo qual investimos US$10 milhões), a taxa de administração poderia ser aplicada apenas sobre os US$10 milhões restantes, e não sobre os US$100 milhões, que foi a quantia comprometida. Cada um desses recursos opcionais é, obviamente, negociado entre a LP e o GP na hora da criação do fundo; sendo assim, a forma em que são resolvidos é normalmente uma função do equilíbrio de poder na negociação.

A peça final do quebra-cabeça da taxa de administração vem na forma de isenção de taxas extras. Embora seja bastante incomum nos fundos de capital de risco (e mais comum nos fundos buyout), às vezes um GP é compensado por uma empresa do portfólio por seu engajamento com a empresa.

Por exemplo, pode ser que a empresa conceda ao GP alguma participação ou incentivo em dinheiro por fazer parte do Conselho de Administração. Surge então a pergunta: o que o GP faz com essa remuneração? Na maioria dos contratos modernos de LPAs, se desejar, o sócio geral pode ficar com a remuneração, mas precisará deduzi-la das taxas de administração que cobra das LPs. Ou seja, não há como ganhar dobrado; se você é pago pela empresa, é preciso descontar isso na quantia que cobra da LP para receber, em última instância, a mesma quantia de taxa em qualquer caso. Esse incentivo econômico motiva o comportamento que vemos na maioria das empresas do portfólio por parte do GP; ou seja, é muito incomum pagar para que um GP faça parte do Conselho de Administração (a não ser depois do IPO, quando a remuneração é esperada).

O "Carry Interest"

O "carry interest" ["juros transitados", em tradução livre] são o âmago da remuneração dos sócios gerais (ao menos para aqueles que são investidores bem-sucedidos). Reza a lenda que o termo deriva dos comerciantes medievais que transitavam as cargas de outras pessoas em seus navios. Como compensação financeira pela viagem, os comerciantes recebiam 20% dos lucros obtidos com a carga. Isso parece muito civilizado, senão bem generoso. Também ouvi dizer — embora minha pesquisa no Google não me ajude neste momento — que a parte "transitada" se refere ao fato de que os comerciantes tinham a permissão de manter como lucro qualquer porção da carga que pusesse literalmente "transitar", ou carregar, para fora do navio por sua própria vontade. Prefiro essa história.

Seja lá qual for sua origem histórica, o carry interest *no contexto de capital de risco se refere à parte dos lucros que o GP gera com seu investimento e que tem o direito de receber.* Assim como no caso da taxa de administração, a quantia real do carry interest varia entre os fundos de risco, mas em geral fica entre 20% e 30% dos lucros.

O fato é que a forma pela qual definimos "lucros" e como e quando o GP decide distribuir esses lucros para si mesmo e para as LPs é uma questão de negociação contratual.

Vamos usar um exemplo simples para ilustrar.

Voltemos àquele fundo de capital de risco de US$100 milhões sobre o qual já falamos e presumamos que estamos no 3º ano de vida do fundo. O GP investiu US$10 milhões em uma empresa do portfólio mais no início da vida do fundo, e agora a empresa foi vendida por US$60 milhões. Dessa forma, pelo menos em teoria, o GP gerou um lucro limpo de US$50 milhões para esse investimento. Ele também investiu o restante dos US$90 milhões em outras empresas, mas nenhuma delas foi vendida ou abriu seu capital. Ah, ele já consegue sentir o cheirinho do carry!

Mas como o dinheiro é dividido entre as LPs e o GP? Vamos supor que o GP tem 20% de carry. Usando termos simples, isso significa que, quando o fundo obtém lucro, 20% disso vai para o GP.

Assim, em nosso exemplo, o GP tem um cheque de US$60 milhões, dos quais US$50 milhões representam lucro, e quer dar 80% do lucro (ou US$40 milhões) para as LPs do fundo e ficar com 20% (ou US$10 milhões) para si mesmo. Os outros US$10 milhões neste exemplo irão para as LPs como um retorno de seu capital original. Falaremos sobre isso posteriormente neste capítulo, trazendo uma pitada a mais de complexidade.

Mas espere um segundo. Há realmente um lucro sobre o qual o GP tem o direito de pegar 20%? A resposta é: depende. Precisamos fazer um pequeno desvio para conhecer outros dois conceitos importantes antes de poder responder a essa pergunta de forma conclusiva.

Assim como no caso dos vinhos finos, os fundos de capital de risco ficam melhores com o passar do tempo. De fato, é por isso que as pessoas no setor se referem aos fundos por seu "ano vintage" (ou ano de nascimento), da mesma forma que os produtores de vinho marcam as datas de seus vinhos com base no ano da colheita da uva.

Como já analisamos, nos primeiros anos de um fundo, os capitalistas de risco chamam capital das LPs e o investem em empresas. Há, certamente, um movimento negativo de fluxo de caixa: o dinheiro está saindo sem (provavelmente) nenhuma previsão de retornar no curto prazo. Esse é um efeito esperado, porém, mais cedo ou mais tarde, o VC deve colher alguns desses investimentos na forma de empresas que abrem seu capital ou são vendidas.

O efeito de chamar capital das LPs nos primeiros anos, associado aos longos ciclos de gestação necessários para que as empresas cresçam e, por fim, saiam — em muitos casos, leva dez ou mais anos até que uma empresa seja vendida ou abra seu capital —, cria o que é conhecida como a "curva J". Como se pode observar na figura a seguir, a LP tem um fluxo de caixa negativo (a partir do capital que está dando à firma de capital de risco para investir) nos primeiros anos de um fundo e (esperamos) um fluxo de caixa positivo nos anos finais do fundo, uma combinação do capital já chamado e investido e das companhias portfólio que estão sendo vendidas ou abrindo o capital.

O capital de risco é realmente um jogo de longo prazo. Porém, como expliquei na análise sobre o fundo patrimonial de Yale no Capítulo 4, o dinheiro precisa, mais cedo ou mais tarde, sair pela outra ponta. Os GPs de sucesso gerenciam seus portfólios para obter esse resultado, o que pode afetar como interagem com os empreendedores sobre esse assunto.

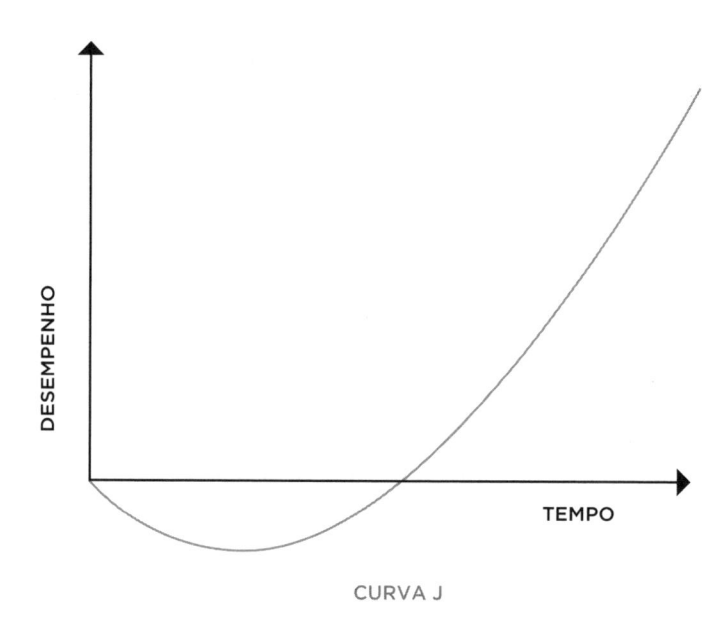

[Gráfico: Curva J — eixo vertical DESEMPENHO, eixo horizontal TEMPO]

CURVA J

Uma expressão que você ouvirá com frequência nos reverenciados saguões das firmas de capital de risco é: "Os limões amadurecem cedo." Quer dizer, as empresas que não têm uma boa performance tendem a se manifestar logo no início, na época do investimento inicial. Curiosamente, isso exacerba o problema da curva J não apenas no sentido de que os VCs estão investindo nos primeiros anos de um fundo, mas que os ativos com um baixo desempenho certamente não ajudam o GP a retornar o dinheiro para as LPs.

Entendendo o Valuation

As firmas de capital de risco (e também outras empresas financeiras) devem fazer, sob os princípios de contabilidade geralmente aceitos (GAAP, na sigla em inglês), uma "marcação a mercado" do valor de seus investimentos subjacentes trimestralmente. Porém, diferentemente de um fundo de hedge, por exemplo, em que a marcação se baseia no valor real e negociável de um título da dívida pública, as marcações do capital de risco variam muito com base em diversos métodos de avaliação ["valuation"] prescritos por diferentes empresas de contabilidade, assim como a avaliação qualitativa de uma firma de capital de risco sobre as possíveis perspectivas para aquela empresa.

Isso significa que, para cada empresa no portfólio de um GP, há provavelmente outro capitalista de risco que investiu na mesma empresa e que faz uma marcação com um valuation diferente.

Estes são os métodos básicos usados pelas firmas de capital de risco:

- **Valuation da última rodada/waterfall:** algumas firmas avaliam suas empresas pegando o valuation da última rodada no mercado de capital fechado e determinando o valor de sua participação na empresa. Por exemplo, se a firma possuía 10% de uma empresa e a última rodada de valuation foi de US$200 milhões, a firma que utiliza o método de valuation da última rodada/waterfall reporta o valor de seus investimentos como sendo de US$20 milhões (0,10 × US$200 milhões).

- **Análise de empresa comparável:** outras firmas, especialmente para as empresas que têm receitas e/ou lucros substanciais, usam uma análise de empresa de capital aberto comparável. Neste método, a firma elabora um conjunto de "comparáveis", ou seja, empresas com capital aberto que têm um modelo de negócio semelhante ou que estão em um setor similar e escolhem uma métrica de valuation (normalmente um múltiplo de receitas) para refletir como o mercado mais amplo avalia esse conjunto de empresas. Essa métrica é, então, atribuída à parte financeira das empresas do portfólio. Por exemplo, se uma empresa do portfólio está gerando US$100 milhões em receitas ou o conjunto de suas empresas "comparáveis" é avaliado no mercado em cinco vezes o valor da receita, uma firma de capital de risco avaliaria a empresa, desta forma, em US$500 milhões (US$100 milhões × 5). Depois, a firma multiplicaria o valor da companhia por sua porcentagem de participação nela para refletir seus investimentos com base na porcentagem de participação. Em geral, a firma também aplica o que é afetuosamente conhecido como um "DLOM" ("desconto por falta de liquidez", na sigla em inglês) para reduzir o valor contábil da empresa — basicamente, esse desconto diz que, visto que a ação não é negociada em bolsa livremente, ela vale menos do que as ações daquelas empresas comparáveis negociadas em bolsa.

- **Modelo de precificação de opções:** a ferramenta mais recente (ao menos para as firmas de VC) para a avaliação de empresas é denominada de "modelo de precificação de opções" ("option pricing model" — OPM). Em termos matemáticos, é um dos mais complicados e usa o modelo de Black-Scholes para as opções de modo a avaliar uma empresa do portfólio como um conjunto de opções de compra ["call options"] cujos preços de exercício ["strike prices"] são os diferentes pontos de valuation nos quais as opções de funcionários e as ações preferenciais são convertidas em ações comuns. Está perfeitamente claro, certo? Veja um exemplo rápido: se nossa empresa hipotética levanta fundos de Série C a US$5,00 por ação, o modelo de precificação de opções diz que o que sabemos com segurança é que qualquer um que tiver uma ação da Série C deve avaliá-la em US$5,00, simples assim. Mas se você tem uma ação das Séries B ou A, o modelo diz que elas valem certa fração de US$5,00. Por quê? Bem, para realmente responder a essa pergunta, você precisaria ter um Prêmio Nobel em Economia (como Myron Scholes, o coinventor do modelo de Black-Scholes), mas a resposta não tão matemática assim fornecida pelo OPM é que as ações das Séries A ou B poderiam valer muitos valores diferentes com base em diversos resultados probabilísticos se/quando a empresa por fim chegar a ser vendida ou abrir seu capital. Assim, o modelo atribui um valor às ações das Séries A e B com um desconto substancial com relação aos US$5,00 por ação atribuídos à Série C.

Eis um exemplo de como tudo isso influencia a marcação de um valuation:

Imagine que nosso GP tem 10% de uma empresa pelos quais ele pagou US$10 milhões. Por sorte, para nosso GP, a empresa acabou de levantar mais capital com um valuation de US$3,8 bilhões.

Como ele "marcaria" o valuation da empresa com base nos diferentes métodos descritos?

- **Valuation da última rodada/waterfall:** neste método, o valor da empresa seria de US$380 milhões (0,10 × US$3,8 bilhões). Desta forma, seria um retorno hipotético de 38 vezes sobre o investimento inicial de US$10 milhões.

- **Análise de empresa comparável:** suponha que haja uma previsão de que nossa empresa gere US$130 milhões em receitas no próximo ano. Analisando os múltiplos de alto crescimento de empresas comparáveis e de capital aberto no mercado, os investidores podem atribuir um múltiplo de dez sobre a receita, resultando em um valor de US$1,3 bilhão para a empresa. Assim, o GP pode avaliar a empresa em US$130 milhões (0,10 × US$1,3 bilhão) e, depois, atribuir um DLOM de 30% sobre o resultado, chegando a um valuation de US$91 milhões ([1 − 0,30] × US$130 milhões). Trata-se de um retorno hipotético de nove vezes o investimento inicial, o que não está mal, mas que é muito diferente das 38 vezes a mais do método anterior.

- **OPM — Modelo de precificação de opções:** neste caso, você precisará confiar em mim, pois não é possível resumir toda a matemática envolvida em apenas um parágrafo! Mas esse modelo, com hipóteses razoáveis sobre o momento de saída e a volatilidade, resultaria em um valuation de aproximadamente US$160 milhões para o investimento do GP, ou um retorno hipotético de 16 vezes.

E aí? Qual metodologia contábil é a certa? Bem, a resposta é que todas estão teoricamente "certas", visto que diversos escritórios contábeis diriam que estão consistentes com as práticas contábeis geralmente aceitas. Porém, ao mesmo tempo, também estão todas "erradas", pois nenhuma delas realmente diz nada à LP sobre quanto a empresa pode realmente valer para o fundo quando e se chegar a abrir seu capital ou ser vendida e os lucros desses eventos forem distribuídos de volta para as LPs.

Agora que tudo isso está claro como lama, retornemos ao nosso ponto de partida.

Só para lembrar, nosso GP está no 3º ano do fundo. Ele investiu US$100 milhões e acabou de receber um cheque de US$60 milhões provenientes da venda de uma de suas empresas (na qual ele investiu US$10 milhões). Ele estava planejando ficar com 20% do lucro para si e direcionar 80% de volta para as LPs. O que você acha?

Bem, se todos os outros investimentos no fundo deram em nada (ou seja, faliram), então ele investiu US$100 milhões e obteve um retorno (único) de apenas US$60 milhões. Nesse caso, a resposta é muito simples: não. Não há lucro, os US$60 milhões vão inteiramente para as LPs e, além de não obter o carry nesse fundo, nosso sócio geral também terá dificuldades de levantar seu próximo fundo!

No entanto, e se, em vez de todas as outras empresas do fundo falirem, elas forem avaliadas com base em um valuation provisório de US$140 milhões? Não importa qual é a combinação de métodos de avaliação que está sendo usada, basta o escritório de contabilidade do GP aprovar o fato de que os US$90 milhões que ele investiu em outras empresas do portfólio valem US$140 milhões. Novamente, são marcações, porque não estamos falando em dinheiro vivo aqui, mas apenas sobre quanto pensamos que poderíamos gerar caso vendêssemos todas essas empresas hoje.

Nesse caso, o fundo tem US$60 milhões de caixa real e US$140 milhões de valor hipotético na forma de marcações, para um total de US$200 milhões em valor corrente. O fundo levantou apenas US$100 milhões com suas LPs, então há US$100 milhões (US$200 milhões em valor corrente — US$100 milhões investidos) de lucro teórico total. Assim, desde que o lucro teórico exista, nosso GP pode agora ficar com 20% *dos US$50 milhões de lucro direto* como seu carry. Assim, 80% (US$40 milhões) vai para as LPs e 20% (US$10 milhões) para o GP.

Vamos agora presumir que o fundo chegou em seu limite de tempo e acabou. A maioria dos fundos de capital de risco tem uma vida de dez anos, com períodos de extensão variando entre dois e três anos.

O que acontece se aqueles US$140 milhões em marcação provisória que registramos no 3º ano fossem temporários e todas as empresas que abrangem as marcações mostrassem não valer mais do que o papel sobre o qual este livro foi escrito?

Assim, na realidade, o fundo gerou apenas US$60 milhões em retornos totais sobre um fundo de US$100 milhões; todos os outros lucros desapareceram. Mas o GP distribuiu US$10 milhões para si mesmo quando as perspectivas para o fundo pareciam altas. O que sabemos agora?

Infelizmente para nosso GP, ele distribuiu exageradamente os lucros para si mesmo e agora está sujeito ao que chamamos de "clawback", ou o montante que deve ser devolvido pelo GP às LPs. É uma droga, mas é justo, no sentido de que o GP nunca teria direito a esse dinheiro caso tivesse esperado para distribuir os US$60 milhões até que o fundo terminasse. Afinal, ele não gerou nenhum lucro sobre os US$100 milhões de capital que as LPs lhe deram para investir. (Para evitar esse problema, alguns LPAs restringem a possibilidade de o GP poder pegar qualquer carry até ter devolvido os US$100 milhões de capital comprometido da LP de volta a ela. Devo admitir que isso é muito raro.)

Embora possa não parecer, eu simplifiquei bastante as coisas em nosso exemplo. Há algumas outras nuances dos termos econômicos do LPA que vale a pena analisarmos (e, infelizmente, complicar um pouquinho nosso exemplo).

Primeiro, e aquelas taxas de administração desagradáveis sobre as quais já falamos? Em nosso fundo de US$100 milhões, o sócio geral obviamente deve usar esse dinheiro para fazer investimentos de risco, mas ele também gostaria de poder usar sua taxa de administração anual para pagar as despesas básicas do negócio.

Se o fundo durar dez anos e o GP tiver o direito de obter uma taxa anual de 2% sobre os US$100 milhões de capital comprometido, então as taxas totais ao longo da vida do fundo serão de US$20 milhões (10 anos × 0,02 × US$100 milhões). Porém, se o GP coletar todas essas taxas, ele não poderá investir todos os US$100 milhões do fundo nas empresas; haverá apenas US$80 milhões restantes para tanto.

Alguns GPs podem decidir fazer isso. Porém, como você pode imaginar, as LPs realmente não gostam muito dessa abordagem, pois com seu capital comprometido de US$100 milhões, elas gostariam de ter o máximo possível de investimentos em empresas portfólio. E o mesmo vale para a maioria dos GPs. Afinal, quanto mais "rebatidas" você tiver (espero eu), mais chances terá de melhorar sua média de rebatidas por home run.

A maneira de satisfazer os desejos tanto do GP quanto da LP é "reciclar": a maioria dos LPAs tem uma cláusula que permite que o sócio geral reinvista, ou recicle, parte dos ganhos provisórios em outras empresas.

Desse modo, em nosso exemplo, quando o GP obteve os US$60 milhões com a venda da empresa no 3º ano do fundo, ele poderia ter escolhido reciclar parte desse dinheiro. Caso quisesse cobrir os US$20 milhões de taxas esperadas ao longo da vida do fundo, ele poderia ter ficado com US$20 milhões dos lucros e distribuído os US$40 milhões restantes com base em seu retorno sobre o capital de US$10 milhões, e, depois, poderia fazer uma divisão de 20% (GP) e 80% (LP) sobre o lucro dos US$30 milhões remanescentes.

Nossa segunda simplificação é como o capital é contribuído para o fundo. Lembre-se de que falamos sobre como o GP chama o capital das LPs à medida que vai fazendo os investimentos. Mas havíamos simplificado as coisas ao presumir que todos os US$100 milhões vieram das LPs. Na realidade, o GP também "coloca o seu na reta"; quanto mais, melhor (sob a perspectiva da LP). Afinal, nada aguça tanto a mente quanto cuidar de seu próprio dinheiro, bem como o das LPs. Consequentemente, a maioria dos GPs contribuiu com 1% do capital do fundo, e muitas vezes, de 2% a 5%. Assim, ao longo da vida de um fundo de US$100 milhões, entre US$95 milhões e US$99 milhões serão contribuídos pelas LPS, e entre US$1 milhão e US$5 milhões virão do GP.

Se voltarmos ao nosso problema anterior de carry, precisamos acrescentar isso à equação.

Vamos analisar o cenário bom: o fundo deu um retorno de US$200 milhões em caixa real no fim de sua vida. Como distribuímos esse dinheiro? Lembre-se de que US$100 milhões são o retorno do capital investido e que os outros US$100 milhões são o lucro gerado pelos investimentos.

Se o GP contribuiu com 2% do capital, isso significa que US$2 milhões vieram dele, e US$98 milhões, das LPs. Assim, logicamente (e a maioria dos LPAs são assim), devemos devolver o capital às partes da mesma maneira que ele entrou: US$2 milhões para o GP e US$98 milhões para as LPs. Depois, distribuímos os lucros: 20% (US$20 milhões) para o GP e 80% (US$80 milhões) para as LPs. Não é muito diferente do que já havíamos visto, mas é importante observar que o capital geralmente é devolvido da mesma forma que entrou.

A complexidade final que ignoramos — e justificadamente, pois não é tão comum nos fundos de VC (embora seja mais presente nos fundos buyout) — envolve o custo de oportunidade do dinheiro. Visto que as LPs têm uma escolha de classes de ativos nas quais investir, elas naturalmente querem saber que investir nos fundos de capital de risco lhes pagará um prêmio, quando comparados com as outras classes de ativos. Afinal, o capital de risco não tem esse nome à toa, além de possuir horizontes de longo prazo durante os quais o capital da LP fica amarrado. Em vez de investir em um fundo de capital de risco, a LP poderia escolher investir no índice S&P 500 ou em outra classe de ativos.

Para contabilizar isso, alguns LPAs apresentam o conceito de "hurdle rate", ou taxa mínima de retorno exigida ou esperada pelo investidor. Essa taxa informa que, a menos que o fundo gere um retorno acima dela (é um valor negociado, mas em geral, de 8%), o GP não tem o direito de obter carry sobre os lucros. Se o fundo ultrapassar a hurdle rate, então o GP pode começar a coletar seu carry, como se a taxa não existisse. Dessa forma, desde que você ultrapasse a taxa mínima de retorno, não haverá problemas; mas se não conseguir, não receberá nada.

Um "retorno preferido" ["preferred return"] é outro mecanismo para obter isso, mas é mais favorável à LP. Diferentemente do aspecto "fique acima da taxa mínima de retorno e ganhe seu dinheiro" da hurdle rate, um retorno preferido não desaparece simplesmente quando você fica acima dele. Se ele fosse de 8%, as LPs receberiam 100% do dinheiro até que o retorno preferido fosse atingido, e, depois, o GP participará de quaisquer lucros *acima* dele. Em nosso fundo de US$100 milhões de dez anos, um retorno preferido de 8% teria retornado uma quantia de US$216 milhões [$100 milhões/(1,08)[10]] no fim dos dez anos, portanto, um retorno total de US$200 milhões do fundo teria angariado para o nosso GP um enorme zero em lucros!

Importando-se com o Fluxo do Dinheiro

Como empreendedor, ninguém espera que você peça a seu potencial VC para ver todos seus documentos e analisá-los em detalhe. E duvido muito que qualquer VC os entregaria a você, mesmo que pedisse com educação. Mas como os incentivos econômicos importam, você deve ter uma apreciação sobre como o dinheiro flui dentro de um fundo de capital de risco. Afinal, dependendo de como o GP está se saindo ao converter suas outras empresas portfólio em lucro, ele pode pensar de forma diferente a respeito da liquidez com relação à sua empresa.

O desempenho do fundo também pode influenciar a disposição de seu GP em investir mais dinheiro em sua startup ou seu desejo de buscar uma saída. Se o fundo estiver indo bem, ou seja, se o GP estiver conseguindo obter sua taxa desejada de retorno e, com isso, provavelmente conseguirá levantar um próximo fundo com suas LPs, ele pode se interessar mais em apostar em seu levantamento de capital e ver se você consegue ajudá-lo a gerar ainda mais lucros para o fundo.

Contudo, se sua empresa for a solitária estrela brilhante em um portfólio decadente e você receber uma oferta de aquisição que ajudaria, de forma significativa, o GP a conseguir devolver os fundos para as suas LPs (e, portanto, aumentar as chances de conseguir levantar um próximo fundo), ele pode ficar mais inclinado a pressioná-lo a aceitar o negócio, mesmo que você acredite que a operação da empresa ainda consiga conquistar mais vantagens. Ou se nosso GP estiver prestes a entrar em uma situação de "clawback" e você receber uma oferta de aquisição que, embora não lhe seja assim tão apetitosa, pode dar ao GP exatamente o dinheiro de que ele precisa para sair daquele enrosco, ele pode pensar de maneira diferente a respeito da oferta.

E, como veremos posteriormente neste livro, o GP será uma parte integral do processo de tomada de decisão. Em muitos casos, ele será membro do Conselho de Administração e, assim, terá um poder formal de opinar nas votações sobre aceitar ou não uma oferta de aquisição. Há, obviamente, questões jurídicas que o GP precisa considerar em sua capacidade como membro do Conselho de Administração e que poderiam limitar suas decisões. Nada disso tem como pressuposto sugerir que os GPs necessariamente querem aquilo que você pode corretamente considerar um resultado ruim para a sua empresa, mas somos influenciados pelas estruturas de incentivos sob as quais atuamos. Mesmo que ele não esteja no Conselho de Administração, será um acionista da empresa, possivelmente com direitos especiais de voto relacionados às decisões de aquisição. Então é melhor se manter informado.

Governança: Como a Relação entre GP e LP É Administrada?

Agora que já tratamos das questões econômicas gerais que o LPA deveria abordar, voltemo-nos a algumas das questões relacionadas à governança. Isto é, como a relação entre as LPs e o GP é administrada?

Já vimos que o engajamento das LPs é, por definição, limitado — para preservar sua falta de responsabilidade legal, elas precisam ter uma mão bem leve nas alavancas da gestão do fundo. Porém, e compreensivelmente, não querem apenas entregar o dinheiro e não ter nenhum compromisso.

Sendo assim, o LPA estabelece algumas barreiras. São as seguintes:

1. Domínio de Investimento

Pode parecer óbvio, mas o LPA define as áreas de investimento para o GP e quaisquer restrições intransigentes quanto a elas. Por exemplo, é um fundo de ciências da vida ou um fundo de informações generalizadas sobre tecnologia? Há restrições quanto ao estágio, ou seja, o GP pode investir apenas em empresas de capital semente, em estágio inicial ou em um estágio mais avançado? Embora a maioria das firmas de capital de risco, por definição, invista em empresas de capital fechado, alguns LPAs permitem que o GP invista parte dos fundos em empresas negociadas na bolsa. E quanto às restrições geográficas? O GP pode investir em empresas sediadas na China? O tipo de investimento também pode ser definido: o GP tem a permissão de investir apenas em ações, ou também pode investir em títulos de dívida ou semelhantes?

Em geral, o GP prefere deixar as definições o mais amplas possíveis, e a maioria das LPs, de fato, também preferem assim. Afinal, o que as LPs realmente querem são as melhores ideias de investimento do GP e ponto-final; então as restrições servem mais para impedir um afastamento muito radical e para manter o GP concentrado em suas melhores ideias nos domínios sobre os quais se espera que seja especialista.

Como empreendedor, ao investigar se um GP em particular é apropriado para sua empresa, é importante entender se você se encaixa em seu domínio de investimentos. Não faz sentido desperdiçar o seu tempo apresentando sua empresa de ciências da vida para uma firma que simplesmente não pode (devido ao LPA) ou não quer investir em você, por mais fantástica que a empresa seja.

2. Melhores Ideias

Falando de "melhores ideias", como podemos garantir que as melhores ideias do GP sejam direcionadas para o fundo, e não para seu próprio benefício? Em alguns casos, os GPs investiram seu próprio dinheiro junto com um investimento do fundo, ou não investiram por meio do fundo e o fizeram pessoalmente na empresa. Na maioria das vezes, não há nada de abominável nisso, mas isso levanta a questão de conflitos: como eu, na forma de uma LP, sei que o GP no fundo está me apresentando suas melhores ideias e que ele não está selecionando os melhores negócios para investir com seu próprio dinheiro fora do fundo? Assim, muitas firmas têm restrições nos LPAs que limitam essa atividade, ou, no mínimo, exigem que as LPs sejam informadas no momento do investimento.

Anteriormente, falamos sobre a Accel Partners e seu sucesso fabuloso ao investir no Facebook em um estágio inicial. Bem, junto com esse fundo de investimento, o sócio da firma na época, Jim Breyer, investiu aproximadamente US$1 milhão de seu próprio dinheiro por uma participação de 1% na empresa. Sabemos o resultado: um retorno sobre o investimento de praticamente mil vezes para Jim, dependendo de quando ele vendeu sua participação. De forma compreensível, algumas das LPs da Accel ficaram preocupadas com esse investimento, pois ele presumivelmente significava que, sem considerar a decisão de Jim em investir pessoalmente, US$1 milhão poderia ter sido investido pelo fundo de risco da Accel no Facebook, e o resultado teria aumentado o fundo das LPs. É claro, o Facebook foi uma tacada tão certeira para a Accel e suas LPs que acredito que quaisquer mágoas tenham sido esquecidas rapidamente. Ainda assim, as LPs ficaram se conscientizaram mais sobre essa questão de coinvestimento do GP junto aos investimentos do fundo.

3. Trabalho Muito pelo Dinheiro

Obviamente, é isso o que as LPs querem que o GP faça por elas. Mas, só por segurança, as LPs têm alguns mecanismos para pressionar o GP a fazer o necessário.

Primeiro, o LPA normalmente estabelece que o GP precisa devotar "substancialmente todos" os seus esforços na gestão da firma. Vá ser técnico do time de futebol dos seus filhos no fim de semana ou participe de alguma empresa sem fins lucrativos aqui e acolá, mas concentre suas energias em tempo integral no investimento com o dinheiro das LPs. Parece algo bastante inquestionável (embora você possa se surpreender às vezes). Ser um GP é um trabalho de tempo integral.

O que acontece se o GP não atende mais a essa obrigação ou se as LPs decidem em conjunto que ele enlouqueceu e que não é mais um bom administrador de seu capital? Bem, assim com em qualquer bom relacionamento, a separação e o divórcio sempre são uma opção.

No universo do capital de risco, "suspensão" é nossa versão de separação. Isso ocorre se um ou mais GPs não estão dedicando substancialmente todo seu tempo para os assuntos do fundo. Chamamos esses GPs (ou combinações deles) de "key man", ["homens-chave"] (e, sim, percebo que o termo não tem neutralidade de gênero, mas é difícil nos desapegarmos de hábitos antigos nesse universo). Caso isso ocorra, a maioria dos LPAs terá um limiar definido de votação pelo qual algum conjunto de LPs (em geral metade ou 2/3) pode invocar uma suspensão. Durante o período de suspensão, o homem-chave precisa apresentar um plano às LPs sobre como remediará a situação, ou, caso não o consiga, as LPs podem iniciar os procedimentos de divórcio. Isso normalmente exige uma super maioria ainda mais alta das LPs para votarem na dissolução do fundo.

Muitos países têm o que é denominado de "divórcio sem culpa" para os casais que não querem permanecer juntos. Basicamente, isso significa que você não precisa apresentar um motivo específico para o divórcio; uma das partes pode simplesmente decidir que não aguenta mais o casamento e abrir o processo para dissolvê-lo. Também temos isso no LPA. Obviamente, o limiar para a votação das LPs é bastante alto (em geral, mais de 80%), mas é comum haver um mecanismo pelo qual as LPs podem simplesmente dizer ao GP: "Obrigado por tudo, mas queremos terminar."

Em geral, os LPAs têm mais de cem páginas, então esse resumo de apenas algumas não descreve tudo o que está envolvido nele. Ainda assim, é o suficiente para informá-lo sobre um fator que, como empreendedor, você precisa considerar ao escolher sua parceria de capital de risco.

Relacionamento entre GPs: O Contrato de Sócios de Equity

Passamos bastante tempo falando sobre a relação entre as LPs e os GPs, e por um bom motivo, pois eles são codependentes. Contudo, algo igualmente importante é a forma como os GPs dentro de uma firma interagem entre si, afinal, são sócios. De maneira conveniente, o documento jurídico que governa sua relação é normalmente chamado de contrato de sócios de equity.

Mas nem todos os sócios são criados iguais. Alguns podem ter apenas um interesse econômico no fundo, mas nenhum direito de governança. Legalmente, isso significa que eles não podem obrigar o fundo a fazer um investimento (ou se livrar de um) nem se envolver na contratação ou desligamento de outros sócios. Alguns podem ter direitos econômicos e de governança plenos, ao passo que outros ficam em algum lugar no meio.

Você, como empreendedor, tem poucas chances de saber disso, visto que esses contratos não são disponibilizados ao público em geral, mas é importante compreendê-los. Estar ciente disso o ajudará a entender o processo de tomada de decisão dentro de uma firma de capital de risco.

Não é diferente do que você gostaria de saber se estivesse vendendo programas de computador para um cliente corporativo — quem são os compradores econômicos, os campeões dentro da conta etc.? As dinâmicas organizacionais são importantes na tomada de decisões; assim, caso esteja prestes a iniciar uma jornada de financiamento com uma firma de capital de risco, pergunte-se pelo menos como ela toma uma decisão.

O contrato de sócios de equity também define a parte econômica da sociedade. Isto é, como a pizza de carry é fatiada? Há inúmeras opções aqui, variando de sociedades plenamente iguais (nas quais todos recebem o mesmo tamanho de fatia) a sociedades multicamadas (nas quais a longevidade ou o desempenho podem definir tamanhos diferentes de fatias).

Assim como é o caso com os fundadores e os funcionários de startups (falaremos mais sobre isso), a maioria dos GPs precisa fazer uma aquisição progressiva de participação. Isso se chama "vesting" e significa que, quando você sai da firma antes do tempo, recebe a quantia proporcional a quanto tempo passou lá. Lembre-se de que o tempo de vida da maioria dos fundos é de dez anos; assim, naturalmente, algumas firmas de capital de risco querem garantir que os GPs permaneçam financeiramente estimulados ao longo da vida do fundo, tendo um período de "vesting" de dez anos. Entretanto, mais uma vez, isso depende da empresa.

Embora a maioria das firmas de capital de risco espere que os GPs façam um compromisso de longo prazo ao decidirem se juntar à firma, às vezes acontece de eles saírem durante a vida de um fundo. Além das questões de vesting mencionadas há pouco, você, como empreendedor, pode ser afetado se o sócio que participa de seu Conselho de Administração (ou que patrocinou seu investimento) sair da companhia. Em alguns casos, os GPs continuam nos Conselhos de Administração em troca da concordância da firma em continuar fazendo uma aquisição progressiva de participação econômica nos fundos em que eles participaram. Em outros, o GP assume uma nova função em tempo integral que pode exigir um compromisso de tempo que é inconsistente com sua permanência no Conselho. Nesse caso, talvez um novo GP seja atribuído para seu Conselho de Administração.

A peça final no quebra-cabeça do GP é a "indenização". Lembre-se de que, na relação entre o GP e a LP, o GP é o responsável legal caso as coisas deem errado. Para motivar as pessoas a serem capitalistas de risco (assim como fazemos com os Conselhos de Administração), os GPs podem ser indenizados por responsabilidade legal, ou seja, eles não precisam se preocupar em ter que usar seus recursos financeiros pessoais para atender aos compromissos financeiros do fundo. Falaremos mais sobre isso posteriormente, quando abordarmos o tema dos deveres fiduciários de um GP, tanto perante o fundo quanto aos acionistas das empresas nas quais participam no Conselho de Administração, e nos aprofundaremos no que isso realmente significa na prática para os GPs.

Já passamos bastante tempo falando sobre as LPs e os GPs. Está na hora de passarmos ao tema pelo qual você certamente está esperando, que é a parte mais importante do ecossistema do capital de risco: a startup!

CAPÍTULO 6

Criando Sua Startup

Não há falta de adjetivos poéticos relacionados à criação de uma empresa. Os excelentes fundadores são inovadores, valentes, inspiradores e visionários. Suas ideias são pioneiras e revolucionárias.

Sendo assim, sinto muito por jogar um balde de água fria na jornada heroica de abertura de uma nova empresa ao iniciá-la com uma visita a seu advogado e ao falar sobre coisas como impostos e governança.

Porém, entender como montar seu futuro negócio é crucial para a saúde dele. Portanto, vamos fazer nosso dever de casa juntos.

A primeira parte deste capítulo se concentrará em algumas das implicações fiscais e de governança corporativa a respeito de como alguns empreendedores decidem criar suas empresas. Sim, trata-se de uma visão baseada na realidade dos EUA; desta forma, no interesse de transparência para qualquer leitor que não esteja morando nos EUA, informo que pode considerar pular esta parte, caso julgue que ela não seja relevante à sua jornada empreendedora. Para os leitores norte-americanos, não ofereço tal "atalho".

Que Tipo de Empresa Você Deveria Abrir? Spoiler: C Corp

Se os GPs e as LPs decidiram que uma sociedade era a melhor estrutura corporativa para seu relacionamento, por que a maioria das startups é aberta como C corporations tradicionais?

Há diversos motivos, mas provavelmente o mais fundamental é que a C corp é um bom veículo para empresas que estão focadas em criar um valor de longo prazo na empresa, e não em distribuir lucros diretamente aos acionistas. Lembre-se de que quando falamos sobre uma sociedade, uma de suas características era a de os lucros "passarem direto" para os donos [o regime pass-through]. Fiscalmente falando, isso faz com que elas sejam uma maneira muito eficaz de distribuir lucros para seus donos — o dinheiro pode fluir, junto com o passivo fiscal, de modo a não haver um imposto corporativo de segundo nível, ou seja, uma bitributação. E isso é bom.

No entanto, com uma startup, na maioria dos casos, o foco não é distribuir lucros aos donos, ao menos não logo no início. Se houver lucro (e, é claro, a maioria das startups tem prejuízo nos primeiros anos), ele provavelmente será reinvestido na própria empresa para aumentar seu valor. Assim, se tivermos a sorte de gerar lucros e não transferir o dinheiro direto para os donos, estaríamos criando um passivo fiscal para eles sem ter o dinheiro para pagar o Tio Sam. E isso não é bom.

Como a maioria das startups de fato tem prejuízo nos primeiros anos, alguns empreendedores se perguntam, com razão, se uma estrutura pass-through não faria mais sentido, nem que fosse só no início. Com prejuízo, esse regime concede aos donos um benefício econômico, pois você pode deduzir o prejuízo de outras rendas em sua declaração. Em teoria, você pode começar como pass-through e, mais tarde, mudar para uma C corp quando estiver gerando os lucros que pretende reter na empresa, mas, na verdade, nunca vi ninguém fazer isso. Essa mudança não é algo tão simples assim e cria inúmeras outras questões quando você tenta permitir a participação acionária [equity] para outros funcionários.

O custo de ser uma C corp é que, quando seus lucros são distribuídos, é preciso resolver o problema da dupla tributação: os lucros são tributados inicialmente no nível corporativo e, novamente, no nível do proprietário individual, quando o receber.

A natureza de uma C corp como não "pass through" também se encaixa bem ao fato de que muitas startups garantem uma participação acionária na empresa aos seus funcionários — falaremos mais sobre isso em breve. A startup poderia oferecer parte da sociedade para os funcionários, mas isso só complicaria as coisas sob uma perspectiva fiscal (em grande parte por causa da natureza "pass through" das sociedades).

Uma C corp é apenas um mecanismo mais simples por meio do qual é possível oferecer uma participação acionária maior para os funcionários de uma startup. E a C corp não tem quaisquer limites quanto ao número de acionistas que podem fazer parte da organização; desse modo, conforme a startup cresce, como esperamos, os funcionários também podem se beneficiar posteriormente do potencial direito de propriedade.

As C corps também têm diversas vantagens para as firmas de capital de risco que podem investir nelas.

Primeiro, as C corps permitem que você tenha diferentes classes de acionistas com direitos distintos. (Verdade seja dita, como já mencionado, as sociedades também podem ter tipos diferentes de sócios com direitos distintos, mas a estrutura da C corp tem outras vantagens.) Isso é importante, pois, como veremos mais tarde em nossa análise dos term sheets, os VCs gostam de investir no que é denominado "ação preferencial", ao passo que a maioria dos fundadores e funcionários possui a chamada "ação ordinária". Basicamente, isso confere direitos diferentes a serem concedidos a diferentes classes de acionistas; as C corps permitem e facilitam isso.

A segunda vantagem para as firmas de capital de risco surge nos impostos — sei que você nunca pensou que ouviria tanto sobre regras fiscais quando comprou este livro! Lembre-se de que muitas LPs de empresas de capital de risco têm isenção de impostos (como os fundos filantrópicos e as fundações). Elas aproveitam os benefícios desse status e não veem os GPs que ameaçam interferir nisso com bons olhos. Sob as leis fiscais dos EUA, as entidades pass through (como sociedades ou LLCs — "limited liability companies") podem fazer com que até mesmo as entidades com isenção de impostos tenham que pagá-los, pelo que é conhecido por "UBIT", sigla em inglês para "imposto por renda não relacionada à empresa". Se os GPs investem em entidades pass through, eles podem criar esse potencial risco fiscal para as LPs; investir em C corps não cria tais problemas. Assim, a maioria dos GPs evita ao máximo investir em pass throughs.

Fatiando a Pizza

Certo, você está enquadrado nos moldes de uma entidade. O que mais é necessário acontecer no processo de formação da companhia?

Bem, em seguida vem como dividimos a propriedade da empresa. A maioria tem mais de um fundador. E quando você abre uma empresa, são você e seu cofundador contra o mundo. Vocês dois sacrificarão tudo para dar forma à sua visão. Noites insones, abrir mão de uma vida social, permitir a saúde ir para o espaço e até negligenciar sua própria família são coisas necessárias para realizar seus sonhos, mas vai dar tudo certo, porque vocês estão nisso juntos. Juntos para sempre.

Mas e se não for para sempre? E se você sacrifica tudo e, em dois anos, seu cofundador decide sair para tentar se encontrar na vida? E se o ego dele se ferir com o fato de você ser o CEO e, à medida que a empresa cresce, ele se torna menos importante? E se ele ficar viciado em drogas? Ou se, afinal, ele não for tão talentoso quanto você achava?

Bem, pode ficar tudo bem. Ou isso pode destruir sua empresa. Tudo depende de você ter sido realista ou não ao abri-la.

Sim, a separação é difícil — seja no amor ou nos negócios —, porém, ao menos nos negócios, há algumas coisas que os fundadores podem fazer de forma proativa para aliviar a dor. Pense nisso como um acordo pré-nupcial com base no senso comum para proteger sua empresa.

Então, o que você pode fazer para garantir que as separações entre os fundadores não joguem no lixo os seus sonhos de negócio?

Como na maioria das coisas da vida, um pouco de planejamento entre os fundadores pode ajudar muito para garantir que uma separação não destrua seus sonhos de dominar o mundo.

E sob um ponto de vista mais positivo, o que vocês podem fazer para encorajar um ao outro de modo a dar seu melhor para que a empresa seja o mais bem-sucedida possível?

Vesting do Fundador

O propósito básico do "founder equity" ["ações fundadoras": ações ordinárias de baixo preço emitidas quando uma empresa iniciante é constituída] é criar incentivos de longo prazo. Essa é a ideia toda do vesting: você contribui para o sucesso da empresa e ajuda o negócio crescer, e com o passar do tempo, é recompensado com uma posição cada vez maior do patrimônio líquido que você ajudou a criar.

O vesting de equity do fundador difere de várias maneiras do cenário de vesting do GP que analisamos no Capítulo 5, mas tem exatamente o mesmo propósito. A ideia do vesting é vincular o fundador a algum termo definido de emprego antes que ele possa sair da empresa e levar 100% das ações junto. Pense nisso como oferecer um incentivo financeiro de longo prazo para os fundadores se comportarem como proprietários de ações e dar seu melhor para aumentar o valor da firma para todos os acionistas.

Na maioria dos casos dos fundadores (e de funcionários que recebem concessões de opções de ações como parte de seu pacote de remuneração — mais sobre isso em breve), o vesting total é geralmente alcançado ao fim de quatro anos a partir da data de concessão das opções. Falaremos mais sobre a origem da prática dos quatro anos e por que talvez isso não faça mais tanto sentido.

Quando dizemos que um fundador tem "metade de um vesting" em suas ações, independentemente de ser empregado pela empresa, isso significa que ele tem os direitos de interesse econômico sobre apenas 50% de suas ações. Se ele quiser vendê-las a outra pessoa e monetizar o valor, só poderá vender aquilo em que de fato tem vesting.

Como resultado disso em particular, os fundadores compreensivelmente querem obter crédito total com relação ao vesting de suas ações de fundador a partir do primeiro momento possível desde que começam a trabalhar na nova ideia. O que em geral ocorre é que, quando os fundadores levantam sua primeira rodada de financiamento institucional, eles podem ter um vesting de até 50%, presumindo que estejam trabalhando na empresa há, no mínimo, dois anos antes do financiamento levantado. No entanto, com o fato de as empresas demorarem mais para abrir o capital atualmente, o trabalho necessário para transformar o negócio em um investimento de risco bem-sucedido só começou.

Infelizmente, é comum vermos casos em que um cofundador vai embora — seja de forma voluntária ou não — quando tem um vesting de 100%, deixando ao outro cofundador o ônus de gerenciar a empresa e criar um valor de longo prazo aos acionistas por muitos e muitos anos. E, embora esse cofundador que ficou possa receber concessões incrementais de ações por seus serviços contínuos do Conselho de Administração, o provável valor financeiro de sua nova participação não será quase nada em comparação com o valor do patrimônio com vesting total que o outro cofundador realizou.

O desabafo do cofundador remanescente é sempre o mesmo: "Estou ralando aqui todos os dias para tentar criar um valor de longo prazo para meus funcionários e investidores enquanto o fulano está vivendo uma vida de celebridade."

Então, o que você pode fazer?

Mais sobre Vesting

A maioria dos fundadores terá direito a 100% de suas ações em um período mínimo de quatro anos. Porém, considerando a jornada muito mais longa que a maioria das empresas com capital fechado precisarão trilhar antes de abrir o capital, os fundadores devem pensar se quatro anos é tempo suficiente. No equity, como a intenção é de fornecer incentivos no longo prazo, então cabe a pergunta se a definição de "longo prazo" precisa ser alterada. Sem dúvidas, é difícil mudar isso, pois a maioria das empresas quer ter políticas consistentes de aquisição progressiva de direitos sobre o negócio [vesting] tanto para seus fundadores quanto para o restante da base de funcionários. E o mercado para o vesting de funcionários permanece, em grande parte, em quatro anos. Porém, como fundador, vale a pena considerar se você deveria ter períodos mais longos de vesting para os fundadores, considerando o provável tempo maior durante o qual é possível criar mais valor e chegar a um evento de liquidez.

Saindo da Empresa

Pense nas circunstâncias pelas quais você e seu cofundador podem ser removidos do negócio. Em muitos casos, os fundadores controlam o Conselho de

Administração, ou seja, eles têm uma maioria de assentos no Conselho e podem, portanto, ser removidos apenas com a concordância do outro cofundador. Isto é, os VCs ou outros membros do conselho não têm votos suficientes para remover os fundadores de seus papéis. Considerando isso, na maioria das vezes, a única maneira de remover um cofundador é se ele decidir sair voluntariamente. Mas provavelmente essa não é uma boa posição na qual se encontrar caso o desempenho de um cofundador não esteja à altura do exigido para transformar o negócio em um sucesso. Assim, é importante considerar, na hora de abertura da empresa, como você e seus cofundadores resolverão tais situações.

Remover um cofundador de seu papel executivo é uma coisa; removê-lo do Conselho de Administração é outra. É comum vermos empresas nas quais os fundadores têm o que são chamados de assentos "inatos" no Conselho. Isso quer dizer que cada fundador tem o direito de estar no Conselho, independentemente da função que esteja desempenhando na empresa e, muitas vezes, sem importar também se ainda é um funcionário dela. A gênese disso é compreensível: os fundadores muitas vezes se preocupam sobre os capitalistas de risco acumularem a maioria dos assentos no Conselho e potencialmente votarem para remover um ou mais cofundadores.

Porém, ao fazer isso, os cofundadores criam um risco de "governar do cemitério": quando um cofundador que não trabalha mais na empresa permanece no Conselho de Administração e possivelmente interfere na habilidade dela de seguir adiante. Para lidar com essa situação, é importante garantir que os assentos do Conselho sejam condicionados a serviços contínuos prestados à empresa como funcionário, e não apenas concedidos a alguém por ter sido cofundador. Isso é algo simples de ser implementado na abertura de uma empresa, muitas vezes é deixado de lado.

Em última análise, a ideia é garantir que o founder equity sirva a seu propósito — criar incentivos de longo prazo — e que as recompensas econômicas do sucesso sejam aprovisionadas àqueles que permanecem na empresa no longo prazo para ajudar a aumentar o valor para os acionistas. E os incentivos estão perfeitamente alinhados aqui entre você (como o cofundador remanescente) e seus VCs: a empresa retém uma participação valiosa de ações a ser concedidas aos funcionários remanescentes que estão de fato contribuindo para o crescimento do negócio.

Restrições de Transferência

Imagine que, além de sair da empresa, seu cofundador está agora em posse de centenas de milhões de dólares em ações de vesting e quer vendê-las de forma privada. Além disso, você está tentando levantar dinheiro para sua empresa — e as ações secundárias de seu cofundador estão competindo com essa demanda.

O que você deve fazer?

A resposta certa é ter uma proteção instituída contra a transferência obtida pela venda de ações da fundação de uma empresa. Isso significa que os acionistas não podem vender sem algum tipo de consentimento da empresa; geralmente é necessária a aprovação do Conselho de Administração. E visto que os fundadores controlam o Conselho em muitos casos de empresas atuais financiadas com capital de risco, essa é uma provisão relativamente inócua a ser implementada: se o cofundador remanescente quiser permitir que o ex-cofundador venda, ele terá os votos suficientes no Conselho para tanto. As restrições de transferência ["blanket transfer"] são feitas para serem permanentes, mas, assim como a maioria das provisões de governança nas empresas de capital fechado, podem ser removidas pela empresa por meio de voto majoritário do Conselho e com uma votação dos acionistas.

Uma vez que o gênio sai da lâmpada, é muito difícil colocá-lo de volta. Por quê? Porque você simplesmente não pode implementar isso em uma data posterior e impor a situação para todos os acionistas existentes. Para implementar as restrições de transferência post hoc, é necessário o consentimento dos acionistas; é improvável obtê-lo, porque você está pedindo que eles abram mão de um direito valioso que já têm.

Embora a maioria das empresas não tenha instituído restrições de transferência, grande parte delas tem uma cláusula de primeira recusa (ROFR, na sigla em inglês). Isso significa que se alguém (nesse caso, um cofundador) estiver tentando vender suas ações, a empresa terá o direito de igualar quaisquer ofertas recebidas e efetuar a compra. Isso é algo bom de se ter, mas, em geral, é insuficiente, pois não impede os cofundadores de venderem as ações por si só. Em vez disso, dá à empresa uma opção de comprá-las, precisando, no entanto, usar seu caixa para isso. Na maioria das startups, esse não é o melhor uso do caixa, e como resultado, grande parte delas abre mão desse direito e permite a realização da venda pelo terceiro.

Aceleração de Vesting

Na maioria dos casos, é claro, o vesting do founder equity está vinculado à sua continuidade na empresa. Lembre-se, toda a ideia do vesting é de que você quer que sua equipe contribua com o sucesso do negócio ajudando a empresa a crescer, e é recompensado com o passar do tempo com uma posição maior de participação no patrimônio que ajudou a criar.

Mas o que acontece quando seu cofundador sai da empresa? Ele deveria continuar no programa de vesting de ações ou deveria haver uma aceleração de vesting? "Aceleração" significa que você decide aumentar a participação dele nas ações além do ponto permitido pelo contrato de vesting. E se você vender a empresa enquanto seu cofundador ainda estiver lá, mas ele se recusar a trabalhar com a adquirente, o vesting deveria ser acelerado?

Enquanto você e seu cofundador estiverem de acordo quanto às circunstâncias sob as quais qualquer um de vocês pode ser removido (e se você estiver confortável com o fato de que a decisão para fazer isso é governada por um processo justo e deliberado), talvez não seja uma boa ideia oferecer a aceleração ou o término do contrato. Provavelmente estará em melhor posição ao poder usar quaisquer participações não incluídas no contrato de vesting para incentivar outros funcionários que ainda estão contribuindo com o sucesso no longo prazo da empresa.

Como isso funciona? O equity [participação acionária] que não está investido no momento em que um cofundador ou um funcionário sai da empresa basicamente perde a validade. Ainda assim, essa participação pode ser retornada à empresa de uma maneira que permita que as ações sejam reemitidas para outra pessoa que esteja atualmente empregada na empresa. Por exemplo, digamos que seu cofundador sai da empresa na qual tem um contrato de 50% de vesting e, portanto, abre mão dos outros 50% de ações. Para nosso exemplo, imagine que esses outros 50% representam 1 milhão de ações. Agora esse 1 milhão de ações pode ser concedido novamente pela empresa a outro funcionário atual, desta forma apresentando um incentivo econômico para aumentar o valor ao acionista.

Todavia, no cenário da aquisição, os fundadores geralmente têm provisões contratuais de aceleração denominadas "single trigger" ou "double trigger". No primeiro caso, as ações do fundador entram no processo de aceleração devido a um evento de fusão ou de aquisição [M&A, na sigla em inglês]; no segundo caso, tanto o fechamento do negócio quanto a decisão da adquirente de não manter o fundador na nova entidade são necessários para a aceleração.

Um single trigger não é ideal para a empresa pelos mesmos motivos de acelerar o contrato de vesting quando a pessoa não está mais na empresa e sem um evento de M&A: você estará consumindo capital para uma pessoa que não contribui mais para o sucesso da empresa. E caso de seu cofundador decida permanecer como funcionário na empresa adquirente, o single trigger será igualmente problemático. A adquirente, é claro, procurará ter um incentivo econômico na forma de ações para convencer seu cofundador a continuar na nova empresa, mas como houve uma aceleração do vesting original, criar esse incentivo exigirá a emissão de mais ações. Isso terá um custo econômico para a empresa adquirente, que, preferencialmente, não gostaria de tê-lo. Caso seu cofundador tenha a opção de fazer a aceleração em um single trigger, a adquirente precisará oferecer mais incentivos em dinheiro ou em ações para retê-lo. Não há almoço grátis: a consideração adicional deve vir de algum lugar quando o preço de compra for fixado.

Um double trigger resolve esse problema. Se a adquirente quiser que seu cofundador permaneça, ela poderá simplesmente continuar o vesting envolvendo suas ações originais como uma condição de sua continuidade. E caso a adquirente decida não estender uma oferta a seu cofundador para fazer parte da equipe pós-aquisição, o double trigger protegerá o cofundador ao acelerar integralmente o vesting de suas ações. Nesse caso, é mais do que justo que ele não seja penalizado ao perder ações que não estavam no contrato de vesting, visto que não teve a opção de permanecer como funcionário na empresa adquirente.

Propriedade Intelectual

Antes de seu coração disparar, vamos fazer uma pausa no assunto de participação acionária e passemos a falar de propriedade intelectual. (Voltaremos a esse assunto, no que se refere aos funcionários, em instantes.)

A propriedade intelectual é o coração da maioria das startups, assim, precisamos protegê-la cuidadosamente.

Visto que muitos fundadores de startups vêm de um trabalho existente, precisamos garantir que não haja nenhum envolvimento de propriedade intelectual com relação ao empregador anterior e que a startup seja a proprietária de todas as invenções. De forma mecânica, fazemos isso ao pedir que os fundadores assinem um contrato de invenção e atribuição. Basicamente, o contrato diz que o fundador está atribuindo à empresa suas próprias invenções, em vez de enumerar uma lista de invenções anteriores que ele alega ter criado.

Contudo, como podemos saber se o fundador não começou a trabalhar nessas invenções enquanto estava em seu trabalho anterior, o que poderia fazer com que acabássemos entrando em um embate processual quanto à propriedade intelectual cinco anos depois, quando nossa tecnologia for comprada pelo Google por US$2 bilhões? Isso faz parte do processo de due diligence que os bons advogados executam ao estabelecer a startup e que os capitalistas de risco farão ao investir na empresa.

Os VCs perguntarão se você desenvolveu a tecnologia durante o horário de trabalho em seu último emprego, se fez uso de itens de propriedade da empresa (como o notebook do trabalho) para desenvolver a tecnologia e se fez o download de qualquer coisa de seu empregador (documentos ou código-fonte) que possa ter influenciado a tecnologia de sua startup. Portanto, a melhor coisa que você pode fazer caso esteja pensando em abrir uma empresa é investir em uma "sala realmente esterilizada" na qual desenvolver sua propriedade intelectual fundacional.

O caso recente da Uber trouxe à luz esses riscos. Anthony Levandowski era funcionário do Google enquanto trabalhava em sua iniciativa de direção autônoma (Waymo). Em 2016, Anthony saiu do Google e abriu uma empresa chamada Otto, que pretendia desenvolver uma empresa de caminhões autônomos.

Logo depois da fundação, a Otto foi adquirida pela Uber para expandir suas próprias iniciativas de veículos autônomos.

Porém, a Waymo alegou que ele havia baixado um grande volume de documentos patenteados antes de sair da empresa e que esses documentos haviam chegado à Uber. Mais especificamente, a Waymo alegava que o CEO da Uber havia conspirado com Anthony para induzi-lo a furtar a propriedade intelectual e disponibilizá-la para a Uber e que, na realidade, a criação da empresa Otto à parte foi uma grande farsa para permitir que a Uber adquirisse a propriedade intelectual da Waymo. O caso foi se arrastando por um tempo até que um acordo foi feito, no qual a Uber pagou US$245 milhões em ações para a Waymo.

O ponto central nesse caso não era tanto se Anthony havia ou não baixado os documentos — parecia que os dois lados acreditavam nisso —, e sim se os documentos de fato haviam chegado à Uber. Foi um caso difícil para a Uber provar: estavam tentando provar um fato negativo, que normalmente não é uma boa posição em um embate processual.

Todavia, a lição primordial para os empreendedores é realmente ter cuidado ao abrir uma empresa logo após terem saído do emprego anterior. O que pode parecer um download inocente de documentos que você quer ter porque representam seu trabalho na empresa anterior pode se tornar rapidamente uma alegação de furto de propriedade intelectual.

E, na maioria das vezes, essas acusações coincidem com um bom evento — provavelmente, uma aquisição. Ou seja, sua empresa anterior pode não perceber ou mesmo se importar muito sobre isso quando você está apenas começando seu próprio negócio, mas quando há muito dinheiro potencial em jogo, tais acusações podem ser levantadas muitos anos no futuro. Planejar-se cuidadosamente pode poupá-lo de muitas dores de cabeça, e até de desgostos, ao longo do caminho.

Pools de Opções para o Funcionário

Muito bem, voltemos ao assunto da participação acionária! A peça final a ser considerada na formação da empresa é a criação de um modelo de remuneração em ações que a startup queira aplicar. Como falamos, na maioria das vezes, as startups querem que seus funcionários sejam incentivados por meio das opções de ações da empresa. Assim, caso o funcionário realize um ótimo trabalho que aumenta o valor da empresa, ele participa desse crescimento. Os incentivos se alinham.

A maneira pela qual as startups fazem isso é criar um "pool de opções para o funcionário". Imagine que os fundadores decidiram que cada um quer ter 50% da companhia. Logo no início, portanto, a participação está dividida meio a meio entre os dois fundadores. Eles, então, percebem que precisam contratar funcionários a quem querem conceder participação na empresa.

Para tanto, criam um pool de opções ao funcionário que equivale a 15% da empresa. (Escolhi meio que arbitrariamente o valor de 15%, mas de fato é a quantidade padrão de um pool de opções para os funcionários no início de uma startup.) Como resultado, a participação na empresa muda: os dois fundadores dividem 85% das ações, e o pool de opções para os funcionários abrange os outros 15%. É matemática simples.

Mas comecemos do princípio: o que são "opções de ações"?

São um contrato que concede ao detentor da opção o direito, mas não a obrigação, de comprar a ação em uma data futura, a um preço especificado. Esse preço é denominado "preço de exercício". Portanto, se uma startup lhe dá uma opção de comprar cem ações a um preço de exercício de US$1 por ação e que essa opção será válida por dez anos, isso significa que, a qualquer momento, durante esses dez anos, você poderá pagar à empresa US$1 por ação (ou US$100 pelo exercício completo da opção) e, assim, adquirir a ação.

E por que você faria isso?

Bem, se você começou na empresa quando a ação valia de fato US$1 e, digamos, quatro anos depois o preço subiu para US$5 por ação, você "acertou em cheio". Quer dizer, você pode pagar apenas US$1 por cada ação que vale US$5, um negócio que queremos realizar o dia todo, todos os dias! O ato de comprar a ação ao preço de exercício é chamado de "exercer" a opção. Se, porém, a ação valer apenas US$0,50, você nunca pagaria US$1 para comprá-la somente para perder dinheiro ao vendê-la por US$0,50. Assim, a "opção" lhe dá a escolha de também não comprar as ações.

Há dois tipos de opções de ações que as startups podem emitir.

Uma é denominada "incentive stock option", ou ISO. Em geral, as ISOs são o tipo mais favorável de opção. Com ela, o funcionário não precisa pagar impostos no momento de exercício sobre a diferença entre o preço de exercício da opção e o valor de mercado da ação (embora às vezes haja casos em que um imposto mínimo alternativo pode entrar em cena). Isso quer dizer que o funcionário pode protelar o pagamento desse imposto até que venda seus ativos subjacentes. Caso ele decida segurar as ações durante um ano a partir da data de exercício (e no mínimo dois anos a partir da data em que recebeu a opção), os ganhos com as ações são qualificados como ganhos de capital para questões tributárias, algo significativamente mais baixo do que a taxa tributária sobre a renda normal.

As "non-qualified options", ou NQOs, são menos favoráveis no sentido de que o funcionário deve pagar imposto no momento do exercício, mesmo que decida permanecer com a ação por mais tempo. E o montante desses impostos é calculado na data do exercício; assim, se o preço da ação vier a cair posteriormente, o funcionário ainda terá de pagar impostos com base no preço histórico mais alto da ação.

Sendo assim, por que as empresas não emitem apenas ISOs?

Bem, há algumas restrições quanto às ISOs, incluindo o fato de haver um limite de US$100 mil em valor de mercado que pode ser emitido para qualquer funcionário em um ano. Obviamente, é um "problema" bom para qualquer funcionário receber a concessão de uma opção tão valorizada assim.

As ISOs também precisam ser exercidas pelo funcionário dentro de noventa dias após ele sair da empresa. À medida que as empresas permanecem mais tempo sem abrir o capital, isso pode criar desafios para os funcionários que deixam seu emprego lá. Eles podem ter ISOs que apreciaram, ou seja, o valor da ação é muito mais alto do que o preço de exercício, mas para exercê-la, é necessário que o detentor da opção pague o preço de exercício do seu bolso. Isso pode ser caríssimo para muitos funcionários; portanto, eles podem ser confrontados com a necessidade de deixar as opções vencerem sem serem exercidas, deixando para trás uma pilha de dinheiro.

Consequentemente, mais empresas estão estendendo o período de exercício de opções após seu vencimento, de noventa dias para um período maior, que pode chegar a sete anos. Isso tem o efeito negativo de converter automaticamente as ISOs em NQOs (pois viola a regra de noventa dias após o vencimento exigida para as ISOs), mas ainda dá aos funcionários uma janela muito mais ampla durante a qual exercer suas opções de ações após saírem da empresa.

Falamos sobre o vesting de opções de ações no contexto dos fundadores, mas é igualmente aplicável à base mais ampla de funcionários. Lembre-se de que, afinal, todas essas opções de ações têm a intenção de serem incentivos em longo prazo para que os funcionários permaneçam na empresa, diferentemente da natureza de curto prazo de um salário-base ou de um bônus em dinheiro.

A maioria dos contratos de vesting de opções de ações dura quatro anos. Há diversos extras que podem ser aplicados às opções, mas o mais comum é um "cliff vest" de um ano — ou seja, se o funcionário sair antes de completar um ano de emprego, ele não ganha nada —, seguindo por vestings mensais ao longo dos três anos seguintes a uma taxa de 30/60 por mês. Dessa forma, ao fim do período de quatro anos, o funcionário está livre para sair e levar as opções de ações consigo.

O Novo Normal dos IPOs Mais Longos

Mas por que quatro anos, e o que fazemos depois disso, levando em conta o fato de que queremos a permanência dos funcionários? Veja, quatro anos é realmente um anacronismo vindo dos dias em que as empresas abriam seu capital em torno de quatro a seis anos depois de sua fundação. A teoria era a de que o funcionário médio começava na empresa nos primeiros anos após a fundação e que poderia vender suas ações na bolsa de valores com o direito adquirido de suas opções; com um período menor para o IPO, a maioria das opções de funcionários se encaixa nesse paradigma.

Contudo, como vimos anteriormente, o tempo até o IPO para a maioria das startups foi alongado de maneira substancial, em muitos casos para dez ou mais anos depois da fundação. Assim, há complexidades introduzidas no vesting que os empreendedores modernos precisam enfrentar.

Qual foi o motivo de haver um aumento grande no tempo necessário até o IPO para as empresas financiadas com capital de risco?

Primeiro, os fatos: cerca de duas décadas atrás (de 1998 a 2000), costumávamos ter trezentos IPOs por ano nos EUA. Desde então, essa média caiu para menos da metade, para um pouco mais de cem por ano. Como resultado, o número de ações listadas nas bolsas de valores dos EUA caiu 50% ao longo dos últimos vinte anos.

Além do número total decrescente de IPOs, o *tipo* de candidatas ao IPO também mudou. "IPOs de small caps", ou seja, as empresas com menos de US$50 milhões em receitas anuais na época do IPO, foram reduzidas nesse mesmo período de vinte anos de mais da metade de todos os IPOs para apenas 25% do total; mais dinheiro está sendo levantado para empresas maiores, e não para as menores.

Embora essa tendência esteja clara, não podemos dizer o mesmo sobre como chegamos a essa situação. Os especialistas e aqueles que estudam esse tipo de coisa na verdade têm opiniões distintas sobre o porquê da escassez de IPOs, com teorias que variam amplamente, como você pode ver a seguir.

1. É muito caro abrir o capital

Depois da bolha pontocom, o Congresso dos EUA aprovou em 2002 a Lei Sarbanes-Oxley. Essa legislação foi desenvolvida com a intenção de aumentar a robustez das divulgações financeiras das empresas de capital aberto para garantir que os acionistas estejam bem informados sobre o real estado financeiro dessas empresas. Foi uma lei bem intencionada, mas também teve o efeito de aumentar os custos de abertura de capital da empresa para passar a ser negociada nas bolsas, principalmente ao acrescentar controles e relatórios financeiros internos exigidos sob a legislação.

Portanto, continua o argumento, menos empresas decidem abrir seu capital devido aos custos aumentados do compliance regulatório. E as que abrem seu capital esperam até que estejam muito maiores para que possam amortizar tais custos ao longo de uma base muito mais ampla de ganhos. O mais importante: o dinheiro gasto com o compliance regulatório poderia ser usado em investimentos iniciais em pesquisa e desenvolvimento. Isso é especialmente relevante para as empresas financiadas por capital de risco, visto que destinam uma quantia significativa de suas despesas para o desenvolvimento de engenharia.

2. As regras de eficiência afetam desproporcionalmente as empresas menores

Em 1997, a SEC começou a promulgar diversas regras — Regulation ATS (Alternative Trading System), Decimalization and Regulation NMS (National Market System) etc. —, elaboradas para aumentar a eficiência de trading [negociação] das ações. Os objetivos eram louváveis: basicamente, a SEC queria aumentar a eficiência geral do mercado de ações ao criar mais concorrência e, com isso, reduzir os custos de comprar e vender ações. E deu certo: o mercado de valores mobiliários dos EUA, como um todo, é altamente eficiente e líquido.

Contudo, essa mesma eficiência afetou de modo desproporcional a dinâmica de trading para as empresas com capitalizações menores, resultando em um volume menor de negociações. As diversas regras encareceram muito para aqueles que desempenham um papel importante na facilitação da negociação de ações de small caps — que incluem analistas de pesquisa que publicam informações sobre as empresas, traders [operadores de mercado] que assumem posições na ação e vendedores que comercializam a ação para investidores institucionais — ao reduzir os lucros associados a essas atividades. Como resultado, o mercado de negociação de ações de small caps é qualquer coisa, menos líquido. E as small caps estão relutantes em abrir seu capital com medo de ficarem presas em um ambiente ilíquido de negociação no qual é dificílimo levantar mais capital nos mercados de valores mobiliários para promoverem o crescimento de suas empresas.

3. Os fundos mútuos são maiores e, portanto, gostam de empresas maiores

Os fundos mútuos, como o Fidelity e o Vanguard, são a principal forma pela qual a maioria das pessoas acessa as ações de empresas de capital aberto. Os fundos são pagos com base no total de ativos que estão gerenciando; sendo assim, quanto maior a base, mais dinheiro ganham. E a quantidade de ativos geridos pelo setor de fundos mútuos de fato cresceu: 16 vezes de 1990 a 2000 (alcançando US$3,4 trilhões em ativos) e mais 5 vezes desde 2000 (chegando a US$16 trilhões em ativos em 2016).

Por que isso é importante? Quando os fundos mútuos ficam grandes, ele são motivados a focar as ações de grande capitalização de mercado ["large caps"], altamente líquidas, pois precisam conseguir colocar grandes quantias de dinheiro para trabalhar nas ações individuais. Fazer isso com as ações menos capitalizadas não é tão escalável. Dessa forma, as posições dos fundos mútuos tendem a se concentrar em empresas large caps, à custa das small caps.

4. Há formas alternativas de financiamento privado por aí

Obviamente, neste livro estamos falando sobre fundos de capital de risco como os principais financiadores de startups. E é verdade. Porém, ao longo dos últimos cinco anos, conforme as startups permanecem mais tempo sem abrir seu capital, o cenário de investidores privados que agora investem em estágios mais tardios do desenvolvimento de uma empresa de capital fechado se alargou, incluindo fundos mútuos abertos ao público, fundos de hedge, firmas de buyout, fundos soberanos, family offices e até os tradicionais endowments e fundações. Essa disponibilidade de capital privado, argumentam alguns, suplantou a necessidade de as empresas abrirem seu capital.

O fenômeno é real, mas não responde à questão de causa e efeito, ou seja, os investidores em mercados de empresas de capital aberto entraram para os mercados privados porque as empresas estão decidindo permanecer mais tempo com o capital fechado, atrasando sua entrada nos mercados abertos ao público? Ou, se abrir o capital fosse mais atraente para as empresas que ainda não o fizeram, será que de fato o fariam e eliminariam a necessidade das rodadas maiores de capital privado? Embora pareça ser um pouco o tipo de questão de quem veio primeiro, o ovo ou a galinha, os dados apontam que a média de idade das empresas, da fundação até o IPO, começou a aumentar (de seis anos e meio para dez anos e meio) e o número anual de IPOs começou a diminuir anos antes de os financiamentos robustos de capital privado e nos estágios finais se tornarem disponíveis.

5. Há muita pressão atualmente sobre as empresas de capital aberto

O aumento de investidores ativistas também recebe parte da culpa pela falta de IPOs. São aqueles que compram a ação de uma empresa negociada na bolsa e tentam promover mudanças que aumentem o valor da ação. Tais mudanças incluem a apresentação de novos membros do Conselho de Administração, que por sua vez podem fazer alterações na liderança da empresa. Assim, por que passar por essas pressões como empresas de capital aberto se há capital suficiente disponível nos mercados privados para permanecer mais tempo sem abrir o capital?

Mantenha o Capital Fechado e a Motivação Aberta

Independentemente de como chegamos aqui, o fato crucial sobre o qual você, como fundador, deve pensar a respeito é que provavelmente será uma empresa de capital fechado por um tempo substancialmente maior do que talvez tenha previsto. Como observado anteriormente, é possível que seu capital permaneça fechado por dez ou mais anos.

E se leva todo esse tempo para abrir o capital de uma empresa, presumivelmente queremos que os bons funcionários permaneçam conosco por mais tempo, para nos ajudar a levar a empresa até esse marco. Portanto, a ideia geral sobre se um contrato de vesting de quatro anos faz sentido está aberta a debate. Mas por saber que é difícil para as startups ficarem fora do mercado, em um ambiente competitivo de emprego, por introduzirem períodos mais longos de vesting, não é comum vermos as empresas estendendo o período desses contratos.

No entanto, em vez de períodos mais longos de vesting, a maioria das empresas utiliza alguma forma de atualização de concessão de opções para os funcionários com alto rendimento. Isto é, talvez no fim do segundo ano (quando metade do vesting das opções originais das ações se cumpriu), a empresa possa compensá-los com uma nova concessão de opções que poderão ser exercidas integralmente depois de quatro anos. Assim, os bons funcionários podem ter uma certa quantidade de opções ainda a serem resgatadas, o que mostra ser um inventivo econômico maior para a retenção em prazos mais longos.

Embora as "atualizações" sejam, em geral, menores do que as concessões originais, há rumores de que a Tesla tenha invertido isso. A opinião da companhia é a de que sabemos menos sobre a capacidade de um funcionário no momento em que é contratado; afinal, a maioria das empresas se baseia em entrevistas, que as pesquisas demonstraram ser fraquíssimas para prever o sucesso final de um funcionário na empresa. Sabemos muito mais sobre o funcionário depois que ele de fato começa a trabalhar na empresa, acrescentando (ou não) valor à organização. Sendo assim, a Tesla geralmente oferece concessões menores de opções de ações a seus funcionários no momento da contratação e, para os funcionários com os melhores rendimentos, são concedidas quantidades cada vez maiores de opções como parte de seu programa de atualizações.

Muito bem, agora já formamos a nossa C corp e decidimos sobre a alocação inicial da participação acionária entre os cofundadores e o pool de opções de ações para os funcionários. Chegou a hora de levantarmos dinheiro com um capitalista de risco. Para a metade de vocês, leitores, essa frase os deixa completamente animados e entusiasmados. A outra metade acabou de começar a suar de nervoso. Não se preocupe, vou lhes mostrar o passo a passo e oferecer a verdade, a transparência e os insights que, espero, ajudem a fazer com que sua próxima reunião com um VC aconteça de forma muito tranquila.

CAPÍTULO 7

Levantando Fundos com um VC

Antes que você fique todo animado achando que é agora que eu lhe darei o e-mail secreto de Andreessen, este capítulo apenas faz as perguntas fundamentais: você deve levantar capital de risco? Se sim, quanto? E em qual valuation?

Depois que tratarmos disso, no Capítulo 8, entraremos nos detalhes mais prescritivos (e, para alguns, mais sexy) da abordagem sobre *como* fazer sua apresentação a um VC.

Porém, você não estará pronto para essa apresentação até saber o que e quanto deseja e por quê.

À primeira vista, a resposta a essas perguntas parece muito óbvia: levantar o máximo de dinheiro possível no maior valuation possível para fazer sua empresa crescer. John Doerr fez uma conhecida comparação entre levantar fundos e participar de um coquetel. Quando o garçom se aproxima com a bandeja de salgadinhos, você sempre deve pegar um. O motivo é que você nunca sabe quando o garçom passará por você novamente durante o restante da festa. De igual modo, o tempo certo para levantar capital é quando o capital está disponível; quem sabe se o garçom que lhe traz o dinheiro voltará a passar ao seu redor quando você decidir que de fato quer levantar fundos?

Contudo, vamos conversar primeiro para ver se você ao menos está no coquetel certo...

O Capital de Risco É para Você?

Comecemos com a decisão de levantar fundos e, mais especificamente, visto que você está lendo este livro, com a decisão de levantar fundos com os VCs. Espero que agora você tenha uma compreensão melhor sobre a "empresa ajustada ao capital de risco". Assim como o produto ajustado ao mercado, quando nos preocupamos com o nível em que seu produto satisfaz uma necessidade específica do mercado, você precisa determinar se sua empresa é apropriada para o capital de risco.

Falamos anteriormente sobre a regra magna do investimento de capital de risco: tudo começa e termina com o tamanho do mercado. Não importa o quanto sua empresa seja interessante ou intelectualmente estimulante, se o tamanho final da oportunidade não for grande o bastante para criar uma empresa independente, que se autossustenta e com escala suficiente, ela pode não ser uma candidata para o financiamento de capital de risco.

Admito que regras gerais são supergeneralizações e uma forma meio que rudimentar de simplificar temas complexos. No entanto, como norma geral, você deve convencer, de forma crível, a si mesmo (e seus potenciais VCs) de que a oportunidade de mercado para sua empresa é grande o suficiente para conseguir gerar um alto e lucrativo crescimento, uma empresa que chegue a valer diversas centenas de milhões de dólares ao longo de um período de sete a dez anos.

Não há uma mágica para qualquer um desses números, mas se você pensar sobre o que é necessário para se tornar uma empresa listada na bolsa, essas características financeiras (ao menos no mercado atual) poderiam sustentar uma capitalização de mercado de diversos bilhões de dólares. Dependendo do nível final de participação do VC na empresa nesse momento, os retornos que ele receberá sobre os investimentos devem ser significativos o suficiente para alterar os índices econômicos gerais do fundo.

Seu Mercado Não É Tão Grande: E Agora?

E se a oportunidade de mercado não tiver essa escala? Isso não faz de você uma pessoa ruim ou de sua empresa um mau negócio. Infelizmente, muitos fundadores podem se sentir assim. Você pode estar administrando empresas que valem muitos milhões de dólares com lucros excepcionais e viver uma vida feliz, rica e influente. A sua empresa pode estar ajudando pessoas, enriquecendo ou até salvando vidas e, ainda assim, não ser ideal para levantar capital de risco. Tudo isso significa que talvez você precise pensar de maneira diferente sobre onde e como levantar capital, e imaginar uma outra abordagem.

Por exemplo, há fundos menores de capital de risco (em geral, com menos de US$100 milhões) que investem em estágios muito iniciais nas empresas, e seu modelo de negócio é sair delas principalmente por meio de aquisições com valuations finais mais baixos. Esse tipo de firma pode ser mais apropriada para sua oportunidade caso o tamanho de mercado não tenha suporte para uma empresa independente. Nem todos os fundos pequenos adotam essa estratégia; há muitos investidores-anjos e semente que, apesar de seus montantes menores de investimento, também estão no jogo de "rebatidas por home run". Sendo assim, você deve entender, logo no início, a estratégia central de sua potencial parceria. E falamos anteriormente também sobre pegar empréstimos com bancos, assim como outras possíveis fontes de capital nessas situações.

A questão é simplesmente que o capital de risco pode não ser, em todos os casos, a fonte certa de capital para você. Pode não ser a ferramenta adequada para o serviço.

O que isso significa? Bem, como você aprendeu (espero eu) com a leitura deste livro até aqui, os VCs também são pessoas, reagindo aos incentivos que são criados para eles. Esses incentivos, apresentados de forma simples (e considerando apenas os financeiros), são estes:

1. Criar um portfólio de investimentos, com a compreensão de que muitos não darão certo (em sua totalidade, ou darão certo apenas com restrições) e que um número pequeno gerará a principal fatia dos retornos financeiros para determinado fundo; e

2. Transformar ainda mais esses grandes retornos financeiros em caixa dentro de um período de dez a doze anos para recompensar suas parcerias limitadas, com a esperança de que elas deem novamente dinheiro aos VCs para reiniciarem o jogo na forma de um novo fundo.

Esse é o ciclo de vida do capital de risco que analisamos anteriormente.

E mesmo que sua empresa *seja* adequada para o capital de risco (principalmente por causa da oportunidade de tamanho de mercado, além de outros fatores), ainda é preciso decidir se *você* quer seguir as regras do jogo que os capitalistas de risco definem. Isso quer dizer dividir a participação na empresa com um VC, compartilhar controle e governança no Conselho de Administração e, em última análise, entrar em um casamento que provavelmente durará pelo mesmo tempo que a média de um casamento "de verdade". (O fato é que essa média é de oito a dez anos nos EUA... faça o que quiser com essa informação.)

Quanto Dinheiro Você Deve Levantar?

Agora, presumindo que você tomou a decisão de utilizar o capital de risco, quanto dinheiro deve levantar? A resposta é: *levante o máximo possível de dinheiro que lhe permita alcançar com segurança os marcos necessários para a próxima rodada de investimento.*

Em outras palavras, o conselho que normalmente damos aos empreendedores é o de considerar sua próxima rodada de financiamento quando estiver levantando a rodada atual. O que você precisará demonstrar para o investidor da próxima rodada que mostre como você conseguiu eliminar exitosamente os riscos da empresa, de modo que ele esteja disposto a colocar mais dinheiro na empresa a um preço que reflita adequadamente o progresso que você obteve desde a última rodada?

São muitas palavras! Vamos por partes.

Em geral, a maioria dos empreendedores nos estágios iniciais de suas empresas levanta novo capital a cada 12 a 24 meses. Essas definições de tempo não são imutáveis, mas refletem a convenção geral no mundo das startups e os períodos razoáveis de tempo durante os quais progressos significativos podem ser feitos no negócio.

Portanto, se você estiver levantando sua primeira rodada de financiamento (normalmente denominada Série A), é importante obter uma quantia que lhe dê margem suficiente para alcançar os marcos de que precisará para conseguir exitosamente mais capital na próxima rodada (Série B) em um valuation (espero eu) maior que na rodada A.

Quais são esses marcos? Bem, eles variam bastante, dependendo do tipo de empresa, mas para nosso exemplo, imaginemos que você está criando uma empresa de softwares. O investidor da Série B provavelmente quer ver que, no mínimo, a versão inicial do produto está pronta (não a versão beta, mas o primeiro produto comercialmente disponível, muito embora o conjunto de atributos ainda esteja incompleto, obviamente). Ele vai querer que você demonstre engajamento com consumidores e tenha contratos com empresas que, de fato, estão dispostas a pagar pelo produto que você criou. Provavelmente, você não precisa ter US$10 milhões em clientes empresariais, mas algo em torno de US$3 milhões a US$5 milhões será o bastante para atrair o interesse de um investidor da Série B a ponto de ele fornecer um novo investimento.

Em caso positivo, então a decisão que você precisa tomar na rodada A é quanto dinheiro será necessário levantar para lhe dar uma chance realista de alcançar esses marcos em um período de um a dois anos, antes de tentar levantar a rodada B. Certamente, isso é, em parte, um exercício de planilha, mas também inclui aquele seu sexto sentido, como CEO, de ter uma margem de reserva para as coisas que podem não sair como planejadas (porque as coisas *nunca* seguem exatamente o plano).

Uma boa pergunta a ser feita aqui é: por que não levantar todo o dinheiro de que você precisa para a empresa de uma vez só e esquecer essa ideia de estágios por rodadas? Bem, em primeiro lugar, uma empresa bem-sucedida de softwares que chega a abrir seu capital provavelmente levantará no mínimo US$100 milhões (e, em alguns casos, vários múltiplos disso), então não há muitos VCs que darão tal quantia de dinheiro logo de cara.

Mais provavelmente, mesmo se você conseguisse levantar esse dinheiro, os termos sob os quais faria isso — em particular, o valuation que receberia e, assim, o quanto de participação da empresa teria que vender — seriam caríssimos. Separar o capital em estágios permite a você, o empreendedor, obter o benefício dos aumentos no valuation da empresa à medida que elimina os riscos da oportunidade e concede ao VC a capacidade de reequilibrar sua exposição total de capital à empresa com base na realização desses marcos.

Em outras palavras, caso você realize os objetivos estabelecidos na época da rodada A, o investidor em sua rodada B lhe pagará por esse sucesso na forma de um valuation maior. Isso significa que você precisará vender menos participação da empresa por dólar de capital que está levantando. Nesse caso, você e seus funcionários estarão em melhores condições: você terá o capital necessário para fazer a empresa crescer, e o custo desse capital será menor do que teria sido caso tivesse levantado mais dinheiro do que o necessário em um estágio mais inicial.

A outra consideração com relação à quantia de capital a ser levantada é o desejo de manter o foco na empresa ao forçar reais sacrifícios econômicos durante os estágios mais formativos do desenvolvimento da empresa. A escassez é realmente a mãe da invenção. Acredite se quiser, ter dinheiro demais pode ser uma sentença de morte para as startups em estágios iniciais.

Como CEO, você pode ficar tentado a aprovar projetos que não agreguem tanto valor ao desenvolvimento de sua empresa; e explicar para sua equipe por que não é possível criar algo ou contratar outra pessoa, quando todos sabem que você está nadando em dinheiro, é mais difícil do que parece.

Ninguém está sugerindo que você viva à base de macarrão instantâneo e durma no chão, mas ter uma quantia finita de recursos ajuda a refinar quais são, de fato, os marcos cruciais para uma empresa e garante que cada investimento seja considerado tendo em vista seu custo de oportunidade.

...E em qual Valuation?

Falaremos *muito* mais sobre valuation quando chegarmos à mecânica do term sheet, mas eu seria negligente se não mencionasse o valuation nesta seção, visto que ele é uma parte fundamental da pergunta "Quanto dinheiro devo levantar (e em qual valuation)?" É claro, você pode dizer que deveria levantar o dinheiro no maior valuation possível pelo qual conseguir um VC para investir. Mas essa nem sempre é a resposta correta.

Talvez seja isso o que você esperaria que um VC dissesse; afinal, um capitalista de risco se beneficia economicamente por pagar um valuation menor. Mas continue comigo, pois há considerações importantes aqui.

Lembre-se da análise que acabamos de fazer — que a rodada atual de financiamento deveria ser orientada pelos marcos necessários para chegar à próxima rodada de financiamento *em um valuation mais alto que reflita o progresso (e a eliminação de riscos) da empresa*. Se você permitir a si mesmo ou a um VC supervalorizar a empresa na rodada atual, aumentará o grau de exigências que deverão ser cumpridas para conseguir a rodada seguinte e ser pago pelo progresso conquistado. Afinal, talvez seja possível escapar ileso de uma supervalorização em uma rodada (ou mais de uma), mas em algum momento, seu valuation precisará refletir o progresso real da empresa.

Tive a conversa a seguir com muitos fundadores ao longo dos anos: "Eu mais do que dobrei o tamanho de minha empresa desde a última rodada de investimento, mas o valuation que estou recebendo na rodada atual é muito menor do que o dobro do valuation da rodada anterior. Como pode?"

Veja bem, o que acontece é que sua próxima rodada de valuation não é uma função da última rodada. Na verdade, ela reflete o estado atual da empresa e como ela é avaliada dentro do estado atual do mundo do financiamento.

Sendo assim, algumas coisas podem ter acontecido. Primeiro, as métricas de valuation pelas quais a empresa está sendo avaliada podem ter mudado. Por exemplo, se os mercados de ações caíram desde sua última rodada de financiamento e, dessa forma, eles avaliam uma empresa madura por meio de uma métrica de valuation menor do que antes, seu valuation também pode ser afetado. Em outras palavras, o ambiente do mercado sem dúvidas causará um impacto no valuation de sua startup.

Segundo, embora você possa ter dobrado o tamanho de sua empresa, o novo investidor pode ver seu último valuation e ficar com o sentimento de que você recebeu créditos antecipados por esse tipo de sucesso. Como resultado, ele pode decidir que triplicar é o novo duplicar; ou seja, o novo investidor não está tão impressionado assim com o fato de você ter apenas dobrado seu negócio depois da última rodada de valuation e de recursos de capital; ele esperava mais.

Consequentemente, algo muito importante a fazer como empreendedor — presumindo que você decida se otimizar para o valuation — é garantir que levantará uma quantia suficiente de dinheiro que lhe dê tempo de sobra para alcançar as expectativas agora mais altas que os investidores da próxima rodada podem ter. Um grande erro que nós, da a16z, vemos os empreendedores cometerem é levantar uma quantia pequena demais com um valuation muito agressivo, algo do qual você deve passar longe. Isso estabelece uma marca muito elevada para o valuation, mas sem os recursos financeiros para conseguir alcançar os objetivos da empresa, necessários para levantar de forma segura sua próxima rodada bem acima da rodada atual de valuation.

Terceiro, a concorrência influencia o valuation. Gostemos ou não de admitir, o valuation é mais arte do que ciência, e o "calor da negociação" pode levar os VCs a pagarem mais do que pensariam ser o adequado para uma empresa em determinado estágio. E um valuation maior na última rodada pode espantar a concorrência. O potencial investidor da rodada B pode gostar da empresa, mas, ao ver o valuation que você obteve na última rodada, temer que não conseguirá atingir suas expectativas para a rodada atual. Infelizmente, muito disso não é mencionado, sendo o resultado de as pessoas interpretar as expectativas das outras sem o engajamento em um diálogo pleno, mas acontece mesmo assim.

E se houver um número suficiente de investidores que se recusa a fazer ofertas em sua empresa na rodada B por temer ofendê-lo ao não conseguir alinhar seu progresso na empresa com o aumento proporcional no valuation, você não conseguirá gerar concorrência para a rodada. E, normalmente, essa é uma situação muito ruim.

Uma objeção óbvia ao que estou dizendo — caso você ainda não esteja se opondo a meus argumentos para não esticar muito o valuation por achar que estou sendo egoísta — é que tudo isso é interessante, mas não importa. Quer dizer, se eu conseguir o benefício da supervalorização em uma rodada e depois pagar o preço por isso na rodada seguinte ao obter uma subvalorização, não estarei em uma situação melhor?

Ao levantar dinheiro com um VC, a transação acontece assim: o VC lhe dá o dinheiro vivo, e você lhe concede uma participação que corresponde aos termos de valuation com os quais vocês dois concordaram. Por exemplo, se o VC concordou em investir US$5 milhões na empresa em troca de 20% das ações, ele daria essa quantia à empresa, e esta lhe emitiria uma quantidade de ações que correspondessem a 20% do capital total. Sendo assim, quando falamos sobre diluição, nesse exemplo, você, seus funcionários e quaisquer outros acionistas da empresa estão sendo "diluídos" em 20%; ou seja, se você tinha 10% de participação na empresa antes dessa rodada de investimento, terá 8% depois dela.

Na maioria dos casos, é claro, as empresas continuam levantando rodadas subsequentes de financiamento, em geral com quantias cada vez maiores de capital levantado e (esperamos) com valuations substancialmente mais altos. Portanto, se você levantasse US$20 milhões posteriormente em troca de 10% de participação na empresa, todos teriam suas participações diluídas em mais 10%. Sua fatia de 8% passa agora a ser de 7,2%.

Desse modo, a objeção lógica a meus comentários relacionados ao valuation é: se eu supervalorizar a empresa na primeira rodada e for diluído em menos de 20%, quem se importa se eu tiver que pagar as consequências disso com um preço subvalorizado na segunda rodada, desde que ainda permaneça com os 7,2% em qualquer caso?

Admitamos por um segundo que, em teoria, suas contas estejam certas; há algo mais profundo em andamento e que é crucial. As expectativas e o sentimento dos funcionários importam muito para o desenvolvimento de uma empresa. Ótimos funcionários que têm diversas oportunidades de emprego querem trabalhar para ótimas empresas nas quais podem atingir seus objetivos pessoais de crescimento. Quando uma empresa está indo bem em todos os aspectos — contratação e desenvolvimento de pessoal, objetivos de consumidores, de produtos e financeiros —, é fácil reter e motivar os funcionários. Afinal, quem não adora estar em um time vencedor no qual o crescimento da empresa é traduzido em crescimento de carreira?

No entanto, se a empresa de fato estiver no caminho para atingir seus objetivos e, de repente, se deparar com uma decepção no levantamento de fundos, as coisas podem ficar complicadas. Em especial, o valuation da empresa é o ponto de referência externo altamente visível que todos os funcionários usam (queira você ou não) como uma métrica do sucesso provisional. O ímpeto pode parecer que está esmorecendo, e talvez os funcionários comecem a se perguntar se tudo o que você lhes disse como CEO sobre quanto progresso a empresa está fazendo é realmente verdade. No mínimo, agora você deve explicar por que suas parcerias de financiamento avaliam seu progresso de forma diferente do que você ou outros na companhia o fazem.

Eu passei por isso. Quando entrei na LoudCloud, em 2000, as coisas não poderiam estar melhores. Estávamos no alto do que acabou sendo a "mania pontocom", e a empresa estava a todo vapor. Contratávamos funcionários rapidamente, fazíamos crescer nossa base de consumidores e expandíamos o impacto do negócio: tudo estava acima das expectativas.

Quando comecei a trabalhar lá, minha primeira função foi levantar mais capital para permitir que continuássemos em nosso caminho de crescimento. Em parceria com os outros membros da equipe executiva, conseguimos levantar US$120 milhões com um valuation de US$820 milhões em junho de 2000. Isso, a propósito, foi para uma empresa com apenas nove meses de idade! Nossa rodada anterior de financiamento, em setembro de 1999, foi de US$21 milhões com um valuation de US$66 milhões. Estávamos nos sentindo muito bem com isso, ao passo que nosso CEO (Ben Horowitz) e eu nos preparávamos para uma reunião geral na qual analisaríamos os resultados do levantamento.

Contudo, em vez de chegarmos ao fim da reunião aplaudidos de pé, a primeira pergunta que nos fizeram foi: "Como é que vocês não conseguiram um valuation de US$1 bilhão?" O fato era que uma empresa em nosso mesmo grupo de startups (a StorageNetworks) havia levantado dinheiro um mês antes com um valuation de US$1 bilhão. Então, o âmago da pergunta era "Se vocês são tão inteligentes, por que não são tão ricos quanto os caras da outra empresa?"

Tenha em mente que nenhum de nós havia criado a expectativa de que conseguíramos levantar fundos com um valuation de US$1 bilhão. Mas isso não importava. Nossos funcionários tinham dados que, no mínimo, fizeram com que alguns deles pensassem que nós havíamos ficado abaixo da expectativa em termos do que definia "alto nível" naquele ambiente de financiamento.

Nós nos recuperamos disso — e certamente a bolha pontocom foi uma época maluca —, mas serviu para nos recordar de três lições muito importantes. A primeira é que os funcionários julgam o sucesso da empresa, ao menos em parte, com base na métrica externa do valuation em uma rodada de financiamento. A segunda é que, mesmo se o valuation parecer ótimo no sentido absoluto (ou no relativo, comparado com sua rodada anterior), os funcionários provavelmente o compararão com o valuation de outras empresas que levantaram dinheiro recentemente, em muitos casos não importando se tais empresas são pontos relevantes de referência. A terceira é: nunca subestime o valor de sempre manter o ímpeto na empresa, e uma métrica disso pode ser uma rodada bem-sucedida de financiamento. E, no caso da LoudCloud, nem estávamos falando sobre um valuation mais baixo do que na rodada anterior, tampouco sobre um aumento modesto nele; essas coisas podem ser debilitantes para as empresas, e normalmente é difícil de se recuperar delas.

Em última análise, a melhor história para você, como CEO, é conseguir apontar para o proverbial ponto "no alto e à direita" no gráfico de valuation. Se seu valuation for inconsistente com a história de sucesso que estiver contando sobre a empresa, provavelmente precisará dar algumas explicações. E mesmo se a explicação for honesta e verdadeira, será muito melhor nunca precisar ter de se explicar para início de conversa.

Até aqui, falamos sobre situações abaixo do ideal, mas ainda aceitáveis, nas quais você levanta capital a um preço mais alto do que na rodada anterior, só que menos do que você ou outros na empresa possam ter previsto. A coisa realmente se complica quando você não consegue levantar dinheiro de jeito nenhum ou quando o levanta com um valuation abaixo daquele obtido na rodada anterior. Falaremos mais sobre as implicações disso quando tratarmos da parte econômica do term sheet. Eu continuo adiando falar sobre ele porque ainda temos muito a estudar, mas logo mais chegaremos nele. Quando vir os Capítulos 9 e 10, saberá a que me refiro. (Já vai preparando seu café!)

CAPÍTULO 8

A Arte da Apresentação

Para muitos empreendedores, o ato de apresentar sua empresa para um capitalista de risco pode ser angustiante. Afinal, você está no ponto mais vulnerável de sua carreira profissional. Provavelmente saiu do emprego que lhe garantia uma renda constante e teve de convencer seu cônjuge de que tudo isso, mais cedo ou mais tarde, resultaria em uma maior segurança financeira para a família. Porém, enquanto isso (ou seja, nos próximos dez ou mais anos), você terá de viver de forma econômica, não poderá sair de férias, terá de trabalhar muito mais do que jamais trabalhou, seu sono será irregular (meu sócio Ben destacou, em seu livro sobre sua experiência como CEO de uma startup, que ele dormia como um bebê todas as noites: acordava chorando a cada poucas horas) e, a cereja do bolo, precisará implorar aos VCs que financiem esse glamouroso estilo de vida. Parece divertido, não?

Presumo que, se continua firme na leitura, você está realmente determinado a seguir em frente. Sendo assim, aqui vamos nós.

Um Pé Lá Dentro

Comecemos falando sobre como conseguir a oportunidade de apresentar seu negócio [em inglês, "pitch"]. A maioria dos VCs tem sites que fornecem um e-mail por meio do qual você pode entrar em contato caso tenha uma ideia para um negócio. No entanto, como é o caso de muitas empresas, esse não é o caminho recomendado para conseguir seu lugar perante um tomador de decisão.

Diferentemente dos trabalhos normais que oferecem as vagas e os processos de inscrição, os capitalistas de risco não têm tal estrutura. Mas há estruturas informais que disponibilizam uma função semelhante.

Os investidores-anjo ou semente são, em geral, uma fonte importante de referência para os VCs. Ajuda o fato de que eles chegam primeiro que os VCs, pois normalmente investem em um estágio inicial do desenvolvimento da empresa, algo que um VC tradicional não costuma fazer. Sendo assim, muitos VCs desenvolvem contatos com investidores-anjo ou semente, com quem convivem em um relacionamento simbiótico no mundo do capital de risco. Os investidores-anjo ou semente têm um interesse direto em ver as empresas nas quais investiram levantar capital adicional (e geralmente maior) com os VCs mais adiante no processo, e os VCs estão interessados em uma reserva com uma boa curadoria de oportunidades interessantes nas quais investir.

Os escritórios de advocacia tendem a ser canais importantes para as firmas de capital de risco. Como vimos anteriormente, é comum que a primeira parada ao longo da jornada empreendedora seja no escritório de seu advogado, para formar a empresa em si. Desta forma, assim como os investidores-anjo ou semente, os advogados atuam antes dos VCs no processo e estão em uma posição de vislumbrar oportunidades em seu estado mais nascente. Os advogados também estão motivados a apresentar seus melhores clientes de startups aos VCs, visto que mais financiamento institucional para eles significa que poderão se tornar clientes de longo prazo do escritório de advocacia.

Se nenhum desses caminhos estiver disponível para você, "dê seus pulos". (Por favor, considere também a diferença entre dar seus pulos e se tornar invasivo.) Você deve ser criativo o suficiente para descobrir alguém que conheça alguém que tenha algum contato com um VC. Embora eu reconheça que isso possa ser desafiador em alguns casos, é um grande teste de sua coragem como CEO de uma startup. Se não conseguir achar uma maneira criativa de chegar a um VC, então como conseguirá, por exemplo, abrir portas para chegar até o executivo sênior de um potencial cliente seu?

Sua habilidade para conseguir que alguém lhe apresente a um VC, embora não seja um requisito, normalmente é um método de triagem que os VCs usam para avaliar sua garra, sua criatividade e sua determinação, cada uma dessas sendo características importantes de um fundador de sucesso.

É importante destacar aqui que há *centenas* de excelentes publicações em blogs, podcasts e conferências sobre networking, sobre como ser generoso, encantar as pessoas e conseguir que as portas se abram para você. Você precisa ter uma mistura de carisma, contatos, proatividade, precisa dar as caras, manter contato, ter persistência, confiança, experiência, saber vender, contar histórias e também, sim, ter pura sorte.

Tendo em conta que o foco deste livro é entendermos como o capital de risco funciona, presumirei que você tem o que é necessário para conseguir uma reunião com um VC que invista em seu mercado. Portanto, vamos viajar no tempo um pouco e ir direto para o momento em que sua primeira reunião com um VC já está agendada.

O que Entra na Apresentação?

Antes de comparecer à reunião, desmistificaremos o processo de apresentação ao recordar e aplicar algumas das coisas sobre as quais já falamos neste livro. Lembre-se de que analisamos o que motiva os VCs e como eles avaliam as oportunidades de investimento (sem deixar de lado o fato de que são humanos, muito parecidos com você, e que estão buscando um bom resultado financeiro).

Quanto à motivação, os VCs sentem-se estimulados por suas LPs a produzir retornos enormes (chamados "alfa" no mundo financeiro) com relação aos usos alternativos nos quais as LPs podem investir o capital. O acordo implícito entre a LP e o GP (o VC) é que as LPs terão seu capital imobilizado por dez ou mais anos para dar ao GP tempo de conseguir os retornos na forma de aquisições ou IPOs das empresas portfólio. E lembre-se de nossa analogia das rebatidas médias — a maioria dos investimentos dos VCs não produzirá muito em retornos financeiros, se é que haverá algum. São aqueles poucos "home runs" que retornarão dez, vinte ou mais vezes, a partir do capital que o VC investiu, que levarão ao sucesso ou ao fracasso de suas empresas.

Portanto, seu trabalho como empreendedor é simples: convencer um VC de que sua empresa tem o potencial de ser uma dessas fora da curva. Só isso. Fácil demais, não? Certo, então, como fazer isso? Volte aos primeiros princípios que analisamos anteriormente sobre os critérios de avaliação que os VCs costumam aplicar nas oportunidades de investimento em estágios iniciais.

Beabá da Apresentação nº 1: Tamanho do Mercado

Começaremos com o tamanho do mercado, pois esse é realmente o primeiro e o maior fator que você precisa ajudar um VC a entender. É *seu* trabalho levar o VC até a água. É seu trabalho ser um professor paciente e inspirador nesse caso. Não presuma que o VC entenda o mercado ou seu tamanho em potencial. Você precisa lhe dar o panorama que lhe permita responder a pergunta "de que vale isso?". Ou seja, se eu investir nesta empresa, e o CEO e sua equipe fizerem tudo que estão prometendo e criarem um belo negócio, a empresa tem a capacidade de ser grande o suficiente para realmente produzir um retorno descomunal para meu fundo? Mais cedo ou mais tarde, ela acabará sendo grande e significativa o suficiente para realizar meus objetivos como VC?

Mencionei o Airbnb anteriormente no contexto de análise do tamanho de mercado para ilustrar que a resposta a essa pergunta pode nem sempre ser óbvia. Agora voltemos nossos olhos à Lyft como uma maneira de mostrar como você pode posicionar o tamanho de mercado da melhor maneira possível como empreendedor.

Quando a Lyft estava começando (na realidade, na época, era outra empresa, chamada Zimride, e oferecia o serviço de compartilhamento de viagens de longa distância), o que não estava óbvio era o tamanho do mercado de compartilhamento de caronas. Muitos que avaliaram a oportunidade financeira partiram do mercado de táxis como uma base do tamanho de mercado e levantaram algumas hipóteses sobre qual porcentagem do mercado um serviço de compartilhamento de caronas poderia razoavelmente captar. Essa linha de raciocínio era perfeitamente lógica, mas os empreendedores não pararam por aí.

Eles passaram a apontar — e de modo convincente, ao menos para nós da Andreessen Horowitz — que aquela linha de raciocínio era míope. O pessoal da Lyft argumentou que o mercado de táxis era limitante demais, pois as pessoas consideravam, antes de realmente pedir um táxi, a disponibilidade, a segurança e a conveniência. Se você fechar os olhos por um momento e imaginar um mundo em que todos estão caminhando por aí com um supercomputador totalmente conectado e com rastreamento de GPS em seus bolsos, algo que o smartphone realmente é, então o tamanho de mercado para compartilhamento de carros sob demanda poderia ser muito maior. Afinal, os condutores que não têm condições de comprar a licença para operar um táxi podem simplesmente usar seu carro para aumentar a oferta de carros disponíveis, e esse aumento na oferta aumentaria drasticamente o aumento de conveniência para os consumidores ao usarem o serviço. A oferta aumentada levaria a mais demanda, o que, por sua vez, motivaria mais oferta no mercado. Acredito que você entendeu o cenário: um negócio com efeitos reais de rede.

Obviamente, os efeitos de rede não existem em todos os mercados, mas essa linha de raciocínio poderia ser (como tem sido) aplicada a diversas apresentações para os VCs. Por exemplo, se as técnicas de detecção de câncer melhorassem a ponto de se tornarem substancialmente menos invasivas e oferecessem um valor preditivo maior em relação às modalidades existentes, as pessoas poderiam incluir esses diagnósticos como parte de seus check-ups anuais, e o mercado para detecção de câncer poderia se tornar muitas ordens de magnitude maior do que é atualmente. Essa foi uma parte essencial da tese de investimento quando decidimos investir em uma empresa chamada Freenome, que usa tecnologias de aprendizado de máquina para identificar cânceres em estágio inicial a partir de exames de sangue.

Muitas startups estão indo atrás de mercados existentes, que já podem ser muito grandes. Nesse caso, seu trabalho como empreendedor é ajustar-se àquele mercado e explicar quais macrotendências estão evoluindo por lá que criam uma oportunidade para você abraçar.

Um exemplo de nosso portfólio é a Okta, agora uma empresa de capital aberto na qual investimos pela primeira vez em 2009. Essa é uma empresa de desenvolvimento de softwares que oferece uma maneira para as empresas consolidarem credenciais de login para suas inúmeras aplicações de software como serviço (ou SAAS, na sigla em inglês). Por exemplo, muitas empresas modernas usam o Gmail, a Salesforce e uma variedade de outros aplicativos SAAS online, cada um dos quais com seu próprio método de login e autenticação de usuário. A Okta disponibiliza um portal unificado por meio do qual o usuário loga apenas uma vez e, então, a Okta passa essas credenciais para todos os aplicativos SAAS aos quais o funcionário tem acesso.

Quando investimos na Okta em 2009, já existia uma solução desse tipo. A Microsoft havia desenvolvido um pacote de software chamado Active Directory que fazia exatamente o que a Okta prometia fazer, mas para aplicativos tradicionais que eram administrados e mantidos dentro de ambientes de TI da maioria das grandes empresas. E, de longe, a Microsoft era a líder do mercado.

Porém, a Okta acabou nos convencendo de que havia uma mudança no cenário existente do mercado que criava a oportunidade para uma nova empresa assumir. Tradicionalmente, o número de aplicativos que uma empresa poderia empregar era limitado pelo tamanho da equipe de TI naquela empresa; cada aplicativo precisava ser implementado e receber suporte da equipe interna de TI da organização. O advento dos aplicativos de SAAS permitiu a eliminação dessa restrição e, desta forma, o potencial para uma proliferação de aplicativos dentro da empresa. Agora, o departamento de marketing poderia usar aplicativos diferentes daqueles usados pelas equipes de vendas, engenharia ou RH justamente por serem aplicativos de SAAS administrados pelos próprios fornecedores, e não pela equipe interna de TI da empresa.

A Okta sugeriu que tal proliferação de aplicativos diversos resultaria na necessidade de uma nova maneira de administrar o acesso a eles, bem como sua segurança. E assim, uma nova empresa poderia ser criada para aproveitar essa oportunidade de mercado. Compramos o argumento e investimos na Okta. Agora ela é uma empresa de capital aberto com uma capitalização de mercado de mais de US$5 bilhões, pois sua visão de como o mercado se desenvolveria estava, de fato, correta.

Às vezes, como empreendedor, você tem o difícil trabalho de propor a criação de um mercado que se desenvolva como resultado de uma nova tecnologia. Por exemplo, em 2010, fomos investidores semente de uma empresa chamada Burbn — não está escrito errado e não estavam criando uma nova bebida alcoólica. Ela começou com um foco diferente de produto, mas acabou se transformando em um aplicativo de compartilhamento de fotos para o iPhone. É claro, o iPhone havia sido inventado apenas três anos antes, e a categoria de smartphones não tinha nem de longe o tamanho que viria a ter.

Sendo assim, o desafio de tamanho de mercado nesse caso era desenvolver o argumento com base em duas premissas: (1) essa coisa de iPhone realmente se tornaria uma plataforma global e dominante de computação e (2) o compartilhamento de fotos seria um aplicativo excelente para a plataforma. Obviamente, as pessoas já compartilhavam fotos antes do advento do iPhone, mas esse tamanho de mercado nunca motivaria um VC a investir. Então, para que um VC tomasse a decisão de investimento, ele precisaria prever que os iPhones se tornariam predominantes e que o compartilhamento de fotos seria disponibilizado por essa nova plataforma tecnológica de modo a criar seu próprio mercado, um que fosse novo e grande. E, depois, você precisaria presumir que haveria alguma maneira de monetizar o compartilhamento de fotos. Essa última parte, penso eu — se a maioria dos VCs estiver sendo honesta —, era completamente desconhecida na época, mas não era uma hipótese maluca o fato de que, se você pudesse reunir as bilhões de fotos que estavam sendo compartilhadas entre as pessoas, deveria haver *alguma* maneira de ganhar dinheiro com isso.

Por sorte, para nós da Andreessen Horowitz, aceitamos o risco com relação ao tamanho de mercado e investimos na Burbn. Dois anos depois de nosso investimento, o Facebook adquiriu a empresa — que hoje se chama Instagram — por US$1 bilhão.

Beabá da Apresentação nº 2: Equipe

O próximo passo em sua apresentação, e o que importa para o VC, é a equipe. Uma vez tendo estabelecido que a oportunidade de mercado é, de fato, grande, a verdadeira pergunta que um VC agora desejará fazer é: "Por que você?" Quer dizer: "Por que vou querer financiar este grupo de empreendedores em vez de esperar até que o próximo entre em meu escritório amanhã abordando a mesma ideia?" Afinal, qualquer um pode ter uma ideia; é a execução que separa os vencedores dos aspirantes.

Lembre-se de que um VC não consegue fazer muita due diligence em um estágio inicial; a maior parte da análise é qualitativa. Mas a equipe é uma área na qual os VCs podem realmente se aprofundar.

Por mais desconfortável que você possa estar, é preciso passar uma quantidade significativa de tempo em sua apresentação falando sobre você, como CEO, e sobre o restante da equipe. Em especial, o que faz de *você* uma pessoa singularmente qualificada para vencer no mercado? Alguns empreendedores ficam hesitantes em fazer isso e acreditam que promover suas próprias habilidades é uma forma de autoengrandecimento. Mas os VCs não pensam dessa forma. Para eles, essa é uma maneira de aprender sobre o conjunto singular de competências que você tem e que o tornam mais bem preparado para a oportunidade em questão.

Esse não é um exercício no qual você fica se vangloriando, mas um que ajuda os VCs a avaliarem seu preparo para o papel para o qual está se propondo a assumir. Assim, você deve relacionar suas conquistas ou experiências anteriores ao negócio atual que está apresentando: o que elas dizem sobre sua possibilidade de sucesso no empreendimento presente? Não deixe de falar sobre seus fracassos — afinal, a experiência é o que você conquista quando não consegue realizar o que pretendia —, relacionando-os com o que aprendeu. Os VCs adoram os eternos aprendizes.

Em 2010, investimos na rodada de financiamento Série A de uma nova startup chamada Nicira. A empresa era pioneira na área de rede definida por software — basicamente, a ideia de que grande parte do que o hardware tradicionalmente fazia na rede (algo dominado principalmente pela Cisco) poderia ser feito via software. Nós acreditávamos na oportunidade de mercado, então a pergunta lógica a ser feita era se aquela equipe era a certa. Afinal, sabíamos que, considerando a oportunidade de mercado, inúmeras empresas poderiam ser atraídas para o espaço.

Martin Casado era o fundador perfeito para aquela empresa. Ele passou sua carreira anterior na CIA desenvolvendo as bases da rede definida por software e, depois, fez seu doutorado em Stanford sobre esse mesmo tema. Sua tese foi o trabalho mais influente sobre o assunto. Não poderia haver um melhor ajuste entre fundador e mercado. E, assim, investimos na Nicira, que foi posteriormente adquirida pela VMware por US$1,25 bilhão. E depois de passar vários anos na VMware administrando a divisão da empresa que fora adquirida, Martin veio para a Andreessen Horowitz como sócio geral, ou GP.

Mencionei a Okta anteriormente no contexto de nossa análise sobre o tamanho de mercado. Além de ir atrás de um ótimo mercado, a Okta foi fundada por duas pessoas com um ajuste perfeito com sua oportunidade de mercado. Todd McKinnon, o CEO fundador, havia passado a maior parte de sua carreira profissional administrando a engenharia na Salesforce, pioneira no mercado SAAS. Em sua função, ele experimentou em primeira mão os desafios que muitos consumidores da Salesforce estavam enfrentando ao administrar as diversas aplicações SAAS que usavam. Seu sócio e COO fundador, Frederic Kerrest, também era egresso da Salesforce, tendo passado sua carreira lá, aprendendo a vender a proposta de valor do SAAS para clientes em potencial. A combinação desses dois conjuntos de habilidades — uma profunda compreensão técnica do problema a ser resolvido junto com o conhecimento de como desenvolver da melhor forma as vendas certas e a estratégia de marketing (é comum chamarmos essa estratégia de "go-to-market") em um mercado ainda emergente de SAAS — fez de Todd e de Frederic os fundadores ideais nos quais investir nesse espaço.

É compreensível que nem todos terão um doutorado na área em que pretendem abrir uma empresa, mas você precisa ter uma história convincente sobre por que você é a melhor opção para começar o negócio em um mercado competitivo. Talvez a empresa exija um conjunto específico de habilidades em vendas e marketing que você dominou em uma função anterior. Pode ser que você tenha passado pelo mesmo problema de mercado que está procurando resolver organicamente por meio de suas próprias experiências e sentiu-se compelido a criar uma empresa em torno dessa ideia. Ou, ainda, talvez tenha um conjunto especial de habilidades que lhe permita contar histórias de forma convincente — não historinhas de ficção, mas uma maneira de articular uma visão pela qual seja possível convencer funcionários, consumidores e investidores a quererem participar da jornada.

Tivemos a boa fortuna de testemunhar a apresentação de uma rodada da Série A da Square, uma empresa de serviços de pagamentos que abriu seu capital e atingiu o valor de US$25 bilhões. Infelizmente, não tivemos a sorte de tomar a decisão de investir naquela rodada. O que deixamos passar?

Bem, na época da rodada A, Jack Dorsey, o cofundador do Twitter, não era o CEO da Square. O CEO era seu cofundador, Jim McKelvey. A amizade entre Jim e Jack vinha desde sua cidade natal no Missouri, onde Jim havia sido um soprador de vidro profissional. Ele estava frustrado pelo fato de poder vender seus produtos aceitando apenas dinheiro nas feiras regionais. Jim e Jack consideravam que deveria haver uma forma de habilitar as transações via cartão de crédito para comerciantes de menor porte, geralmente os únicos proprietários do negócio. Desta forma, surgiu a ideia para a Square.

Era um ótimo ajuste entre fundador e mercado: a solução surgiu de uma experiência pessoal de dificuldade, em torno da qual o empreendedor sentiu-se obrigado a criar um negócio. No entanto, não conhecíamos Jim, tampouco tínhamos uma boa maneira de avaliar suas habilidades como CEO da empresa, e questionamos se Jack não seria um melhor CEO em longo prazo para a empresa. E, assim, deixamos passar a rodada A.

Contudo, erramos ao não considerar duas coisas.

A primeira foi que Jack viria a perceber que a melhor forma de maximizar o sucesso da empresa era se tornar o CEO, algo que colocou em prática poucos meses depois da rodada de investimentos da Série A. A segunda foi que o poder da fama que Jack tinha poderia dar à empresa vantagens gigantescas no mercado. Por exemplo, ele era tão conhecido que conseguiu uma participação no *The Oprah Winfrey Show* e usou isso como uma forma de contar sua história para um público mais amplo; basicamente, era um marketing gratuito disponível apenas a alguém com seu apelo de marca. Ele também conseguiu um acesso direto a Jamie Dimon, CEO do J.P. Morgan, convencendo-o a combinar o dispositivo da Square com o negócio de cartões de crédito do J.P. Morgan, gerando toneladas de consumidores para a Square a um custo muito baixo. Novamente, nem todo mundo é Jack Dorsey, mas pense nas habilidades e vantagens singulares que você tem e que se mostrarão valiosas para o desenvolvimento final de sua empresa.

Uma vez que você convenceu os VCs sobre seu ajuste à oportunidade de mercado, ainda precisa ajudá-los a entender como criará a equipe certa a seu redor. Independentemente do quanto um fundador seja um gênio na criação do produto, ele ainda não conseguirá montar um grande negócio sem funcionários e outros sócios.

Sendo assim, o que faz de você um líder natural ou alguém que aprendeu a ser líder a ponto de convencer outras pessoas a saírem de seus empregos e virem trabalhar com você? O que leva os consumidores a comprarem seus produtos ou serviços quando há muitas outras escolhas mais seguras e estabelecidas? O que convence parcerias de desenvolvimento de negócios a querer ajudá-lo a vender suas mercadorias e penetrar em novos mercados? E, é claro, o que leva os sócios financiadores a quererem lhe fornecer o capital para fazer tudo isso que mencionei? Talvez você não seja um empreendedor de primeira viagem e, portanto, pode dizer que já fez tudo isso. Mas muitos empreendedores estão fazendo isso pela primeira vez, então pense em suas outras experiências com oportunidades relacionadas à liderança que podem ser bons indicativos de sua habilidade para ser um CEO líder.

Na Andreessen Horowitz, falamos muito sobre as habilidades de storytelling [contar histórias], como um bom indicador do sucesso potencial em um empreendedor. E, para ser claro, faço uso da palavra "história" em seu sentido mais puro, ou seja, a habilidade de cativar um público (seja esse público os funcionários, os consumidores, os sócios, os financiadores etc.) e de fazê-lo acreditar no que você está contando. E aqui não me refiro à conotação negativa do storytelling, como se as pessoas acreditassem em você por as estar ludibriando.

O verdadeiro storytelling é um talento impressionante em diversos empreendimentos, mas especialmente em uma startup, pois nos primeiros anos, você tem pouquíssimas provas de sucesso sobre as quais as pessoas podem basear sua decisão de se juntar à empresa. Ótimos CEOs descobrem uma maneira de pintar um quadro da oportunidade que simplesmente faz com que as pessoas queiram fazer parte do processo de desenvolvimento da empresa. Tais habilidades o ajudarão a conseguir seus primeiros (e os futuros) sócios VC.

Beabá da Apresentação nº 3: Produto

Seu plano de produto é o próximo passo ao fazer a apresentação de sua empresa. Mencionei anteriormente que nenhum VC espera que você seja um vidente quanto às necessidades precisas do mercado, mas ele está avaliando o *processo* pelo qual você chegou a seu plano de produto inicial. Os VCs ficam fascinados ao aprender como seu cérebro funciona. Nós queremos ver o labirinto das ideias. Quais dados você incorporou a partir do mercado? Como seu produto resolverá um problema iminente? Como ele é dez vezes melhor ou mais barato do que as alternativas existentes?

Os VCs entendem que seu plano de produto provavelmente será alterado quando você entrar no mercado e testar a oferta de um produto real frente às necessidades do mercado, mas eles querem estar confortáveis com a ideia de que seu processo de avaliação das necessidades desse mercado até o momento é robusta o suficiente para lhe permitir se adaptar de modo adequado às dinâmicas demandas do mercado. Explique para eles seu processo de pensamento e demonstre que você tem crenças fortes, mas mantidas de forma pragmática, isto é, que se adaptará às necessidades de mudança do mercado, mas permanecendo informado por sua profunda experiência de desenvolvimento de produto.

Beabá da Apresentação nº 4: Go-to-Market

Esta parte geralmente é a menos desenvolvida durante a apresentação para uma empresa em estágio inicial. Ou seja, como você adquirirá consumidores? E o modelo de negócio tem suporte para uma aquisição lucrativa de consumidores?

Muitos empreendedores cometem o erro de pular essa parte durante o estágio inicial, pois a rodada atual de financiamento muito provavelmente ainda não os levará realmente ao mercado. Mas é importante incluí-la isso em sua apresentação, mesmo que seja apenas de natureza mais abstrata, visto que ela é essencial para a viabilidade da empresa em longo prazo.

Você está planejando criar uma força de vendas direta e externa, e o preço médio de venda de seu produto pode sustentar esse go-to-market? Ou está planejando adquirir consumidores por meio do marketing de marca ou de outras formas online de aquisição? Em caso positivo, como considera os custos dessas atividades em relação ao "lifetime value"[1] de um consumidor?

Não é preciso ter modelos financeiros robustos nesse estágio de desenvolvimento de sua empresa, mas você deve ter uma estrutura que dê ao VC conteúdo suficiente para que ele entenda seu raciocínio com relação à aquisição de consumidores.

Assim como a questão do produto, explicar aos VCs sua estratégia de go-to-market é uma ótima forma de lhe mostrar como sua mente funciona e o quão profundamente você consegue entender o seu público.

Voltando aos nossos amigos da Okta, o go-to-market original da empresa era vender para pequenas e médias empresas (PMEs). A teoria dizia que as PMEs provavelmente eram mais visionárias quanto a adotar novas tecnologias e que o modelo SAAS era uma opção melhor para esse mercado. Isto é, visto que as PMEs provavelmente tinham equipes de TI e orçamentos menores do

---

1 Uma métrica de vendas, também conhecida como "vida útil", que mensura o valor (lucro líquido) que um cliente gera para uma empresa enquanto mantém um relacionamento com ela. [N. da RT.]

que as grandes empresas, a possibilidade de alugar um software e terceirizar sua execução e manutenção seria uma proposta de vendas persuasiva.

Contudo, à medida que a empresa começou a executar esse plano, ela descobriu que vender para o mercado das grandes empresas era, de fato, um melhor ponto de partida. Por quê? O fato era que, quanto maior fosse a empresa, mais chances havia de ela estar usando diversos aplicativos SAAS individuais em departamentos diferentes, o que fazia com que o valor da proposta do software da Okta repercutisse melhor nessas empresas. Naquele estágio inicial de desenvolvimento do mercado de SAAS, as PMEs simplesmente não haviam implantado aplicativos SAAS o bastante para aproveitar a automação oferecida pela Okta. Conforme o mercado de SAAS começou a maturar e as PMEs começaram a investir mais em aplicativos SAAS, as PMEs também acabaram se tornando bons possíveis clientes para a Okta.

Como empreendedor, não se espera que você tenha todas as respostas certas na ponta da língua, mas é preciso ter teorias fundamentadas em hipóteses razoáveis, nas quais poderá, então, aplicar a experiência do mundo real. Novamente: opiniões fortes, mas mantidas de forma pragmática.

Um aparte quanto ao contexto de adaptabilidade: um traço distintivo das startups é que elas geralmente "mudam de direção" ["pivotam"]. Essa é uma forma eufemística de dizer que o produto original, o go-to-market etc não funcionou exatamente da forma que você esperava, fazendo-o mudar esse aspecto do negócio e tentar novamente. Algumas mudanças de direção podem ser pequenos ajustes, ao passo que outras podem ser completas.

Um dos pivôs mais incríveis de todos os tempos foi uma cortesia de Stewart Butterfield. Em 2010, a Andreessen Horowitz investiu em uma empresa de jogos chamada Tiny Speck, administrada por um ótimo empreendedor chamado Stewart Butterfield. A Tiny Speck começou a desenvolver — e conseguiu terminar — um jogo online multiplayer chamado *Speck*. Era um jogo muito bom em diversos aspectos, mas Stewart chegou à conclusão mais tarde de que ele não poderia se autossustentar como um negócio de longo prazo.

O dinheiro de nosso investimento inicial só duraria mais alguns meses, então Stewart abordou o Conselho de Administração (a Accel Partners também era uma investidora na empresa e estava representada no Conselho) com uma ideia: ao desenvolver o jogo *Speck*, a empresa havia criado uma ferramenta interna de comunicação e de fluxo de trabalho que acabou aumentando de modo significativo a eficiência de seus processos de desenvolvimento de engenharia. Stewart ficou imaginando se outras organizações também não poderiam se beneficiar desse produto, então pediu permissão ao Conselho para "pivotar" rumo a esse novo negócio com o dinheiro que restava.

Fico feliz que tenhamos sido inteligentes o suficiente para dizer sim ao pedido de Stewart. Aquele pivô agora se chama Slack, um software empresarial de colaboração que é avaliado em bilhões de dólares.

Posso lhe garantir que nem todos os pivôs funcionam assim, mas menciono essa história no contexto da apresentação para o VC de modo a destacar alguns pontos importantes. Primeiro, os VCs entendem que, apesar das melhores intenções, a maioria das empresas passa por algumas mudanças de direção ao longo do caminho, sejam pequenos ajustes ou recomeços quase completos. Portanto, quando fizer sua apresentação, ninguém espera que você seja um vidente, tampouco os VCs esperam que tudo que você diga na apresentação se materialize da maneira que você previu.

Entretanto, em segundo lugar — e algo muito importante —, você precisa demonstrar aos VCs que domina perfeitamente a área que pretende atacar e que pensou em todos os detalhes relevantes de seu negócio de uma forma que mostre profundidade de preparo e convicção.

Por exemplo, se você estiver fazendo a apresentação a um VC e ele sugerir que seus planos de go-to-market estão todos errados e que deveriam ser diferentes do que apresentou, a reação errada seria abandonar seu plano imediatamente. Embora o caminho apontado por ele possa ser o certo a seguir, o fato de que você pôde ser tão facilmente convencido em uma reunião na qual o VC passou o total de uma hora ouvindo sobre sua empresa enquanto você, supostamente, passou praticamente a sua vida inteira se dedicando a ela levantaria algumas questões sérias sobre seu preparo e ajuste para ser um CEO. Uma discussão ponderada e engajada sobre como você chegou às conclusões que apresentou e uma disposição para ouvir o feedback e incorporá-lo em seu plano, conforme apropriado, seria uma reação muito melhor do que mudar de direção na hora.

Beabá da Apresentação nº 5: Planejando-se para a Próxima Rodada de Levantamento de Fundos

Na parte final de sua apresentação aos VCs, você deve articular claramente os marcos que pretende atingir com o dinheiro que está levantando nesta rodada. Lembre-se de que o VC muito provavelmente já está pensando na próxima rodada de financiamento para avaliar o nível de risco do mercado que ele estará assumindo ao financiá-lo neste estágio. Será que você está levantando dinheiro suficiente para atingir os marcos que estabeleceu de modo que o próximo investidor esteja disposto a investir mais dinheiro em um valuation substancialmente maior do que o da rodada atual? "Substancialmente maior" é algo que depende muito do mercado, mas, em geral, é importante visar um valuation que seja aproximadamente o dobro da rodada anterior. Essa impetuosidade será bem recebida pelos investidores e por seus funcionários atuais.

Se, no momento que apresentar seus marcos, você ou seu VC sentir que eles são arriscados demais, provavelmente haverá uma discussão sobre levantar mais capital nesta rodada, diminuindo o valuation atual, ou encontrando outras maneiras de aumentar o intervalo de confiança com relação à previsão de seu progresso.

Lembre-se de que a maioria dos VCs está criando um portfólio de empresas como parte de um fundo e, portanto, está buscando algum nível de diversificação ao longo de inúmeros investimentos. Dessa forma, embora eles estejam investindo US$10 milhões em sua rodada atual e reservando mais dinheiro para investir em rodadas futuras, não estão presumindo que serão os únicos investidores ao longo do ciclo de vida de sua empresa.

É por isso que os VCs se importam com a viabilidade dos marcos que você apresenta; na maioria dos casos, eles não querem ou não podem ser os únicos provedores de capital na rodada de financiamento seguinte, então procuram estimar o risco de você (e eles) ficar sem capital na próxima rodada.

Se, no calor do momento, tudo der errado e você se esquecer de todas as coisas que vimos aqui, lembre-se de voltar ao primeiro princípio: como convenço um VC de que a minha empresa tem uma chance de ser uma das vencedoras descomunais e que isso poderá fazê-lo parecer um herói aos olhos de suas LPs?

CAPÍTULO 9

A Sopa de Letrinhas dos Term Sheets: Parte Um (Economia)

Presumamos que a história que contou sobre sua startup seja convincente o bastante e que você receba um term sheet [também chamado de memorando de intenções — MOU, na sigla em inglês] de um VC. Esse é um momento emocionante para muitos fundadores... até que começam a ler e ficar confusos. O que esses termos todos significam? Como avaliar cada um deles? O que é padrão e o que não é? O que é um bom negócio e o que é um mal negócio?

Como mencionei no início deste livro, é no term sheet que a assimetria de informações entre os VCs e os fundadores entra mais em cena, e quase sempre à custa do fundador. Isso porque os VCs passaram por esse processo muitas vezes e já negociaram centenas de term sheets. Em contraste, os fundadores tiveram apenas algumas chances na vida e provavelmente podem contar nos dedos de uma mão o número de term sheets que negociaram. Isso é normal, mas coloca o fundador em uma desvantagem que eu gostaria muito de corrigir. Neste capítulo e no próximo, meu objetivo será desvendar o term sheet, incluindo algumas explicações sobre como os VCs consideram diversos termos para que os empreendedores possam se manter informados e esclarecidos sobre o que os terms sheets significam para eles e para suas empresas.

O term sheet é um *magnum opus*, por qualquer medida, e há muitos aspectos técnicos a entender. Simplificarei o term sheet, que é muito longo, em duas grandes partes — economia e governança.

Este capítulo, a parte da economia, inclui as seções que falam sobre o tamanho do investimento, o valuation, a cláusula de antidiluição, a preferência de liquidação, o tamanho do pool de opções para os funcionários, o vesting de opções e as ações do fundador. Não é de surpreender que esses itens demandem muita atenção de ambas as partes na negociação. E, com certeza, são importantes. Mas a outra grande parte provavelmente tem ramificações de longo prazo muito maiores para o sucesso da empresa.

O Capítulo 10 detalha a parte da governança. Isso tem a ver com quem poderá influenciar o que acontece na empresa.

Mais uma observação antes de mergulharmos no term sheet. Eu criei um exemplo padrão de term sheet para você, que pode ser visto na página 269. É uma amostra de term sheet para a rodada de financiamento Série A para uma empresa hipotética chamada XYZ que será feita pelo Venture Capital Fund I (VCF1.) Por favor, consulte-o à medida que ler os Capítulos 9 e 10.

Enfim, assim como quando você vai ao teatro e recebe um programa apresentando os personagens e fazendo uma breve descrição de cada papel, nós analisaremos os vários termos de uma negociação. Começaremos com a parte da economia de um term sheet — as decisões monetárias.

Título: Ações Preferenciais

Mencionei anteriormente que um dos benefícios de uma C corp é que podemos ter diferentes classes de acionistas com direitos distintos. Então veja como funciona: o VCF1 comprará *ações preferenciais* da empresa na Série A de financiamento. São diferentes das ações ordinárias (aquelas que os fundadores e funcionários normalmente possuem) e também são diferentes das possíveis séries futuras de ações preferenciais (que serão rotuladas "Série B", "Série C" e assim vai). Como você verá à medida que avançarmos no term sheet, o motivo todo para emitir uma nova classe de ações é dar a ela direitos "preferenciais" em termos de economia e governança com relação àqueles desfrutados pelos acionistas ordinários.

Aggregate Proceeds — Rendimentos Agregados

Este é bem simples: o term sheet diz que o VCF1 investirá US$10 milhões na empresa em troca de um interesse de participação de 20%. A segunda parte da seção procura garantir que, caso a empresa tenha qualquer outra dívida em circulação, em conexão com este investimento, todas essas "notes" serão convertidas em ações sob os termos desse financiamento. O motivo pelo qual os VCs se importam com isso é que as "notes" (ou a dívida) são geralmente títulos de capital seniores[1]; quer dizer, se a empresa falisse, as notas de dívida seriam pagas com quaisquer lucros remanescentes, antes da equity [participação acionária]. Assim, se um VC investisse na empresa, ele não desejaria ter pendências monetárias se houvesse uma potencial liquidação. Ao forçar todas as "notes" a serem conversíveis em participação acionária nesta rodada, o VC garante que todos estejam na mesma posição com respeito à distribuição dos rendimentos no evento de uma saída (ao menos até que comecemos a falar sobre as preferências de liquidação em breve!).

Falei brevemente no início do livro sobre dívida e mencionei que muitas startups levantam dívidas conversíveis em conexão com seu financiamento semente inicial. Lembre-se de que dívida conversível significa que o instrumento começa a partir da dívida, mas que pode ser convertido em ações com base na ocorrência de certos eventos. Na maioria dos casos, a dívida será convertida em ações em conexão com uma rodada de financiamento, tipicamente em uma Série A, como a que estamos analisando aqui.

Mais sobre Dívida Conversível

Há diversos tipos de dívidas conversíveis. Em sua forma mais básica, a dívida é convertida em participação na empresa ao mesmo preço que os investidores da Série A compraram sua participação. É referida como uma nota "uncapped" [literalmente, "sem teto"], o que significa que o valuation ao qual a

---

1 Quaisquer valores mobiliários de capital que, com relação a direitos de voto, direitos a dividendos ou direitos de liquidação, dissolução, encerramento ou em qualquer outro aspecto, tenham classificação superior ou outros direitos de preferência em relação às ações ordinárias, agora ou doravante autorizado pela empresa. [N. da RT.]

nota é convertida não está restringido e será determinado com base no preço das ações da Série A. Compreensivelmente, os investidores hesitam em comprar essa dívida, pois estão investindo em um dos estágios mais arriscados do ciclo de vida da empresa — que em geral usa esse capital semente para começar a desenvolver seu primeiro produto — e não estão sendo remunerados adequadamente pelo risco. Ao contrário, estão pagando o mesmo preço final que os investidores da Série A, que têm o benefício de colocar seu capital em risco em um estágio ligeiramente posterior de maturidade da empresa.

Como resultado, a maior parte das dívidas conversíveis tem uma ou ambas das seguintes características. As notas "capped" estabelecem um teto ["cap"] para o preço máximo pelo qual a dívida será convertida em ações. Por exemplo, uma nota conversível com um teto de US$5 milhões de valuation significa que, em nenhum caso, a dívida será convertida em um preço maior que US$5 milhões. Se o valuation da rodada Série A for abaixo do teto — digamos, US$4 milhões —, então o detentor da dívida ganha o benefício desse valuation mais baixo. E se o valuation da Série A exceder o teto — digamos, US$10 milhões —, então o detentor da dívida converte a dívida no teto de US$5 milhões, neste caso, um desconto total de 50% para o investidor da Série A.

A segunda característica é um desconto de conversão, com ou sem um teto. Por exemplo, a nota conversível pode prever que será convertida com um desconto de 10% do valuation da Série A de financiamento. No caso de uma nota "sem teto" com um desconto de 10%, o preço nominal de conversão será aumentado ou diminuído seguindo o preço da Série A, mas sempre mantendo um desconto de 10% com relação a esse preço. Se você juntar um teto com um desconto de 10%, então a conversão seguirá os mesmos princípios que a nota "com teto" mencionada há pouco: o detentor da nota obteria o benefício do desconto até o ponto em que o teto apresente um preço de conversão mais favorável.

Por que os empreendedores escolhem emitir dívidas conversíveis no estágio semente de financiamento, em vez de aumentar a participação acionária tradicional? Muitas vezes, eles fazem isso por motivos de custo e de simplicidade; os documentos padrão da dívida conversível são bastante simples e não exigem muito tempo e gastos jurídicos. O outro benefício da dívida conversível é que ela permite tanto ao empreendedor quanto ao investidor semente eliminar a questão do valuation nesse estágio inicial do desenvolvimento da empresa. Em vez de ter uma grande negociação quanto ao preço na rodada semente, as partes essencialmente adiam essa discussão até o financiamento da Série A. No entanto, uma vez que você começa a introduzir o conceito de teto [cap] em uma rodada de dívidas conversíveis, não será mais o caso de estar, de fato, adiando a discussão sobre o valuation. Em efeito, você está concordando com o valuation máximo no qual a dívida será convertida em participação acionária; isso parece ser terrivelmente semelhante a concordar com um valuation!

Um erro muito comum que vemos os empreendedores cometer é levantar em demasia as dívidas conversíveis nos primeiros dias da empresa, de modo que acabam cedendo uma grande parte da empresa a investidores externos. Por que isso ocorre? Por dois motivos.

O primeiro, como destacado há pouco, é que a principal característica da dívida conversível é que ela permite ao empreendedor levantar dinheiro rapidamente e com gastos jurídicos muito menores do que os que estariam normalmente associados com um "financiamento de equity" [participação acionária]. Isso porque o instrumento legal é muito simples de ser documentado e geralmente é elaborado para permitir que a empresa levante capital adicional de forma relativamente simples além do investimento atual. Em contraste, os "financiamentos de equity" normalmente exigem a execução de uma miríade de documentos, e as emendas a esses documentos exigem consentimento dos atuais detentores de ações.

Como resultado, os financiamentos de dívida conversível podem ter fechamentos múltiplos e contínuos, ao passo que um "financiamento de equity" normalmente tem apenas um fechamento. Embora essa distinção possa parecer trivial em teoria, ela traz consequências reais na prática. Vemos muitos empreendedores que decidem levantar US$1 milhão em uma nota conversível e fecham o acordo muito rápido. Mas é comum que outros investidores apareçam alguns meses depois e indiquem que também gostariam de participar do financiamento. A maioria dos empreendedores aceita isso, visto que mais dinheiro é melhor do que menos dinheiro. E, então, o processo tem uma forma de se repetir mais algumas vezes, cada uma com um incremento monetário relativamente menor, mas com o resultado final de que o empreendedor descobre que levantou, com o tempo, de US$2,5 milhões a US$3 milhões com base nos mesmos termos de financiamento sobre os quais teria originalmente conseguido US$1 milhão. Dependendo da forma em que a nota foi escrita, cada nova rodada de financiamento pode exigir que os novos investidores executem uma nota separada, mas esse é um processo relativamente trivial e não cria um obstáculo para esses fechamentos contínuos.

A segunda característica da nota de dívida conversível se torna mais aparente ao empreendedor quando ele decide levantar uma rodada de "financiamento de equity" regular com um capitalista de risco — sua Série A. Embora as notas possam ter um "valuation cap" ["teto de valuation"] ou especificar que serão convertidas com algum desconto fixo em relação ao "financiamento de equity" da Série A, visto que o preço real de conversão não é conhecido até que haja concordância quanto ao preço de financiamento da Série A (o que, é claro, ocorre em algum momento no futuro quando o investidor da Série A topar o negócio), o efeito real das notas no equity [na capitalização da empresa] também não é determinado até que chegue o momento do financiamento da Série A. Em contraste, quando o empreendedor faz um "financiamento de equity" regular, o efeito diluidor real da transação fica claro no fechamento do financiamento, quando as novas ações precisam ser emitidas ao novo investidor; assim, o empreendedor sabe exatamente quanto ainda tem da companhia.

Em consequência, um padrão repetido que vemos com muita frequência no financiamento da Série A é que o empreendedor fica surpreso ao descobrir que vendeu muito mais de participação acionária do que antecipava por meio de uma série dessas notas conversíveis. Isso pode ser não apenas perturbador para o empreendedor, mas também problemático para o investidor da Série A. Afinal, o novo investidor quer que o empreendedor esteja altamente motivado porque possui uma grande parte de ações da empresa — qual outra forma melhor de alinhar os incentivos do que enriquecer o empreendedor e dar um grande retorno ao investimento do capitalista de risco? Mas se o empreendedor possui uma parte muito pequena da empresa em um estágio tão inicial da vida do negócio, a probabilidade é que ele se desmotivará ao longo dos próximos anos ou que os VCs precisarão lhe garantir maior participação acionária ao longo do caminho para manter seu interesse econômico.

Mas essa participação adicional que pode ser garantida ao fundador não é criada assim do nada. Isso requer que a empresa aumente a quantidade total de ações emitindo novas ações ao fundador. Porém, isso significa que todos os outros que não receberam esse adicional (incluindo funcionários e investidores) terão sua participação na companhia "diluída" ou reduzida pela nova emissão de ações. Portanto, criar os incentivos certos tem um custo.

Vamos analisar um exemplo simples. Imagine que você é o fundador e possui 70 ações de um total de 100 ações na empresa; você tem uma participação acionária de 70% na empresa. Para simplificar, presumamos que as outras 30 ações estejam de posse dos outros funcionários da empresa. Como resultado de a dívida ser convertida em participação acionária, imagine que precisou emitir mais 20 ações para os detentores da dívida. Sua participação na empresa agora foi reduzida — você ainda possui as 70 ações, mas o número total de ações subiu para 120. Assim, sua participação de 70% foi diluída para 58% (70/120).

Se os investidores da Série A estão preocupados que tal diluição pode desmotivá-lo a trabalhar muito e aumentar o valor patrimonial da empresa, talvez não queiram investir na Série A sem aumentar de volta sua participação para, digamos, 65%. Como podem fazer isso? Novamente, ao fazer com que a empresa crie mais ações e as emita para você. Se fizer as contas, precisaria receber mais 23 ações (para lhe dar um total de 93 ações), e a criação dessas ações aumentaria o total para 143 ações da empresa. Desta forma, 93/143 = 65%. No entanto, perceba que nossos pobres funcionários ainda possuem 30 ações e viram sua participação na empresa ser reduzida de 30% para 21% (30/143).

Essa dança entre os dois interesses concorrentes — incentivar adequadamente um empreendedor e minimizar a diluição para os outros acionistas — é tão cuidadosamente coreografada que reaparece muitas vezes ao longo do ciclo de vida de uma empresa. Portanto, deparar-se com uma logo no início pode ser uma maneira difícil de iniciar um relacionamento.

O que normalmente acontece para resolver tal tensão? Uma opção é apenas ir empurrando com a barriga. Ou seja, o investidor investe na rodada Série A, o empreendedor obtém sua parte, e todos concordam que talvez precisem resolver o problema da diluição em algum momento futuro. Embora eu tenha visto isso ocorrer muitas vezes, essa realmente não é a melhor solução; diferentemente do uísque ou do vinho, a maioria dos problemas não fica melhor com o passar do tempo.

A segunda opção é resolver logo de cara. Embora melhor, isso é algo difícil de fazer. Por quê? Porque ao entrar na rodada Série A, o novo investidor desejará resolver isso fazendo com que a empresa emita mais ações ao empreendedor para compensar a diluição sofrida com as ofertas de dívidas conversíveis. Mas, é claro, os investidores na dívida não querem fazer isso, porque essa diluição sairá, em grande parte, de suas participações. E, assim, a dança continua até que as partes possam chegar a um acordo que funcione para todos os envolvidos.

O ponto principal é que esse problema pode ser evitado facilmente apenas por estar atento, como empreendedor, a essa constante troca entre aumentar o capital de que você precisa para fazer a empresa crescer e minimizar a diluição para si mesmo e para os outros funcionários e investidores que estão na jornada junto com você. Para cada dólar ou real que você pega com o VC, faça a conta para descobrir o que isso significa para todas as pessoas atualmente envolvidas.

Preço por Ação

Nosso term sheet de exemplo diz duas coisas importantes sobre o preço que os VCs estão dispostos a pagar pelo investimento de US$10 milhões.

Primeiro, o valuation é de US$50 milhões "post-money". O que é isso?

"Post-money" significa exatamente o que parece: o valuation da empresa após o investimento de US$10 milhões do VC. Você também ouvirá os VCs usando o termo "pre-money"; é o valuation da empresa antes do aporte de investimento do VC. Portanto, matematicamente, pre-money + quantia do investimento = post-money (em nosso exemplo, visto que o VCF1 está investindo US$10 milhões e disse que o valuation post-money é de US$50 milhões, o pre-money deve ser de US$40 milhões).

Você verá que o VCF1 diz na primeira seção do term sheet que quer 20% de participação da empresa em troca de seu investimento de US$10 milhões. Espero que você consiga perceber que as contas fazem sentido aqui — se eu colocar US$10 milhões e o valuation post-money for de US$50 milhões, então eu devo possuir 20% da empresa (US$10 milhões do investimento divididos pelo valuation post-money de US$50 milhões). Até aqui, tudo certo.

Observe também que o term sheet diz que o valuation post-money inclui dois elementos importantes.

O primeiro é que qualquer ação que seja convertida como resultado de uma dívida conversível anterior (denominada "notas" no term sheet) precisa ser incluída nesse valuation. Recorde nossa discussão sobre o uso das dívidas conversíveis por muitos empreendedores, especialmente nos estágios iniciais de financiamento. Comentei, então, que um erro comum que vemos ocorrer é o agregamento de uma quantidade razoável de dívida conversível como resultado dos fechamentos contínuos que a dívida permite. Aqui é onde os pecados do passado podem voltar para nos afligir, uma vez que a dívida está sendo agora considerada como parte do valuation que o VC está disposto a pagar. Agora, pela primeira vez, temos um cálculo total de quanta diluição exatamente foi criada pela emissão dessa dívida, e a conta normalmente pega os empreendedores de surpresa.

O segundo, sobre o qual falaremos mais a respeito em seguida, é que o valuation também inclui o pool de opções dos funcionários (as ações separadas para incentivar os funcionários da empresa). Isso é importante, pois significa que quando somamos todas essas ações, elas não podem exceder o valuation de US$50 milhões post-money da empresa.

O VC poderia ter dito — e os empreendedores teriam preferido isso — que o valuation seria de US$50 milhões depois que ele colocasse seu dinheiro na empresa, mas que a conversão das notas e o pool de opções dos funcionários seriam aditivos ao valuation post-money. Porém, nesse caso, no frigir dos ovos, o VC não possuiria realmente 20% da empresa. Ele possuiria essa participação por uma fração de segundo, sendo ela diluída em seguida pelas ações adicionais emitidas pelas conversões das notas e pelo pool de opções dos funcionários.

É por isso que o VC escreveu no term sheet para fixar o valuation post--money em US$50 milhões. Ele quis deixar claro que, independentemente da estrutura de capital existente da empresa e do tamanho do pool de opções de funcionários que os fundadores queriam criar, o VC não será diluído.

Sendo assim, como o VCF1 chegou ao valuation post-money de US$50 milhões para início de conversa? Vamos fazer um pequeno desvio para explorar o valuation com mais detalhes. Se você tiver experiência com bancos de investimento, sabe como eles tendem a avaliar as empresas. É muito parecido aqui.

Análise de Empresa Comparável

Falei sobre isso brevemente no Capítulo 5, mas o método de valuation de análise de empresa comparável exige encontrarmos outras empresas negociadas na bolsa (ou empresas cujos valuation e métricas financeiras sejam publicamente conhecidas) que se pareçam com a startup que estamos tentando avaliar — as denominadas empresas comparáveis.

De forma muito simplificada, é como analisar os preços em seu bairro quando está querendo comprar uma casa ou vender a sua, como uma forma de estabelecer o preço.

Um exemplo melhor é se estivéssemos tentando avaliar o Facebook no início de 2012 (enquanto seu capital era fechado); poderíamos ter escolhido algumas outras empresas online de alto crescimento como comparáveis, como o Yahoo ou o Google. Em seguida, veríamos como essas empresas são avaliadas como uma função de certas métricas financeiras: por exemplo, o Yahoo pode ter sido avaliado a cinco vezes suas receitas, ao passo que o Google pode ter sido avaliado a oito vezes. Então, aplicaríamos esses múltiplos de receitas para o Facebook e chegaríamos a uma estimativa de como os mercados de empresas de capital aberto avaliariam o Facebook.

É uma conta fácil, mas uma comparação difícil. Talvez o Facebook tenha uma taxa maior de crescimento do que essas empresas. Talvez ele tenha uma estrutura maior de margens. Pode ser que o Facebook tenha uma oportunidade maior de mercado a buscar. Talvez o Yahoo tenha ficado abaixo das estimativas de Wall Street no último trimestre e, com isso, os investidores o penalizaram por vender a ação, causando a diminuição do valuation. Ou, então, os EUA estão prestes a iniciar a Terceira Guerra Mundial (esperamos que não!) e, assim, os valuations do mercado de equity [avaliação do valor patrimonial] como uma classe talvez estejam nos mínimos locais. Nenhuma dessas questões é insuperável, mas vão ao âmago da questão de as "comparáveis" serem de fato isso.

Essa análise fica ainda mais difícil quando aplicada às startups, pois elas são (esperamos), por definição, únicas, e a habilidade de prever receitas é inerentemente imprevisível. Então, mesmo se conseguirmos acertar com as comparáveis, ninguém sabe se conseguiremos acertar a previsão de receitas — lixo entra, lixo sai.

Análise de Fluxo de Caixa Descontado

A teoria financeira afirma — e quem somos nós para discordar — que, no longo prazo, o valor de uma empresa é igual ao valor presente de seus fluxos de caixa futuros. Isto é, seja lá qual for o caixa anual que a empresa possa gerar no futuro, se descontarmos esse caixa nos valores atuais, um investidor deve estar disposto a não pagar mais do que o valor atual daquele fluxo de caixa futuro.

Como fazemos isso na prática? Bem, é necessário que você crie uma previsão financeira para sua empresa, estimando quanto fluxo de caixa a empresa gerará em cada ano futuro. Tenha em mente que fluxo de caixa significa "dinheiro" — então precisamos estimar não apenas qual será o lucro líquido contábil da empresa, mas também como os gastos de capital afetarão o caixa e como o momento no tempo do recebimento de dinheiro dos consumidores e do pagamento para os fornecedores e funcionários (também conhecido como "capital de giro") funciona. Uma vez que descobrirmos isso, então precisaremos descontar esses fluxos de caixa até o dia presente utilizando o que é denominado de "taxa de desconto". A maneira simples de pensar nas taxas de desconto é como o custo de oportunidade para os investimentos de uma empresa — portanto, se a empresa puder ganhar 10% com investimentos alternativos, devemos descontar os fluxos de caixa futuros no mínimo nessa taxa.

Como provavelmente você está percebendo, essa análise faz sentido para empresas maduras que têm resultados financeiros futuros mais predizíveis com base no histórico de seus resultados financeiros existentes. É realmente difícil fazer isso com uma startup em seu período inicial, dado que as previsões financeiras para o negócio provavelmente não valem mais do que a planilha no Excel com a qual foram criadas. É comum que os VCs brinquem dizendo que "podemos fazer com que a planilha diga tudo o que quisermos".

O mais significativo para as startups — para aqueles de vocês que estão familiarizados com os modelos de fluxo de caixa descontado —, visto que elas tendem a consumir dinheiro nos primeiros anos e (esperamos) gerar dinheiro nos anos de maturação, é que a maior parte do valor em um modelo de fluxo de caixa descontado virá de anos ainda muito distantes, quando a certeza das previsões fica ainda mais turva.

Somando-se a todos esses desafios, as análises de empresa comparável e de fluxo de caixa descontado sofrem com o fato de que não consideram a diluição na participação dos VCs resultante de financiamentos futuros. Hein?

Quando um VC investe em uma startup, ele espera que esse seja o último capital que a empresa precisará levantar, mas sabe, nas profundezas de seu ser, que isso é altamente improvável. A maioria das empresas que são bem-sucedidas (e, infelizmente, muitas não são) acaba levantando múltiplas rodadas de financiamento. De fato, considerando que as empresas estão permanecendo com seu capital fechado por mais tempo, é provável que levantem capital em diversas outras rodadas de investimento.

Para se planejar quanto a isso, quando um VC investe na primeira rodada de uma empresa, ele "reserva" um capital adicional além do investido na rodada A para poder participar em rodadas futuras e preservar sua participação.

E como isso funciona? Voltando ao nosso term sheet de exemplo, se o VCF1 investir US$10 milhões para possuir 20% da empresa, presumindo que a empresa continue se saindo bem, o VCF1 desejará manter esse nível de participação. Mas se a empresa levantar outra rodada de financiamento, precisará emitir mais ações para o investidor da próxima rodada. Consequentemente, o número total de ações da empresa aumenta, e fazendo uma conta de padeiro, as ações que o VCF1 possui representarão uma proporção menor do total da empresa do que os 20% que possuía originalmente.

Para compensar isso, o VCF1 talvez deseje investir mais dinheiro nessa próxima rodada, provavelmente uma quantia igual à necessária para manter seus 20% de participação na empresa. Desta forma, no momento em que faz seu investimento inicial de US$10 milhões, o VCF1 reservará, ou deixará de lado para uso futuro, certa quantia para rodadas subsequentes de financiamento. Para ser claro, isso é apenas uma ficção contabilística na qual o dinheiro não foi investido, mas o VCF1 guardará esse dinheiro durante esse tempo, deixando de empregá-lo em outro investimento.

Lembre-se de que, no Capítulo 4, falei sobre conhecer sua firma de capital de risco e, em especial, saber onde ela está em seu ciclo de vida de investimento do fundo a partir do qual ela investirá em sua empresa. Nossa discussão sobre reservas ajuda a articular por que isso é importante: se uma firma de capital de risco estiver no início de seu ciclo de vida, ela provavelmente conseguirá reservar um dinheiro adicional para participar nas rodadas subsequentes de financiamento para sua empresa. Se estiver mais avançada no tempo de vida do fundo e, portanto, precisa começar a pensar mais sobre a devolução do dinheiro para suas LPs, talvez esteja menos disposta a separar tais reservas.

É claro, para você é irrelevante se a firma consegue manter sua participação total pelo investimento em rodadas subsequentes, mas é importante saber se o fundo tem dinheiro suficiente para investir em você. Por quê? Porque, em geral, quando você levanta uma nova rodada de investimento, o novo investidor quer ver se os investidores anteriores ainda acreditam em você e estão dispostos a demonstrar isso pondo em risco um capital novo e adicional. Se o fundo estiver mais avançado em seu ciclo de vida e com as reservas baixas, a inabilidade do fundo em participar na nova rodada de financiamento pode afetar a disposição dos novos investidores em financiar a sua empresa. De modo similar, se a firma não abriu (ou parece não conseguir abrir) um novo fundo, poderá não haver outra fonte de capital a ser usada para investir na nova rodada de financiamento.

Valuation do VC

Então, o que os VCs realmente fazem para avaliar startups em estágios iniciais?

Você não perde por esperar. É chamada de "análise daquilo em que preciso acreditar".

Não patenteei essa expressão, e, para ser justo, alguns VCs podem discordar de mim quanto a isso, mas, na minha experiência, é assim que funciona. Se o VCF1 investir US$10 milhões na empresa XYZ e passar a deter 20% dela, como a empresa precisará estar daqui a cinco ou dez anos para que seja uma produtora de retornos significativos, ou vencedora, para seu fundo?

Presumamos que "vencedora" signifique um retorno de dez vezes (ou US$100 milhões) sobre o investimento do VCF1. Se o VCF1 possuir 20% (e vamos ignorar por ora as reservas sobre as quais falamos), então, para ganhar US$100 milhões sobre o investimento, a empresa XYZ precisará ser vendida (ou abrir seu capital) por pelo menos US$500 milhões (0,20 × US$500 milhões = US$100 milhões).

Usando a análise da empresa comparável, vamos presumir que as empresas maduras comparáveis estão sendo negociadas em um múltiplo de cinco vezes suas receitas. Portanto, para chegarmos a nosso objetivo de valuation de US$500 milhões para a empresa XYZ, ela precisará gerar US$100 milhões em receitas.

Sendo assim, o que precisa dar certo para a empresa realizar isso? Será que o mercado que ela está buscando é grande o suficiente para suportar uma empresa com US$100 milhões em receitas? O que pode fazer a empresa fracassar? Como posso avaliar a probabilidade de cada um desses nós na árvore de decisão com relação ao sucesso ou ao fracasso? Na prática, é esse o labirinto de valuation que os VCs atravessam.

Para ser claro, estamos falando aqui sobre investimentos em estágios muito iniciais, em que não há métricas financeiras reais com as quais avaliar uma empresa. À medida que as startups vão maturando e passam a ter demonstrações financeiras mais confiáveis, é obvio que as negociações para obter capital de risco em estágios posteriores adotarão mais das métricas tradicionais de valuation que esboçamos anteriormente.

Agora, voltemos ao term sheet.

Capitalização

Perceba que o VCF1 diz que o valuation da empresa inclui o pool de opções dos funcionários não alocados — neste caso, 15%. Como vimos anteriormente, o VCF1 quer garantir 20% no fim das contas; assim, ele não quer que a criação do pool de opções dilua sua participação.

Como o VCF1 chegou aos 15% como o tamanho certo do pool? Honestamente, trata-se apenas de uma negociação entre o VC e o CEO da empresa, mas uma boa regra é que o pool de opções deve ser grande o suficiente para dar conta da contratação de funcionários até a próxima rodada de financiamento. Então, os VCs pedem que o CEO gere um plano de crescimento de funcionários para os próximos doze a dezoito meses (o tempo provável até que a empresa busque outra rodada de financiamento) e estime quantas ações serão necessárias para garantir essas contratações planejadas.

O CEO quer manter o pool no menor tamanho possível (e os outros acionistas detentores de ações ordinárias também), pois aumentá-lo antes da rodada de financiamento atual o diluirá. O VC quer manter o pool no maior tamanho possível, porque se a empresa precisar aumentá-lo depois de ele investir seu dinheiro, ele também terá parte na diluição. E essa é a dança.

Dividendos

Não gastarei muitas palavras nesta seção, porque, em geral, não vale a pena, pois as startups não podem bancar a concessão de dividendos aos acionistas.

Tudo que esta seção diz é que se e quando o Conselho de Administração da empresa decidir conceder dividendos aos acionistas — o que provavelmente nunca acontecerá —, o dividendo será igual a 6% e irá primeiro para as ações preferenciais (ou seja, para os VCs) antes de ir para os fundadores e funcionários, cujas ações são ordinárias. O motivo desta seção — ao menos em minha humilde opinião — é impedir que os fundadores concedam dividendos a si mesmos à custa dos acionistas preferenciais. Assim, se os fundadores quiserem saquear dinheiro da empresa, precisarão pagar os VCs antes. Já disse o suficiente.

Preferência de Liquidação

Agora estamos chegando na parte boa.

Preferência de liquidação é uma maneira chique de nos referirmos a quem recebe seu dinheiro de volta sob certas circunstâncias. Essas circunstâncias são chamadas de "eventos de liquidação", o que basicamente significa que a empresa é vendida ou está sendo dissolvida. É verdade que, em casos extremos, poderia ter uma mudança no controle (ou seja, vender mais de 50% de suas ações) na empresa que não envolva uma aquisição; porém, na maioria das vezes, estaremos falando sobre a venda da empresa.

O tipo específico de preferência de liquidação em nosso term sheet de exemplo é denominado "1x nonparticipating" ["1x não participante"]. Vamos por partes.

É "1x" porque o VCF1 é o primeiro a receber de volta a quantia investida, mas nada além disso. As preferências de liquidação podem ser estruturadas como 1,5x, 2x ou qualquer outro "x" que a empresa e o VC acordem. Nesses casos, o VC teria o direito ao múltiplo de seu investimento original do valor total de quaisquer lucros obtidos com a venda. Ter uma preferência de liquidação maior que 1x pode ser um grande empecilho para as startups, pois isso aumenta o preço de aquisição pelo múltiplo do capital investido pelos VCs. Como resultado, 1x é a forma predominante de preferência de liquidação para os investimentos de risco em estágio inicial.

É o caso, no entanto, de os VCs que investem em estágios posteriores do desenvolvimento de uma empresa poderem exigir uma preferência maior que 1x. Por que isso? A ideia é a de que, se um VC estiver investindo em um estágio muito posterior, ele poderá ficar preocupado com o fato de que não haverá uma possibilidade suficiente de crescimento no retorno do investimento, caso a empresa seja vendida muito próximo do financiamento, antes que ela tenha a chance de crescer a um ponto em que seu valor seja um múltiplo maior do valuation pago na rodada de financiamento.

Isso pode ser especialmente preocupante para um investidor em estágio posterior se houver muitos outros investidores que aplicaram em estágios muito iniciais e, portanto, com valuations muito menores. Esses investidores iniciais podem ter incentivos econômicos muito diferentes daqueles do investidor dessa última rodada e estarem financeiramente motivados a vender a empresa com um aumento mais modesto no valuation em relação ao valuation do investidor que entrou mais tarde. Dessa forma, uma preferência de liquidação maior que 1x pode ser uma maneira de alinhar melhor os interesses entre os investidores (e funcionários) que têm um valuation muito menor de entrada na empresa e aqueles que acabaram de entrar na empresa com um valuation significativamente maior.

"Nonparticipating" significa que o VC não poderá receber duas vezes. Ele tem uma escolha: receber sua preferência de liquidação a partir do valor total *ou* converter suas ações preferenciais em ordinárias e obter o valor das ações de sua porcentagem de participação na empresa. "Participating" seria o oposto — o VC obtém não apenas sua preferência de liquidação primeiro (seu investimento original de volta), como também pode converter suas ações em ordinárias e participar em quaisquer lucros restantes como qualquer outro acionista. Receber duas vezes é bastante incomum no financiamento padrão de capital de risco.

Vejamos um exemplo rápido para ilustrar a diferença.

Imagine que o VCF1 investiu seus US$10 milhões (pelos quais dissemos que terá 20% da empresa) e, um ano depois, a empresa foi vendida por US$40 milhões. Como temos uma preferência de liquidação de 1x nonparticipating, o VCF1 precisa escolher entre obter seu 1x a partir do lucro total ou converter suas ações em ordinárias. Qual ele escolherá? A resposta é a preferência de liquidação, pois isso resulta em US$10 milhões, ao passo que se convertesse suas ações em ordinárias, receberia apenas US$8 milhões (0,20 × US$40 milhões). Isso deixará US$30 milhões para os acionistas com ações ordinárias receberem com a aquisição.

Espero que você consiga ver que seu ponto de indiferença é a uma aquisição de US$50 milhões — ele obteria US$10 milhões com a preferência de liquidação ou US$10 milhões ao converter suas ações em ordinárias e receber seus 20% dos US$50 milhões, o preço de aquisição. Isso faz sentido, pois ele investiu com um valuation de US$50 milhões, então já esperávamos que esse fosse o ponto de indiferença.

Último exemplo. Imagine que o VCF1 negociou exitosamente por uma preferência de liquidação de 1x participating. Como isso muda a conta? Bem, no cenário da aquisição por US$40 milhões, o VCF1 receberia primeiro seus US$10 milhões de preferência de liquidação e depois converteria as ações em ordinárias. Sendo agora parte da base de acionistas com ações ordinárias, o VCF1 receberá US$6 milhões adicionais (0,20 × os US$30 milhões restantes de rendimentos). Assim, você pode ver como o restante dos acionistas com ações ordinárias é afetado nesse cenário: eles receberão sua parte apenas dos US$24 milhões restantes depois de o VCF1 ter recebido duas vezes, em vez dos US$30 milhões no primeiro exemplo .

Outra nuance da preferência de liquidação que não vimos em nosso term sheet de exemplo, visto que ele se aplica à primeira rodada de investimento institucional da empresa, é a ordem de preferência entre as diversas partes que têm direito à preferência de liquidação. Recorde que, conforme a empresa avança em seu ciclo de vida, é comum que ela levante múltiplas rodadas subsequentes de financiamento, cada uma com uma nova série de ações preferenciais (Série B, Série C etc.).

Surge então a pergunta: todas as diversas séries de acionistas preferenciais têm o mesmo direito de preferência de liquidação ou alguns têm mais preferência do que os outros? Essa preferência é conhecida como "senioridade", o que significa que alguém tem preferência sobre os lucros da aquisição ou da liquidação em relação a outros acionistas preferenciais. O oposto de senioridade é *pari passu*, um termo chique em latim que significa que todos são tratados de forma igualitária. A senioridade é normalmente introduzida apenas nas negociações do term sheet em um estágio posterior de financiamento, quando há no mínimo duas classes de ações preferenciais que talvez briguem por esse direito; é por isso que não vimos essa discussão em nosso term sheet.

À primeira vista, como empreendedor, talvez você pense, e corretamente: "Quem se importa com isso? Se concordei com uma preferência de liquidação geral, por que preciso me importar se os VCs decidiram entre si usar o *pari passu* ou introduzir algum elemento de senioridade?" Você está certo em um aspecto: que a quantia final que você e seus outros acionistas com ações ordinárias (a maioria de seus funcionários) receberão em uma aquisição ou liquidação não é alterada pela senioridade — independentemente de como a preferência for dividida, ela ainda será uma quantia finita que irá para os VCs. Na prática, porém, esse termo importa no sentido de que ele pode criar incentivos diferentes para seus diversos VCs e, assim, fazê-los pensar de forma diferente sobre uma oferta de aquisição.

Por exemplo, imagine que você tem um total de US$30 milhões em preferência de liquidação e duas séries de ações preferenciais (A e B) representando duas firmas de capital de risco. Imagine também que cada firma investiu US$15 milhões em suas respectivas classes de ações preferenciais. Se você receber uma oferta de aquisição de US$25 milhões, todo esse dinheiro irá para os acionistas preferenciais, pois o preço de aquisição é menor que os US$30 milhões em preferências. Se a preferência fosse *pari passu*, os VCs dividiriam meio a meio, cada um recebendo US$12,5 milhões de volta de seus investimentos originais de US$15 milhões. No entanto, se as ações B fossem seniores às ações A, os acionistas B receberiam seus US$15 milhões integrais de volta, e os acionistas A receberiam apenas os US$10 milhões restantes.

Em qualquer caso, você, como detentor de ações ordinárias, provavelmente não receberá nada, porque simplesmente não sobrou nenhum dinheiro após satisfazer as preferências de liquidação. Mas a decisão de votar a favor ou contra a aquisição pode ser influenciada pela presença de uma preferência sênior. Como se pode ver, os acionistas A perdem dinheiro no negócio como resultado de uma preferência sênior favorecendo os acionistas B, então eles podem ficar inclinados a votar contra o negócio caso acreditem que haverá alguma chance de conseguirem algo melhor futuramente que os faria receber sua parte na íntegra. E embora você e seus funcionários possam não receber nada por suas ações ordinárias nesse negócio, talvez você receba ofertas de emprego na empresa adquirente que podem ser atraentes e talvez também acredite que fazer parte da empresa adquirente seja a melhor forma da visão original de seu produto ser concretizada. Não poder concretizar essas oportunidades devido a um conjunto concorrente de incentivos entre seus VCs seria um péssimo resultado.

Resgate

Esta explicação talvez seja ainda mais curta que a dos dividendos — nada de resgate! Pense nisto: a ideia toda por trás de vender a participação para um VC é que você deseja que o dinheiro seja permanente para que possa usá-lo para o desenvolvimento de sua empresa. Se quisesse pagá-lo de volta em algum prazo definido, teria levantado dívidas. Desse modo, o resgate é extremamente incomum no capital de risco. Porém, para ir longe nessa questão, caso o resgate existisse no term sheet, ele basicamente permitiria ao VCF1 devolver suas ações à empresa XYZ em algum momento futuro em troca de seu dinheiro de volta (e às vezes, com juros).

Os direitos de resgate, caso existam, provavelmente entram em cena precisamente no pior momento para a empresa. Por que um VC, que está jogando em busca de "home runs", desejaria fazer o resgate? Apenas se ele percebesse que a empresa estivesse parecendo um zumbi e obter seu dinheiro de volta fosse uma opção melhor do que testemunhar sua lenta desintegração. Entretanto, é exatamente nesse ponto que a empresa não teria dinheiro suficiente para devolver. Assim, a maioria das leis estaduais nos EUA restringe a possibilidade de os investidores exercerem seus direitos de resgate caso isso deixe a empresa em péssimas condições financeiras. Ainda bem que a maioria dos contratos de capital de risco simplifica as coisas ao apenas estipular que o investimento de fato não pode ser resgatado.

Conversão/Autoconversão

Analisemos essas duas juntas.

Lembre-se de que o VCF1 está investindo em um ativo diferente (ações preferenciais Série A) dos fundadores ou de outros funcionários (ações ordinárias). Portanto, nessa altura, o VCF1 pode desejar converter suas ações em ordinárias e, em outros momentos, os fundadores (e talvez outros investidores de risco posteriores) podem desejar forçar o VCF1 a fazer a conversão para ordinárias.

Por que um VC desejaria fazer isso (e por que a empresa ou outros desejariam forçá-lo a fazer isso), dado que as ações preferenciais têm tantos direitos e privilégios adicionais quanto as ordinárias?

No caso anterior, um VC pode querer fazer isso como parte do IPO da empresa. Para abrir o capital de uma empresa, é importante organizar sua estrutura de capital, fazendo com que todos convertam suas ações para ordinárias. Não é impossível ter múltiplos tipos de ações como empresa de capital aberto — de fato, mais recentemente, temos visto muitas empresas de tecnologia implementar "ações de duas classes" como parte de seu IPO, o que, em geral, divide as ações ordinárias em uma classe com maior direito a voto e em outra com menor direito a voto. Por exemplo, o Google e o Facebook têm ações com duas estruturas de votos, e a Snap, de fato, tem uma estrutura com três classes. Apesar disso, as ações preferenciais geralmente precisam sair no momento de um IPO nos EUA.

Na maioria dos casos, um IPO é algo bom, e a maioria dos VCs fica mais do que feliz em converter suas ações em ordinárias em conexão ao processo de abrir o capital da empresa. Porém, como nosso term sheet reflete, o VCF1 quer garantir que o IPO tenha um tamanho suficiente — tanto como uma forma de garantir que o valuation seja atrativo com relação ao valuation de seu investimento inicial quanto para que a empresa tenha uma capitalização suficiente de mercado para ter uma liquidez suficiente de negociações de suas ações (assim, o VCF1 pode, em algum momento, vender suas ações na bolsa).

Recorde que falamos anteriormente sobre a redução no número total de IPOs nos últimos vinte anos e, em particular, sobre o declínio no número de IPOs com capitalizações menores. Entre os motivos para isso está o fato de que as empresas com capitalização menor (as small caps) não têm uma grande liquidez na transação de suas ações. Isso significa que o volume de ações negociadas em qualquer dia é pequeno, dificultando que um acionista que tenha muitas ações consiga vendê-las sem derrubar o preço da ação. Para combater isso, o termo de conversão para o IPO normalmente inclui uma cláusula para que o IPO tenha um tamanho mínimo especificado, que se iguale a uma capitalização de mercado mínima esperada da companhia, com a intenção de evitar ficar preso com a ação de uma small cap com baixo volume de transações.

Em nosso term sheet, o VCF1 concorda em ser convertido (chamamos isso de autoconversão) em ações ordinárias em conexão a um IPO, desde que os lucros obtidos com o IPO sejam de no mínimo US$50 milhões. Se você presumir que a maioria das empresas são vendidas entre 10% a 20% em um IPO, isso resultaria em uma capitalização de mercado de US$250 milhões a US$500 milhões. Todavia, no mercado atual, esse seria um IPO com uma capitalização muito pequena e que provavelmente teria pouco volume de negociação na bolsa. Mas no estágio da Série A de investimento, seria difícil para o VCF1 brigar por um IPO com uma capitalização de mercado significativamente maior. Presumivelmente, visto que há outras rodadas posteriores de financiamento, esse limite mínimo para o IPO aumentará.

Outro aspecto da autoconversão para o IPO é determinar um preço específico por ação ou um limite de retorno sobre o investimento de modo a forçar a conversão. Por exemplo, o VCF1 poderia ter dito que apenas faria a autoconversão em um IPO caso o retorno sobre seu investimento de US$10 milhões fosse de no mínimo três vezes. Às vezes vemos esses termos com base em retorno nos financiamentos de risco em estágios posteriores, em que um novo investidor pode entrar perto do momento do IPO e fica preocupado que a empresa possa abrir seu capital cedo demais, antes de ele ter obtido uma valorização suficiente sobre seu investimento.

O outro mecanismo para converter as ações de preferenciais para ordinárias que o term sheet estipula é uma conversão voluntária. Nesse caso, o term sheet diz que os votos da maioria das ações preferenciais é outra forma de converter as preferenciais em ordinárias.

E quando o VC desejaria fazer isso? Na maioria dos casos, em má hora.

Falarei mais tarde sobre as recapitalizações das empresas, mas, por enquanto, vamos apenas concordar que, muitas vezes, as coisas não saem como planejadas no mundo das startups. Acredite se quiser, mas volta e meia a empresa levanta muito capital e precisa efetivamente recomeçar do zero muitos anos depois. Nessa altura, ela pode já ter levantado diversas rodadas de capital de risco e, portanto, ter diferentes investidores que aplicaram quantias diferentes com valuations diferentes. Dessa forma, pode haver US$30 milhões, US$50 milhões ou mais em preferências de liquidação combinados na empresa.

Com frequência, para recomeçar a empresa do zero, é importante limpar a mesa da capitalização ao se livrar de algumas ou de todas as preferências de liquidação. Isso torna a empresa mais atraente para um novo investidor e fornece capital para o recomeço. Para um novo investidor, haver muita preferência de liquidação significa apenas que o valuation que a empresa precisa alcançar em uma venda para fazer o VC ganhar dinheiro com o negócio pode ser proibitivamente alto. Isso também ajuda a incentivar novamente os funcionários que, de outro modo, tenham um valor muito alto a ser atingido para que possam ganhar qualquer dinheiro com suas ações ordinárias. Recorde que os funcionários detêm ações ordinárias, então não ganham nada com a aquisição até que todas as preferências de liquidação dos VCs tenham sido satisfeitas. Sendo assim, eles podem ficar financeiramente desmotivados a permanecer na empresa caso não acreditem haver uma perspectiva razoável de uma aquisição que libere as preferências de liquidação. Portanto, se os VCs acreditam nas perspectivas futuras da empresa, eles podem desejar abrir mão voluntariamente de sua preferência de liquidação para conceder um recomeço à empresa.

Como um VC eliminaria a preferência de liquidação se não estivesse inclinado a fazê-lo? Precisamente por meio desse mecanismo de conversão. Lembre-se de que a preferência de liquidação se vincula ao tipo especial de ações que o VC tem: a ação preferencial. Caso ele convertesse suas ações preferenciais em ordinárias, os recursos extras que desfrutava como acionista preferencial simplesmente desapareceriam.

E isso nos leva a um item muito esperto, que deixamos de lado em nosso term sheet, mas que agora entra em cena. Não digo esperto no sentido de "malandro", mas de "inteligente". Quem pode votar para que as ações preferenciais sejam convertidas em ordinárias e, assim, desistir da preferência de liquidação?

Observe que o term sheet é muito específico ao capitalizar a letra "A" em Ações Preferenciais como o grupo que precisa obter a maioria dos votos como parte do mecanismo de conversão voluntária.

E quais são essas Ações Preferenciais? Vá ao Apêndice no item dividendos no exemplo de term sheet e verá que a "Ação Preferencial" é definida como "quaisquer séries prévias de ações preferenciais, Ação Preferencial da Série A e todas as séries futuras de ações preferenciais". Isso significa que, independentemente de quantas classes diferentes de ações preferenciais possam existir ao longo da vida de uma empresa, todas votam juntas como um único grupo ao determinar se a maioria delas quer fazer a conversão voluntária para ordinárias.

Isso é importante, especialmente se a empresa começar a ir mal após ter levantado diferentes rodadas de capital, visto que a alternativa a essa definição poderia ter sido dar a cada série individual de ação preferencial seu próprio voto majoritário. Nesse caso, se qualquer uma das diferentes classes de ação se recusar a participar da conversão, o negócio todo será interrompido.

Infelizmente, esse não é um risco teórico. Vimos isso muitas vezes em nossa curta história na Andreessen Horowitz, o que pode criar problemas reais. Por exemplo, tínhamos uma empresa no portfólio que levantou cerca de sete rodadas de financiamento em uma série de preços cada vez mais altos. Mas quando ela teve problemas posteriormente e precisou de uma infusão de capital a um preço substancialmente menor do que a maioria das rodadas anteriores, os termos das rodadas anteriores voltaram para afligir a todos. Isso porque cada classe de ação preferencial (representando cada uma das rodadas anteriores de financiamento) tinha seu próprio voto de conversão, específico para apenas sua classe. Não havia uma maioria de votos "Preferenciais", mas uma série de votos individuais para cada uma das séries preferenciais de forma independente. Como se isso já não fosse difícil o bastante, cada classe de preferenciais era controlada por uma firma diferente de capital de risco.

Qualquer novo investidor que entrasse na empresa naquela altura não estaria disposto a investir mais dinheiro sem converter ao menos algumas, senão todas, as séries existentes de ações preferenciais em ordinárias. Por quê? Porque, recorde que um dos direitos de um acionista preferencial é a preferência de liquidação, e a forma mais simples de se livrar dela é converter as ações de preferenciais em ordinárias. Tendo passado por sete rodadas anteriores de financiamento, a preferência de liquidação era suficientemente alta, de modo que as projeções de retorno para qualquer novo investidor seriam substancialmente atenuadas se não houvesse algum abatimento da preferência.

Há, é claro, uma alternativa para ajudar esse novo investidor a se sentir confortável com o tamanho das preferências existentes: permitir que ele tenha uma preferência de liquidação sênior. Lembre-se de nossa discussão anterior falando que isso significaria que o novo investidor receberia seu dinheiro primeiro, antes de todos os investidores preferenciais, desta forma protegendo seu investimento muito mais do que se houvesse um *pari passu* (ou distribuição igual) com os outros investidores preferenciais existentes.

Porém, como vimos anteriormente, isso introduz outras complexidades potenciais, pois cria incentivos financeiros muito diferentes entre as várias classes de investidores preferenciais no evento de uma aquisição em que o preço não excede a quantidade total de preferências. Além disso, sendo um acionista ordinário, você certamente preferiria que a quantidade total daqueles com direto à liquidação fosse reduzida, para criar uma possibilidade maior de que você e seus funcionários pudessem receber algum lucro com uma oferta futura de aquisição. Esse novo investidor provavelmente também deseja isso, pois quer que os funcionários estejam motivados a trabalhar muito para obter um bom resultado financeiro, em vez de todo mundo sentir que está trabalhando sem qualquer perspectiva de realizar um retorno financeiro.

Como se pode imaginar, isso dificultou extremamente que o novo investidor se sentisse confortável mesmo com a emissão de um term sheet e quase aniquilou as perspectivas financeiras da empresa. Os diversos investidores acabaram resolvendo, mas foram necessários meses de idas e vindas de negociações, ao passo que a empresa permaneceu parada, sem a infusão necessária de capital para continuar desenvolvendo seu negócio.

Pode haver momentos em que emitir diferentes classes de ações preferenciais faça sentido — e é possível ver isso muitas vezes quando as empresas ficam mais maduras e levantam quantias maiores de capital com preços maiores. Contudo, fazer isso para a empresa XYZ em estágio tão inicial geralmente não é recomendado. Uma vez que você abre o precedente de dar às séries individuais de ações preferenciais seus próprios votos, fica muito difícil voltar atrás. Portanto, para um term sheet de Série A, como o que temos aqui para a empresa XYZ, ter o voto "Preferencial" com "P" maiúsculo para a conversão voluntária é um caminho mais inteligente a seguir.

Cláusulas Antidiluição

Sempre que os VCs investem em uma empresa, eles esperam que seu valuation continue crescendo a cada rodada. Caso isso ocorra, não há necessidade de se preocupar com a proteção antidiluição. Mas a esperança não é uma estratégia, então, é melhor prevenir do que remediar.

A proteção antidiluição oferece um elemento de segurança no evento de a empresa levantar capital com um valuation abaixo do qual o VC investiu. Chamamos isso de "down round", visto que o valuation está de fato abaixo [down] da rodada [round] anterior. Essa não é uma situação agradável de se estar, tanto para o VC quanto para o fundador e os funcionários, pois o efeito de uma down round pode ser altamente diluente para a participação de todos, pois a empresa precisará emitir um número significativo de ações por dólar do capital que procura levantar, e o acréscimo dessas ações ao estoque de capital da empresa significará que todos os acionistas existentes possuirão uma parte proporcionalmente menor da empresa do que antes da down round.

É claro, a cada novo financiamento, surge um elemento de diluição, visto que, em todos os casos — esteja o preço alto ou baixo —, a empresa precisará emitir novas ações. Mas as down rounds são particularmente dolorosas por dois motivos. Primeiro, o preço mais baixo significa que mais ações precisarão ser emitidas para levantar uma quantia fixa de capital do que se o preço estivesse mais alto. Segundo, no caso de uma "up round", muito embora as novas ações estejam sendo emitidas, todos ficam felizes, apesar da diluição, porque o valor da empresa aumentou. Assim, embora você possa ter sido diluído em 10% como resultado da emissão de novas ações, o valor de sua posição na empresa deve ser muito maior como resultado do valuation mais alto atribuído a ela.

Portanto, os VCs desenvolveram o que pode com certeza ser chamado de "schmuck insurance" ["seguro do otário", em tradução livre]: achávamos que a empresa valia US$5 por ação no dia em que investimos nela, porém, no futuro, se o valuation for de US$2 por ação, o seguro fornece um ajuste de preço para minimizar o efeito diluente dos US$2 por ação na rodada de financiamento.

A extensão do ajuste de preço depende do tipo preciso de proteção antidiluição.

Em nosso term sheet, para o VCF1, temos uma proteção antidiluição de média ponderada de base ampla. É um termo bem técnico, e a fórmula, que não vou colocar aqui (mas que você pode pesquisar no Google), é igualmente assustadora. Em termos simples, pense na média ponderada de base ampla como uma forma intermediária de proteção antidiluição. O VCF1 não quer redefinir totalmente o preço original de compra para o novo preço, mas ele consegue um preço que fica entre esses dois opostos e que é ponderado pela quantia de capital levantado nas diferentes rodadas de financiamento.

Contraste isso com a verdadeira política de seguro que fornece ao VC uma redefinição completa do preço — isso é chamado de "full ratchet". Nesse caso, usando nosso exemplo de variação do preço da ação de US$5 para US$2, nosso VC basicamente ignoraria seu preço original de US$5 por ação e redefiniria sua base acionária sobre o preço de US$2 por ação. Matematicamente, isso significa que o número de ações que ele agora possuirá com seu investimento original na empresa aumentará 2,5 vezes (5/2). Portanto, como se pode ver, a cláusula full ratched protege o VC de ser diluído nesta down round de financiamento.

Mas e o fundador e os funcionários? Má sorte: eles não têm tal mecanismo; portanto, estão, com efeito, subsidiando a proteção antidiluição do VC, pois assumem toda a diluição. Antes de ficar muito preocupado com isso como uma questão prática, muitos VCs, quando se deparam com uma situação em que a proteção antidiluição entrará em vigor, podem ficar dispostos a compensar um pouco da diluição do fundador e dos funcionários ao aumentar o pool de opções e garantir opções adicionais para eles. Isso não resolverá o problema completamente, mas atenuará a diluição sofrida pelos donos de ações ordinárias.

Se você levar isso ao extremo lógico, entrará em um círculo vicioso: quanto maior a proteção antidiluição dos VCs, mais os acionistas com ações ordinárias serão diluídos e, desta forma, mais os VCs estarão inclinados a aumentar o pool de opções e garantir mais ações a eles, e quanto mais os VCs fizerem isso, mais serão diluídos. Não há um equilíbrio perfeito para esse problema, mas, às vezes, os VCs abrem mão da proteção antidiluição ou a modificam para evitar esse círculo vicioso.

Falei anteriormente sobre se você deve sempre maximizar o valuation em determinada rodada, e é aqui que realmente o bicho pega — no contexto de uma down round. É preciso lidar não apenas com a falta de ímpeto e sentimentos abalados de sua base de funcionários, mas as down rounds causam consequências econômicas reais na forma de proteção antidiluição para os VCs.

Em grande parte, pode-se evitar isso se você procurar estruturar seu financiamento atual de modo a maximizar a probabilidade de sucesso para sua próxima rodada de investimento.

Direitos de Voto

Esta seção realmente não diz muito, pois o grosso sobre a votação aparecerá nas cláusulas protetivas no próximo capítulo. Porém, é importante destacar aqui que cada ação, tanto ordinária quanto preferencial, tem um voto. Como discutimos brevemente há pouco, quando algumas startups abrem seu capital, elas têm diferentes classes de ações com diferentes direitos a voto. Embora aconteça quando as empresas ainda têm o capital fechado, isso é bastante incomum. Em nosso term sheet, a votação segue a convenção normal de um voto por pessoa.

À medida que as ações com duas classes começaram a proliferar entre algumas empresas de tecnologia de capital aberto (como Facebook, Google e

Snap), algumas startups passaram a considerar a adoção dessas estruturas ainda com o capital fechado.

Ultimamente, temos observado duas possibilidades nesse sentido. A primeira é que alguns fundadores gostariam de ter uma ação com maior direito de voto aplicado somente às suas ações. A teoria é que, além do Conselho de Administração controlador, como veremos no próximo capítulo, eles também querem garantir que sempre que uma questão corporativa exigir o voto de um acionista, eles tenham um poder de voto suficiente para manter o controle sobre essas questões. Por exemplo, se a empresa puder ser adquirida, e for necessário o voto do acionista para aprovar a transação, e se os fundadores possuem, digamos, dez vezes o número de votos por ação com relação a qualquer outro acionista, eles provavelmente conseguirão controlar o resultado dessa votação. Não estou ciente de qualquer exemplo com esse tipo de estrutura de votação que tenha sido implementado em startups.

O que tem acontecido em um número muito pequeno de casos é que alguns fundadores pediram a certos investidores que assumissem o que é denominado "voto por procuração" em conexão com seus investimentos. Isso significa que o investidor entrega a autoridade de voto de suas ações aos fundadores, de tal forma que os fundadores executam esse direito de voto em favor de quaisquer ações corporativas que necessitarem de votação. Embora isso também seja bastante incomum, às vezes vemos acontecer com investidores em estágios muito avançados e passivos que estão interessados apenas na oportunidade financeira do investimento, e não em participar na governança da empresa.

O segundo tipo das estruturas de ações com duas classes, que é mais comum do que o primeiro (embora ainda em uma minoria de negociações), é aplicar o que é conhecido como uma estrutura com duas classes originadas antes de um IPO. Isso significa que manteremos o conceito de um voto por pessoa enquanto a empresa mantiver seu capital fechado, mas que, imediatamente antes do IPO, a estrutura de duas classes surgirá. A implementação comum disso é fazer com que todas as ações existentes, no momento do IPO, sejam convertidas em super ações ["supervoting shares"], incluindo tanto as ordinárias quanto as preferenciais. Depois, as ações que são emitidas no IPO têm a tradicional estrutura de um voto por pessoa. A teoria aqui é a de que, ao longo do tempo, os investidores de risco sairão da empresa ao vender suas ações nas bolsas de valores, e ao fazerem isso, os superpoderes de votos daquelas ações desaparecem. Desta forma, nos anos seguintes após a empresa ter aberto seu capital, os fundadores provavelmente acabarão ficando com um controle significativo de governança, pois ainda possuirão suas super ações, ao passo que o público em geral possuirá ações com a estrutura de apenas um voto.

CAPÍTULO 10

A Sopa de Letrinhas dos Term Sheets: Parte Dois (Governança)

Agora estamos chegando ao âmago da estrutura de governança de nossa empresa. Basicamente, isso quer dizer: quem tem o poder de decisão sobre o que acontece na empresa? Ninguém gosta muito de focar essas seções, mas o fato é que elas são muito importantes. Por exemplo, a composição do Conselho de Administração tem muita relevância, afinal, é ele que contrata ou demite o CEO e vota sobre as principais ações corporativas, como levantar capital, vender a empresa etc.

E as cláusulas protetivas, que também determinam em quais ações corporativas os acionistas preferenciais (os VCs) têm poder de decisão, importam muito. Em última análise, elas checam a capacidade do CEO em realizar ações corporativas significativas. A autoconversão, o drag along[1] e as seções de votação também constituem essa parte de governança.

Portanto, embora seja menos atraente falar sobre isso, sendo você um fundador, certifique-se de não ignorar o assunto e focar exclusivamente as questões econômicas. Isso é algo que definitivamente pode voltar para o assombrar futuramente na vida de sua empresa!

Vamos garantir que isso não aconteça com você.

---

1 O Drag Along, ou Obrigação de Venda Conjunta, é uma cláusula contratual que tem como objetivo proteger o acionista majoritário de uma companhia de capital aberto. [N. da RT.]

O Conselho de Administração

Falaremos mais sobre o papel do Conselho de Administração, mas provavelmente a coisa mais fundamental que um Conselho faz é contratar (ou despedir) o CEO. De forma compreensível, muitos CEOs fundadores vêm prestando muito mais atenção à composição do Conselho de Administração, dadas as preocupações históricas com relação aos VCs serem rápidos em substituí-los.

Em nosso term sheet, temos um Conselho composto por três pessoas. (Não há nenhum requisito para que seja uma composição com número ímpar, mas muitos preferem isso para evitar as situações de empate de votos.) Uma pessoa é nomeada pelos acionistas preferenciais da Série A (aqui, é o VCF1); é bastante comum que o investidor majoritário em um estágio inicial de investimento tenha um assento no Conselho.

Eu simplifiquei nosso term sheet ao ter apenas um investidor de risco nesta rodada de financiamento, mas é comum haver múltiplos investidores. Nesse caso, há o que é conhecido como o investidor "líder" e que conduz a negociação do term sheet com o CEO e, como resultado, normalmente está investindo ao menos a metade da quantia total da rodada. Considerando sua posição de líder, esse investidor provavelmente será o representante no Conselho para esse conjunto de investidores preferenciais.

O segundo assento é reservado para os acionistas detentores de ações ordinárias e deve ser o CEO. Observe que o assento é reservado para o CEO, e não para o fundador em si. Isso significa que, seja lá quem for o CEO no momento, ele terá o direito de participar do Conselho. Às vezes o CEO fundador pede para que o assento no Conselho seja designado para si mesmo (e não para o CEO existente).

A princípio, esse parece ser um pedido inofensivo, uma vez que ele é, de fato, o CEO. Mas o que acontecerá se o fundador for removido como CEO ou se ele decidir sair da empresa por vontade própria? Se não houvéssemos escrito as cláusulas sobre o Conselho de Administração da forma que o fizemos no term sheet, o fundador continuaria a manter seu assento no Conselho. Denominamos isso de "governar do túmulo" (ou, às vezes, "controle do morto"), de forma alguma uma posição favorável para a empresa.

Não faz muito sentido que um fundador que não faz mais parte da empresa tenha um assento no Conselho. Portanto, nos casos em que o fundador deseja que o assento lhe seja designado, os VCs normalmente insistirão para que haja um vínculo de trabalho envolvido com sua ocupação contínua do assento no Conselho. Ou seja, ele pode manter seu assento enquanto for CEO (ou talvez algum outro cargo de diretoria), mas perderá o assento quando não ocupar mais esse cargo.

O terceiro assento é reservado para uma parte independente, isto é, alguém que não tem afiliação com a empresa em virtude de ser investidor ou ter algum cargo de diretoria. O processo de seleção aqui exige que a parte independente seja aprovada pelos outros dois constituintes do Conselho.

Parando para pensar, essa é uma configuração bastante justa e igualitária para um Conselho: os acionistas que são donos de ações ordinárias estão representados pelo CEO; os preferenciais, pelo VCF1; e temos uma terceira parte ostensivamente neutra sem qualquer interesse pecuniário na empresa. A maioria dos especialistas em governança corporativa diria que esse é um Conselho equilibrado.

Todavia, os Conselhos de Administração nem sempre são assim. Mais recentemente, alguns fundadores vêm insistindo em ter o que é denominado Conselho "controlado pelos acionistas com ações ordinárias", ou seja, quando há mais membros representando esses acionistas do que as outras classes.

O motivo para isso é óbvio: se tais acionistas controlam o Conselho, então os VCs de fato não podem despedir o CEO fundador, pois não terão votos suficientes para tanto. É claro, eles precisariam convencer ao menos alguns dos constituintes representantes desses acionistas, mas na maioria dos casos, os assentos representativos dos acionistas detentores de ações ordinárias são controlados pelos fundadores (visto que possuem mais ações e, portanto, mais votos). Dessa forma, remover um CEO fundador será difícil. Alguns argumentam que essas estruturas de Conselho são o âmago de por que tem havido alguns desafios de ampla repercussão recentemente envolvendo a governança de CEOs nos Conselhos em empresas do Vale do Silício.

O caso da Uber é ilustrativo aqui. Durante o período em que Travis Kalanick foi o CEO, a empresa estabeleceu um Conselho de Administração com um total de onze assentos, estando apenas sete preenchidos na época. Não é algo incomum, a propósito, ter alguns assentos não preenchidos enquanto a empresa está em fase de desenvolvimento. Travis de fato controlava três dos sete assentos, pois eram preenchidos por ele, seu cofundador e um terceiro funcionário antigo da empresa, provavelmente seu aliado. Ele também tinha o direito de preencher os quatro assentos vazios a seu critério.

Sendo assim, caso o Conselho tentasse forçar uma votação para remover Travis de sua função como CEO, ele poderia ter preenchido rapidamente os quatro assentos vazios e, dessa forma, angariado votos para seu lado. Por fim, o Conselho aplicou uma pressão suficiente, incluindo um processo aberto por um dos principais VCs, para convencer Travis a renunciar. Isso evitou a necessidade de uma votação formal do Conselho.

Outra coisa a ser considerada neste caso é o que acontece com a configuração do Conselho à medida que a empresa XYZ vai passando por rodadas subsequentes de financiamento. Nosso Conselho perfeitamente equilibrado provavelmente será abalado. Caso um novo VC lidere a próxima rodada, ele muito provavelmente pedirá um assento, o que fará com que os VCs tenha dois assentos, ao passo que os acionistas com ações ordinárias terão um e a parte independente também terá um.

Não há uma solução mágica para esse problema, mas às vezes o CEO fundador pedirá para acrescentar um segundo assento independente para haver mais equilíbrio com relação aos dois assentos dos VCs. Outras vezes, o CEO fundador pedirá um segundo assento para os acionistas com ações ordinárias para igualar o assento extra do VC. Qualquer configuração é possível; o resultado final é simplesmente uma função das posições de negociação de cada uma das partes.

Cláusulas Protetivas

Recorde que a seção sobre os direitos de votos realmente não o informou muito sobre quem precisa votar sobre o que, além de informar que cada classe de ação (ordinária e preferencial) tem um voto. Mas o que realmente nos importa aqui é quem precisa votar, e em quais proporções, para aprovar as diversas ações corporativas.

Nos EUA, o estado de Delaware é o foro padrão de escolha para as ações corporativas (a maioria das startups é incorporada em Delaware, pois o estado tem o conjunto de leis e os pareceres jurídicos mais bem desenvolvidos quanto à governança corporativa e aos direitos dos acionistas). Ele especifica a linha de base sobre se as ações ordinárias e preferenciais votam juntas ou separadamente sobre os diversos itens corporativos.

Mas as cláusulas protetivas estão, de fato, acima das leis de Delaware. Desde que não enfraqueçam os fundamentos das leis daquele estado, as cláusulas protetivas concedem às partes em transação a possibilidade de criarem algumas regras mais estritas. Neste term sheet, e na maioria dos outros financiamentos de risco, as cláusulas protetivas garantem aos acionistas preferenciais (geralmente os VCs) um poder maior de decisão em relação a diversas questões corporativas.

Assim como vimos na seção sobre a autoconversão há pouco, as cláusulas protetivas em nosso term sheet designaram as Preferenciais, com "P" maiúsculo, como a classe de ações cujos acionistas têm o direito de votar sobre as ações corporativas definidas. Recorde que falamos sobre a sensatez disso em antecipação às rodadas de financiamento em estágios posteriores. Em geral, é importante evitar que uma minoria de investidores em rodadas posteriores tenham um controle maior de governança do que sejam seus interesses econômicos. A maneira de fazer isso é agrupar todas as séries independentes de ações preferenciais em uma única classe votante, em vez de permitir que cada série de ações preferenciais tenha seu próprio voto. Fazer isso posteriormente significa que cada série de ações preferenciais pode bloquear a outra. Como comentei, essa não é uma situação favorável para você.

Veja bem, para ser justo, haverá momentos posteriores na vida financeira de uma empresa em que um novo investidor poderá insistir em ter ao menos algumas das ações marcadas com o "P" maiúsculo de Preferencial com direito a uma série separada de voto. E às vezes isso pode ser algo adequado a considerar, mas o melhor é não estabelecer tal precedente muito cedo na vida da empresa.

Quando isso pode surgir? Quando um investidor em estágio posterior decide investir em uma startup, ele pode estar investindo uma quantia significativa de dinheiro, mas ainda acaba tendo uma participação relativamente pequena da empresa. Isso se dá porque, naturalmente, o valuation da empresa deve ter aumentado ao longo de suas diversas rodadas de financiamento, significando que US$1 investido com o valuation de hoje dá um poder de compra muito menor ao investidor do que US$1 investido muitos anos atrás da rodada Série A.

Como resultado, nosso novo investidor terá muito dinheiro em jogo no investimento, mas será uma minoria substancial sob a perspectiva de governança com relação aos outros VCs, que são investidores há mais tempo e, portanto, entraram com valuations muito mais baixos. Assim, se todas as cláusulas protetivas recorrerem a um voto majoritário de todas as ações preferenciais juntas, como uma única classe, o novo investidor pode se ver sem qualquer poder para afetar o voto; os investidores mais antigos provavelmente controlam mais de 50% das ações preferenciais, podendo exercer um voto majoritário por si sós.

E seus incentivos econômicos podem ser muito diferentes daqueles do novo investidor, dado que a quantia de capital que eles investiram é muito diferente, assim como sua participação econômica pode ser muito diferente. Por exemplo, pode haver cenários de aquisição que produzem um ótimo retorno aos VCs mais antigos, mas que apenas fornecem um retorno do capital investido para o novo investidor. São esses tipos de situações que o novo investidor procura evitar.

Uma maneira de fazer isso é solicitar uma classe separada de voto para o novo investidor. Ou seja, a aprovação do novo investidor é solicitada separadamente para aprovar quaisquer ações corporativas. Obviamente, isso pode ser problemático justamente para o cenário que acabei de descrever — os interesses econômicos do novo investidor podem divergir dos outros, e você estará lhe concedendo um controle de voto desproporcional com relação aos interesses econômicos dele. Uma forma intermediária de resolver tal preocupação é não conceder uma série separada de votos para *todas* as ações corporativas, mas enumerar uma lista de coisas com as quais o novo investidor está mais preocupado e para as quais poderá ter uma classe de voto separado.

Outra maneira de lidar com isso é aumentar o limite de votos para as ações corporativas necessárias para algo maior do que uma maioria simples. A porcentagem exata dependerá das especificidades da situação, mas o novo investidor pode solicitar algum número que exija mais diversidade dos investidores existentes para aprovar a transação, na esperança de que isso diminua a probabilidade de ele sempre estar em minoria em relação aos VCs muito antigos e que podem controlar uma maioria de suas ações preferenciais.

Agora que sabemos quem vota, a próxima pergunta é: sobre o que eles votam? Você verá no term sheet (Apêndice, página 274) que há uma longa lista de coisas sobre as quais as cláusulas protetivas dão ao acionista Preferencial o direito de votar.

Não falarei sobre todos os itens, mas vamos dar uma olhada em alguns:

- *(iii) Autorização de uma nova classe de ações:* este é um item muito importante, pois é o mecanismo que garante que o Preferencial tenha uma chance de votar sobre os financiamentos futuros para a empresa. Afinal, para vender mais ações como parte de uma nova rodada de financiamento, a empresa precisará emitir uma nova classe de ações para o novo investidor. Às vezes esta seção faz apenas um "blanket vote" [uma votação geral] para o Preferencial aprovar (ou não) a criação de uma nova classe de ações. Em nosso term sheet, o VCF1 e a empresa XYZ concordaram com um meio-termo: o Preferencial poderá votar sobre a emissão de uma nova classe apenas se ele tiver direitos iguais ou maiores do que os direitos que as classes atuais de Preferenciais têm. Por exemplo, se a empresa XYZ quisesse emitir uma nova classe de ações preferenciais que tivesse uma preferência de liquidação que fosse júnior à preferência da ação do VCF1, ela certamente poderia fazer isso sem o consentimento do Preferencial.

- *(v) Ações corporativas:* este item também é muito importante. Ele permite que o Preferencial vote sobre a aquisição da empresa e a venda de sua propriedade intelectual. Isso faz sentido, visto que o VCF1 provavelmente investiu na empresa em parte devido à sua propriedade intelectual e, desta forma, desejará ter direito de decisão quanto a vendê-la, e também quanto à venda da empresa em si (o que provavelmente inclui a propriedade intelectual).

- *(vii) Liquidação ou recapitalização:* caso a empresa XYZ seja fechada (liquidada) ou recapitalizada (a estrutura atual de capitalização será totalmente alterada), o Preferencial também terá poder de decisão quanto a isso. Falarei mais sobre a recapitalização posteriormente, mas, de forma breve, trata-se de uma transação pela qual a estrutura de participação na empresa é em grande parte redefinida. Por exemplo, os acionistas preferenciais podem ser forçados a converter suas ações em ordinárias (para eliminar a preferência de liquidação), ou a participação dos acionistas existentes pode ser reduzida pelo que é chamado de "reverse split" ["desdobramento inverso"]. Isso significa que o número de ações que o acionista possui é reduzido por algum múltiplo. O propósito disso é reduzir a porcentagem de participação desses acionistas para permitir que a empresa venda ações aos novos acionistas de forma que eles possam agora possuir uma porcentagem significativa da empresa.

- **(xi) Aumentos no plano de opções:** recorde que as startups geralmente usam opções de ações para incentivar os funcionários. À medida que a empresa cresce, ela pode ficar sem opções no plano e, assim, precisar aumentar o pool de opções para garantir mais participação aos funcionários. Mas isso dilui os acionistas existentes. Espero que isso lhe seja algo intuitivo, mas sempre que precisar acrescentar mais ações para a empresa, o denominador do total de ações em circulação aumenta; assim, se o VCF1 possuísse 20% da empresa antes da adição de mais ações, agora ele passaria a possuir uma porcentagem menor após o acréscimo de ações ao pool de opções. É compreensível, portanto, que o Preferencial desejasse poder avaliar a decisão de aumentar ou não o pool de opções.

Ao considerar o quadro geral dessas cláusulas protetivas, você verá que elas são realmente projetadas para proteger os interesses econômicos dos acionistas Preferenciais. Todos os itens enumerados sobre os quais falei são basicamente coisas que afetam a economia do investimento — levantar mais capital (pela emissão de novas ações), vender a empresa ou sua propriedade intelectual, liquidar a empresa e aumentar o pool de opções. Assim, as cláusulas protetivas são exatamente o que parecem ser: uma proteção contra a erosão do valor econômico que o VCF1 considerou que obteria ao investir seus US$10 milhões.

Direitos de Registro

Nosso term sheet toma um pequeno atalho ao dizer que o VCF1 tem "direitos consuetudinários de registro". Os familiarizados com o setor terão a vantagem de saber o que isso significa. Não estenderei muito esta seção, não porque não seja importante, mas porque ela tende a não ter muitas controvérsias quando os advogados orientam seus clientes sobre os elementos-chave do term sheet. Tampouco trata-se de um item altamente negociado, pois ele realmente não importa muito até que a empresa esteja pronta para abrir seu capital; e, nesse momento, os bancos de investimento basicamente dirão à empresa e aos investidores sobre quais são os termos apropriados de mercado para essas cláusulas.

Em termos mais amplos, esta seção trata sobre o que normalmente acontecerá quando uma empresa abrir seu capital e o VCF1 desejar vender suas ações na bolsa de valores. Em geral, segundo a legislação dos EUA, as ações precisarão ser registradas na SEC (U.S. Securities and Exchange Comission) — instituição equivalente, no Brasil, à CVM [Comissão de Valores Mobiliários] — para serem totalmente líquidas. As ações não registradas poderão ser vendidas apenas se cumprirem com as diversas isenções de registro definidas pela SEC, mas na maioria dos casos, o volume de ações e o período no qual elas poderão ser vendidas serão restritos. A seção sobre os direitos de registro define sob quais circunstâncias o VCF1 poderá exigir que a empresa XYZ registre suas ações ou que faça um "piggyback" com um registro de outras classes de ações. Piggyback ["pegar carona", em inglês] significa que, se a empresa estiver registrando algumas ações de seu capital, o VCF1 poderá "pegar carona" nesse registro e fazer com que suas ações também sejam registradas no mesmo processo.

Investimentos *Pro Rata*

Mencionei anteriormente sobre como os VCs normalmente reservam capital para investimentos posteriores em uma empresa após a rodada inicial de financiamento. O motivo para tanto é que, se o VCF1 possuir 20% da empresa XYZ hoje, e a empresa continuar se saindo bem, ele talvez deseje investir mais capital em rodadas subsequentes de financiamento para manter sua participação.

De outro modo, como uma nova rodada implica a emissão de novas ações, o VCF1 será diluído pela nova rodada de financiamento.

Esta seção concede ao VCF1 o direito, mas não a obrigação, de comprar sua quantia *pro rata* [ou seja, de forma proporcional] de rodadas futuras de financiamento para evitar a diluição. Você também perceberá que o direito se aplica apenas a "investidores principais", que foram definidos na seção de direitos de informação como qualquer um que invista no mínimo US$2 milhões na empresa.

Essa é realmente uma questão de conveniência. Se você tiver muitos investidores pequenos, às vezes será muito difícil entrar em contato com todos e esperar até lhe responderem se vão investir ou não sua quantia *pro rata* na nova rodada de financiamento. Assim, a definição de investidor principal reserva esse direito àqueles que estão colocando uma quantia substancial de dinheiro na empresa. É claro, o limite pode ser estabelecido em qualquer nível com o qual a empresa e os investidores concordem.

Os direitos de *pro rata* parecem algo justos para os investidores existentes, porém, muitas vezes criam desafios em uma rodada de financiamento. Especificamente, quando uma empresa está se saindo muito bem e a rodada de financiamento tem uma subscrição excessiva, ou seja, quando há mais investidores interessados do que a empresa pode comportar, os direitos de *pro rata* podem se tornar um problema.

E por quê? Porque o novo investidor geralmente quer atingir uma porcentagem-alvo de participação. O motivo para isso é o seguinte: o tamanho crítico máximo para os fundos de capital de risco é o número de assentos no Conselho que qualquer GP pode suportar. Embora não haja regras aqui, é muito comum que os GPs levem entre dez a doze assentos no conselho. Assim, sempre que ele assume um novo assento, essa decisão de investimento tem um custo de oportunidade no sentido de que ela consome um de um número limitado de investimentos que ele pode fazer.

Sendo assim, para fazer mais investimentos e escalar a firma de capital de risco, os VCs precisam observar cuidadosamente o número de assentos em Conselhos que assumem, e quando tomam a decisão de assumir uma obrigação do Conselho, eles querem possuir o máximo possível de qualquer empresa. Um pecado capital no investimento de risco é escolher a empresa certa na qual investir, mas não conseguir ter uma participação suficiente nela, de tal forma que os retornos desse investimento não façam muita diferença nos retornos gerais do fundo. Ninguém quer cometer esse erro, daí o desejo de maximizar a participação em cada investimento.

Naturalmente, o outro ponto de tensão surge da própria empresa. Há uma quantia finita de capital que a empresa deseja levantar em uma rodada específica de financiamento e, de forma correspondente, uma quantidade máxima de diluição de participação que está disposta a aceitar. Assim, se a empresa quiser levantar um total de US$15 milhões ao vender 10% de participação da empresa, o novo investidor talvez deseje investir integralmente essa quantia. Mas se os investidores existentes tiverem direitos *pro rata*, também terão direito às suas porções dos US$15 milhões. Em algum momento, a empresa terá de concordar em levantar mais dinheiro (e potencialmente sofrer uma diluição maior) ou os investidores novos e existentes terão que chegar a algum acordo entre si.

Restrição de Ações

Esta seção concentra muitas coisas, então precisaremos dividi-la em diversas subseções. Observe que ela se aplica apenas aos acionistas significativos; neste caso, qualquer um que possua pelo menos 2% das ações da empresa.

Comecemos com o ROFR [sigla em inglês para "right of first refusal" — "direito de primeira recusa"]. Isso significa que, se eu quiser vender algumas de minhas ações, posso procurar uma terceira parte e pedir que defina o preço. Porém, antes de poder vender as ações àquela parte, preciso conceder primeiramente à empresa (e depois aos investidores) o direito de comprar as ações naquele mesmo preço.

Você pode considerar essa cláusula de duas maneiras.

Em sua versão mais restritiva, ela realmente pretende causar um efeito inibidor em qualquer um que queira vender suas ações. Afinal, se eu sou uma terceira parte, um potencial comprador e sei que preciso definir um preço e dar à empresa e aos investidores o direito de igualá-lo e, assim, levarem o negócio, provavelmente nem participarei da negociação para início de conversa.

A interpretação mais inócua de uma cláusula ROFR é que ela permite que a empresa e seus investidores controlem nas mãos de quem a ação acabará ficando. Isso é importante para muitas startups, pois elas geralmente não querem que investidores desconhecidos tenham participações significativas da empresa e possam influenciar decisões corporativas por meio do direito de voto de suas ações. A cláusula concede à empresa a oportunidade de determinar se está confortável com a terceira parte antes de aprovar a transação, caso em que abrirá mão da cláusula de ROFR. Se a empresa não se sentir confortável em vender para aquela terceira parte, ela poderá desembolsar o dinheiro e efetuar a compra.

O acordo de venda conjunta [ou tag along] é praticamente o inverso de uma ROFR. Esse acordo diz que, se eu oferecer a venda de minhas ações para uma terceira parte (ou para qualquer outra pessoa), todos os outros investidores também terão o direito de vender sua porção pro rata de ações para aquele comprador e pelo mesmo preço. Em outras palavras, eu faço todo o trabalho para gerar um negócio para minhas ações e, depois, arrisco ter minha venda reduzida porque outros acionistas podem levar meu negócio. Por exemplo, se quiser vender 10% de minhas ações, precisarei identificar um comprador que esteja disposto a fazer essa compra. Caso ele concorde, então todos os outros acionistas da empresa com direito de tag along poderão vender uma porção correspondente de suas ações na transação. Visto que o comprador não terá uma quantia ilimitada de dinheiro nem uma vontade ilimitada de comprar ações, o número de ações que poderei efetivamente vender será reduzido pelo número de ações que os outros acionistas decidirem vender.

Você pode estar se perguntando por que qualquer uma dessas cláusulas existe para início de conversa. Bem, em geral, elas têm o propósito de dificultar (neste caso) que os acionistas que são donos de ações ordinárias, em especial os fundadores, vendam suas ações. E por que os VCs desejariam isso? Porque eles estão investindo nos fundadores (que normalmente são tais acionistas majoritários) e querem manter um alinhamento máximo com eles para fazer com que o valor da empresa aumente. Assim, ao restringir sua possibilidade de vender as ações, estaremos todos no mesmo barco: vamos ter sucesso ou fracasso juntos, mas ninguém pula fora cedo demais.

Se você observar o último parágrafo desta seção no term sheet, perceberá que esse alinhamento parece estar se desfazendo. A seção diz que todos (com exceção do acionista Preferencial) terão uma restrição de transferência em bloco das ações, a não ser com a aprovação dos membros desinteressados do Conselho. Traduzindo o jargão jurídico, a cláusula diz que os acionistas com ações ordinárias não poderão vender nada a menos que os outros membros do Conselho concedam a permissão. Mas os Preferenciais estão isentos dessa restrição, podendo vender sem a aprovação. Isso parece um tanto parcial, e de fato é. Em geral, temos a versão mais completa de alinhamento em que todos ficam vinculados às mesmas restrições de transferência de ações — ninguém solta a mão de ninguém e pulamos da ponte ao mesmo tempo ou ninguém pula.

Drag Along

A cláusula de "drag along" tem o propósito de impedir que os investidores minoritários recusem uma negociação para tentarem obter outra melhor. Assim, ela diz que, se cada membro do Conselho de Administração e a maioria dos acionistas detentores de ações ordinárias e dos Preferenciais votarem em favor de uma aquisição, qualquer um dos outros 2% dos acionistas (lembre-se de que essa é a definição de investidor principal) é "arrastado" [dragged along] em favor do negócio. A premissa aqui é a de que, se todas essas pessoas decidirem que a aquisição é algo bom para a empresa, não haverá motivos para que um acionista minoritário consiga impedir sua concretização; a tirania dos minoritários é excluída por meio do drag along.

Para conceder certa proteção àqueles 2%, observe que há três votos separados necessários: (1) o Conselho precisa aprovar; (2) o representante dos acionistas com ações ordinárias, como uma classe separada, precisa aprovar; e (3) os Preferenciais, com "P" maiúsculo, como uma classe separada, também precisam aprovar. Sendo assim, há algumas proteções inseridas para garantir que a transação seja, esperançosamente, de fato boa para a empresa realizar.

Mais uma coisinha a observarmos aqui: o drag along não se aplica aos acionistas com menos de 2% de participação. E por que não? Bem, primeiramente, como uma questão prática, as adquirentes às vezes fecharão o negócio sem a concordância de 100% dos acionistas, desde que consigam que mais de 90%, incluindo todos os principais envolvidos, concordem. Em segundo lugar, você fica menos preocupado com a tirania dos minoritários, constituída por acionistas com participações muito pequenas (e em geral desiguais) — isto é, a probabilidade de eles afundarem o negócio ou votarem contra em busca de algo melhor fica muito reduzida. Portanto, de certa maneira, toleramos a democracia, desde que o processo democrático não possa de fato afetar o resultado!

Seguro de Responsabilidade Civil de Administradores e Diretores

Essa é uma seção menor (e espero) sem qualquer controvérsia do term sheet, mas em que vale a pena darmos uma olhada rápida, visto que passaremos mais tempo falando sobre as responsabilidades posteriormente neste livro. Lembre-se de que, quando falei sobre o acordo de participação dos GPs, mencionei a indenização — a ideia de que o fundo pode proteger os GPs de terem que pagar de seu bolso os potenciais processos judiciais que possam surgir em sua posição. Isso é verdade, e as firmas de capital de risco contratam seus próprios seguros de responsabilidade civil de administradores e diretores [em inglês, D&O Insurance] para ajudar a cobrir essas possíveis despesas.

Mas como é sempre bom ter um cuidado a mais — usar um cinto com suspensórios é uma boa maneira de garantir que suas calças não caiam —, as próprias empresas portfólio também adquirem seu próprio seguro D&O para proteger os membros do Conselho e os diretores contra responsabilidades legais.

O GP do VCF1 que tem assento no Conselho da empresa XYZ terá, portanto, diversas linhas de defesa: primeiro, a política de seguro D&O da XYZ, e, depois, a política de seguro do VCF1, como reserva. E assim como a firma de capital de risco indeniza seus GPs, a empresa XYZ também indenizará os membros de seu Conselho e seus diretores. Isso lhes permite serem os beneficiários das políticas de seguro D&O.

Vesting

O term sheet estabelece as regras do vesting das ações dos funcionários e dos fundadores. A seção de vesting dos funcionários — 25% das ações de um funcionário podem ser exercidas em seu aniversário de um ano na empresa, e os 75% restantes poderão ser exercidos mensalmente em incrementos iguais ao longo dos três anos seguintes — algo bem padrão. É um total de quatro anos de vesting, mas com a provisão de que é preciso completar um ano inteiro para exercer os 25%.

Você também notará que a seção de funcionários diz que as opções terão um período de exercício de noventa dias após o término de contrato de trabalho. O que isso significa? Se um funcionário sair da empresa (de forma voluntária ou não), ele precisará exercer suas ações dentro de três meses, senão perderá o direito às suas opções.

Embora essa seja a cláusula padrão na maioria dos contratos, as empresas a estão reconsiderando cada vez mais, uma vez que permanecem com o capital fechado por mais tempo, muito além do período para o qual o programa de vesting de quatro anos foi criado. Como já observado, isso é um anacronismo dos dias em que as empresas de fato abriam seu capital em torno de quatro anos após sua fundação, mas esse simplesmente não é mais o caso: atualmente, o tempo médio para o IPO de empresas financiadas por capital de risco passa de dez anos.

Sendo assim, qual é a questão aqui? Bem, se um funcionário sair da empresa após quatro anos (ou, aliás, a qualquer momento), ele terá apenas noventa dias para exercer suas opções, senão perderá seu direito. E para exercê-las, é preciso ter dinheiro, o que o funcionário talvez não tenha. A maioria dos funcionários de startups aceita salários mais baixos em troca da possibilidade de ganhos que as opções de ações podem produzir, o que faz do dinheiro um prêmio. Se a empresa abrisse seu capital no momento em que o funcionário tivesse que exercer suas ações, esse problema seria mitigado, pois ele poderia vender algumas das ações na bolsa e usar o lucro para pagar os custos remanescentes de exercer. Além disso, muitas empresas oferecem o que é chamado de "exercício de opção sem desembolso", o que significa que o funcionário pode entregar algumas de suas ações à empresa, em vez de pagar de seu bolso pelo preço de exercício.

Porém, além de ter o dinheiro para pagar o preço de exercício de cada ação, dependendo do tipo de opção que possui, a Receita Federal dos EUA [IRS] ainda o taxará sobre a diferença entre o valor justo de mercado então existente da ação e o preço de exercício. Infelizmente, não há a opção sem desembolso para os pagamentos de impostos; a IRS só aceitará dólares norte-americanos como pagamento.[2]

Para as empresas cujos preços de suas ações valorizaram significativamente, as quantias a serem pagas do próprio bolso podem ser enormes e, portanto, proibitivamente caras para muitos funcionários. De algumas maneiras, esse é um desastre bem-sucedido, pois os funcionários são penalizados por terem realmente desenvolvido uma empresa que agora vale muito e, por isso mesmo, não conseguem pagar para exercerem suas opções. Isso é algo que enfraquece a troca de um salário menor por participação acionária que muitos funcionários de startups fazem — a disposição de aceitar salários menores em troca do potencial de ganhar com a valorização das opções de ações.

Consequentemente, algumas startups estão concedendo aos funcionários mais de noventa dias — em alguns casos, até dez anos — para decidir se exercem ou não suas opções. Isso é perfeitamente legal, mas traz uma implicação tributária para os funcionários.

Lembre-se de que falei anteriormente sobre as "incentive stock options" (ISOs) e sobre as "non-qualified stock options (NQOs). Entre outras coisas, a diferença entre as duas é que os impostos sobre a diferença maior entre o preço de exercício e o valor justo de mercado da ação recaem sobre as NQOs no momento de exercício, ao passo que podem ser adiadas até o momento da venda final da ação no caso das ISOs. Um elemento crucial das ISOs, porém, é que elas devem ser exercidas dentro de noventa dias após o término de contrato do funcionário na empresa. Assim, embora a decisão da empresa de estender o período de exercício para os funcionários tenha seu valor no sentido de prorrogar

---

2 No Brasil, os lucros com vendas de ações e opções de ações estão sujeitos à alíquota de 15% de Imposto de Renda nas operações comuns, nas quais a compra e a venda ocorrem em dias diferentes. A alíquota sobe para 20% nos ganhos em "day-trade", quando a compra e a venda acontecem no mesmo dia. Operações de até R$20 mil em um mesmo mês estão isentas da incidência de IR. [N. da RT.]

os custos de exercício da opção, ela converte as ISOs em NQOs, causando as obrigações tributárias.

Um fator positivo é que, como parte da legislação norte-americana de reforma tributária aprovada pelo Congresso em 2017, o tratamento tributário das opções de ações agora ficou mais favorável. Ainda há muitos detalhes a serem definidos, mas a nova lei permite que os funcionários posterguem o pagamento de impostos por até cinco anos a partir do momento em que a ação se tornou totalmente exercível. É possível, é claro, que isso não resolva o problema para todos, considerando o tempo necessário para as empresas abrirem seu capital atualmente, mas isso certamente ajudará muita gente.

Passemos agora à seção de vesting de ações do fundador. Nosso term sheet diz que as ações do fundador podem ser exercidas proporcionalmente a cada quatro anos, a partir da data em que ele começou a prestar serviços para a empresa.

Surpreendentemente (ou não), esse item pode muitas vezes ser uma fonte de discórdia entre os VCs e os fundadores. Sob a perspectiva do fundador, ele pode estar trabalhando nessa empresa (ou ao menos em sua concepção) há algum tempo antes de fazer sua incorporação com um advogado e depois levantar capital de risco. Portanto, ele quer um vesting integral para esse tempo também, algo que faz sentido. O VC, por outro lado, está investindo primordialmente na força do fundador e quer que ele esteja financeiramente motivado (na forma de vesting contínuo de suas ações) pelo maior tempo possível (como uma forma de desincentivá-lo a sair da empresa). Não há uma resposta mágica para esse debate, mas, em geral, o VC se sentirá confortável desde que haja um período significativo de vesting pela frente.

A outra cláusula desta seção trata do que acontece com as ações do fundador em uma aquisição. Provavelmente ele desejará que elas se tornem totalmente exercíveis na aquisição (isso é chamado de "aceleração"), pois ele fez seu trabalho, que foi desenvolver uma empresa de valor. O VC está preocupado com o fato de que, se todas as ações do fundador forem automaticamente exercidas na aquisição, a adquirente terá menos motivos para concretizar o negócio — em muitos casos, as adquirentes estão comprando o talento tanto quanto podem estar comprando a continuidade da empresa —, pois o fundador estará livre para pegar seu dinheiro e sair após a aquisição.

O que está contemplado em nosso term sheet é denominado "double-trigger acceleration" ["aceleração com gatilho duplo"], que é a versão mais comum da aceleração. Isso significa que há dois gatilhos para que o fundador obtenha sua aceleração. O primeiro é a aquisição em si, e o segundo é quando ele é despedido pela adquirente sem justa causa (esse é o termo definido que determina que o comportamento do fundador foi muito grave, em geral relacionado com o cometimento de crimes). Desse modo, se a adquirente quiser manter o fundador, poderá fazê-lo sem ter de se preocupar com o exercício automático de suas opções. E, caso a adquirente não queira que ele permaneça, visto que o término de contrato o impede de exercer integralmente as ações no prazo normal, é justo que ele possa fazer a aceleração.

Acordos para Funcionários e Consultores

Lembre-se de que, quando falei sobre a formação da empresa, mencionei que, como grande parte de seu valor inicial é uma função de qualquer tecnologia patenteada que ela esteja propondo comercializar, os VCs querem garantir que a empresa de fato tenha a tecnologia de forma livre e desimpedida e que possa protegê-la. Essa seção do term sheet operacionaliza isso. Ela diz que a companhia concorda em fazer com que todos seus funcionários (e consultores) assinem um acordo de confidencialidade, atribuindo à empresa toda a tecnologia que criaram enquanto trabalhavam para ela. Isso é algo normalmente simples e sem controvérsias; porém, como o caso da Waymo ilustra, pode se tornar muito mais complicado quando os fundadores ou funcionários estão desenvolvendo uma tecnologia na startup na qual já estavam trabalhando previamente em outra empresa.

No-Shop

Bem, já negociamos exitosamente todos esses termos e estamos chegando ao fechamento do negócio. Porém, há uma diferença entre assinar o term sheet e fechar o investimento. O fechamento pode acontecer na velocidade em que você conseguir que os advogados documentem tudo e completem a due diligence; mas, na prática, normalmente são necessárias de duas a quatro semanas entre a assinatura do term sheet e o fechamento, o que ocorre quando as partes assinam os contratos e o VC transfere o dinheiro para a empresa.

Você perceberá que o próprio term sheet não tem caráter vinculativo, quer dizer, qualquer uma das partes pode decidir que não quer prosseguir com o negócio, caso em que voltamos à estaca zero.

Desta forma, de modo a oferecer certas amarras ao negócio, o VCF1 solicita um período de trinta dias (que pode ser maior ou menor, mas um mês é bastante comum), durante os quais a empresa XYZ fica imobilizada. Isso serve para impedi-la de divulgar o term sheet para outras partes ou buscar uma negociação com outra pessoa. Afinal, a última coisa que o VCF1 quer é que a XYZ leve esse term sheet a outras firmas de capital de risco para ver se consegue uma negociação melhor. A teoria é que as partes devem estar mais comprometidas entre si a esta altura, então a fase de procura/pesquisa [daí a expressão em inglês "shop"] deveria ter sido feita antes de entrar na fase do term sheet.

Lição de Moral: Seja Visionário

Muito bem! Já fizemos o trabalho pesado com o term sheet, ou, pelo menos, com as cláusulas mais importantes.

Uma lição de alto nível obtida com a negociação dos term sheets é sempre ser visionário quanto àquilo com que você concorda no term sheet atual, estando ciente de que ele pode ter implicações para financiamentos subsequentes.

Em geral, quanto mais simples, melhor. Mesmo se você, o fundador, tiver a vantagem na negociação para obter um term sheet muito favorável como parte de um financiamento em estágio inicial, talvez nem sempre seja do seu melhor interesse fazer uso dele, pois ele pode acabar lhe custando mais lá adiante. Importante: a mesma frase se aplica também aos VCs.

CAPÍTULO 11

O Dilema: Qual É o Melhor Negócio?

Agora que já temos as noções básicas sobre os principais termos de um financiamento de capital de risco, vamos colocá-las em prática em um levantamento hipotético de fundos. Analisaremos duas opções de financiamento para nossa startup de mentirinha, a HappyPets (sim, é uma homenagem à famosa empresa da era pontocom, Pets.com).

Neste cenário, decidimos levantar capital de risco e já tivemos muitas excelentes reuniões. Por sorte, temos dois term sheets. Um é da Haiku Capital e o outro é da Indigo Capital (todos os nomes foram alterados). Como vimos nos Capítulos 9 e 10, vamos avaliar tanto os termos econômicos quanto de governança, começando com os econômicos.

Termos Econômicos	Haiku Capital	Indigo Capital
US$ Investido	US$2 milhões	US$4 milhões
Valuation pre-money	US$8 milhões	US$8 milhões
Valuation post-money	US$10 milhões	US$12 milhões
Pool de opções %	20% post-money	15% post-money
Preferência de Liquidação	1x participante	1x não participante
Proteção Antidiluição	Média ponderada de base ampla	Full ratchet

Como avaliar qual é o melhor negócio para nós?

Tabela de Capitalização

Comecemos criando uma tabela de capitalização (também chamada de "cap table") para nos ajudar a entender quanta participação as partes terão no fim do financiamento. A tabela é uma forma prática de organizar as porcentagens de participação em uma empresa ao longo do tempo, relacionada aos fundadores, investidores, funcionários e quaisquer outros.

Aqui temos nossa tabela de capitalização caso aceitássemos o negócio da Haiku Capital:

Acionista	Nº de ações	% Participação
Fundadores	4.000.000	60%
Haiku Capital	1.333.333	20%
Pool de opções	1.333.333	20%
Total	6.666.666	100%

E esta seria a do negócio com a Indigo Capital:

Acionista	Nº de ações	% Participação
Fundadores	4.000.000	51,7%
Indigo Capital	2.580.645	33,3%
Pool de opções	1.161.290	15%
Total	7.741.935	100%

E aí, qual desses negócios possíveis você escolheria?

Ao observarmos a participação dos fundadores, há um delta entre eles de cerca de 8 pontos porcentuais. O negócio com a Indigo causa mais diluição (significando que os fundadores terão menos participação na empresa do que no negócio com a Haiku). Parte disso é motivada pela diferença na quantia de capital investido pelas duas firmas de capital de risco. O investimento maior da Indigo de US$4 milhões é bom, mas isso dará à Indigo 13 pontos porcentuais a mais de participação na empresa com relação aos US$2 milhões da Haiku.

Outra diferença está no tamanho do pool de opções: aqueles 5 pontos porcentuais a mais no pool da Haiku está saindo diretamente do bolso dos fundadores. Assim, sem essa parte, o negócio da Haiku ficaria ainda mais atraente para os fundadores em termos econômicos.

O que você deveria fazer? Em primeiro lugar, considere qual quantia conseguirá colocar para trabalhar de forma produtiva: os US$4 milhões da Indigo ou os US$2 milhões da Haiku? Qual é sua necessidade absoluta desses US$2 milhões a mais?

Como vimos anteriormente, nós, na a16z, aconselhamos as empresas que a quantia certa de capital a levantar na rodada atual é aquela que você acha necessária para atingir os marcos exigidos para a rodada seguinte, em geral, de 12 a 24 meses depois. Ou seja, você se otimiza para o sucesso na rodada seguinte ao conceder a si mesmo uma estrutura certa para a execução na rodada atual. É claro, mais dinheiro geralmente significa mais diluição, então sempre há algo em jogo.

Se tivesse os US$2 milhões a mais, isso reduziria os riscos de você conseguir alcançar os marcos operacionais para a rodada atual de financiamento? Talvez possa contratar mais engenheiros para ajudar a garantir que seus planos de desenvolvimento fiquem dentro do prazo. Ou então pode contratar uma equipe antecipadamente, o que ajudaria a aumentar seu nível de confiança com as metas de vendas.

A outra maneira de pensar sobre o financiamento extra não é se ele elimina os riscos de você não conseguir atingir os objetivos, mas se ele lhe permitirá alcançar ainda mais do que previa nesta rodada de financiamento. Em outras palavras, se você pudesse levar a empresa para um conjunto ainda melhor de marcos, presumivelmente o investidor da rodada seguinte lhe daria ainda mais crédito em termos de valuation que ele estaria disposto a pagar.

Em última análise, isso é uma opção de troca entre um nível conhecido de diluição agora e suas melhores previsões sobre qual poderá ser a diluição na rodada seguinte com base nos diversos níveis de realização da empresa. Recorde do que vimos no Capítulo 7, que o ímpeto — e a percepção do ímpeto — realmente importa no mundo competitivo das startups, então é importante pensar na quantia de financiamento que lhe proporcione o grau mais alto de confiança para conseguir manter o ímpeto de uma rodada até a seguinte.

Portanto, permita-me perguntar novamente: o que você deveria fazer? Bem, na verdade, essa é uma pergunta capciosa! Você ainda não sabe! Ainda não avaliamos os outros termos econômicos, tampouco os termos de governança, para ver se há diferenças substanciais entre as duas propostas.

Por exemplo, veja a preferência de liquidação. A Haiku tem uma preferência de liquidação de 1x participating, ao passo que a da Indigo é nonparticipating. Recorde o que isso significa: a Haiku pode ganhar duas vezes, não apenas retirando seu investimento de US$2 milhões, mas também participando em quaisquer lucros adicionais, como se fosse uma acionista com ações ordinárias.

Uma maneira de avaliar isso é observar as matrizes de remuneração para as duas ofertas. Essa matriz lhe mostra, em potenciais pontos de preços de saída, como o lucro seria dividido entre os acionistas preferenciais e aqueles com ações ordinárias.

A Haiku obtém não apenas seu investimento de US$2 milhões de volta em qualquer saída com um valuation acima de US$2 milhões, mas também leva 20% dos lucros remanescentes. Em contraste, acima de um preço de saída de US$12 milhões, a Indigo escolherá converter suas ações preferenciais em ordinárias e levar apenas seus 33,3% de lucro, que igualam seu nível de participação econômica. Dependendo de como você considera as possíveis opções de saída para a sua empresa, talvez decida que vale a pena evitar a diluição maior do negócio com a Indigo para evitar que a Haiku participe além de sua preferência de liquidação com um preço mais alto de venda.

Esta é a matriz de remuneração da Haiku:

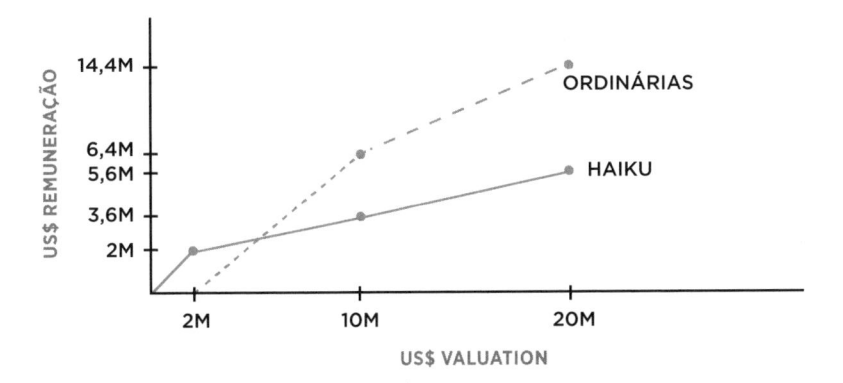

```
                                            ● ORDINÁRIAS
14,4M                                  ⌐ ─ ─
                                   ─
                                 ─
 6,4M                       ●
 5,6M                                    ● HAIKU
                         ─
 3,6M              ● ─
   2M    ●
         |         |          |
         2M        10M        20M
                  US$ VALUATION
```

E esta é a matriz de remuneração da Indigo:

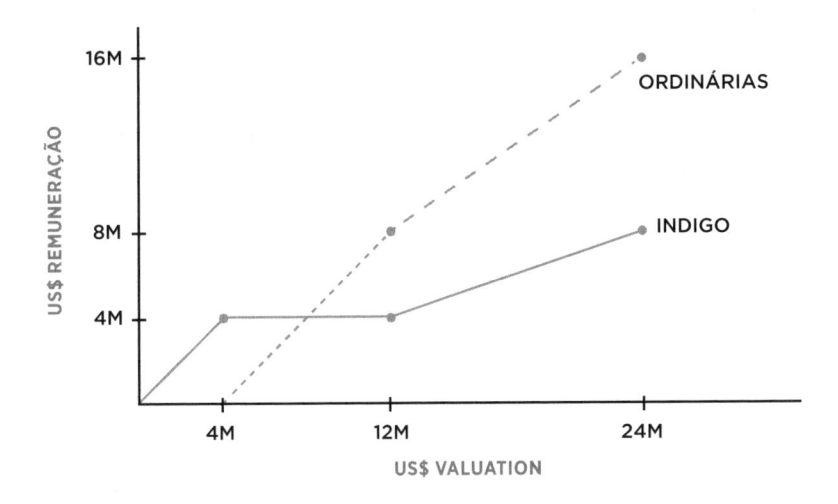

```
                                            ● ORDINÁRIAS
16M                                    ⌐ ─ ─
                                   ─
                                 ─
                              ─
                           ─
                        ─                ● INDIGO
   8M               ● ─
                 ─
              ─
   4M    ●─────────●
         |         |          |
         4M        12M        24M
                  US$ VALUATION
```

A última questão econômica a ser considerada aqui é a cláusula de proteção antidiluição. Lembre-se de que ela entra em cena se, em uma rodada subsequente de financiamento, o preço da rodada for menor do que o preço da rodada atual. Nesse caso, os VCs têm o direito de receber um ajuste no preço de suas ações originais, sendo que a quantia exata depende de haver uma proteção de média ponderada de base ampla ou um full ratchet. O term sheet da Haiku tem a primeira opção, e o da Indigo, a segunda. Recorde que a fórmula da média ponderada é mais amigável para os acionistas com ações ordinárias no sentido de que ela enfraquece o efeito de uma rodada com preço baixo ao ponderar o ajuste de preço com base no tamanho relativo da nova rodada de financiamento. Em contraste, o full ratchet é mais diluente para os acionistas donos de ações ordinárias ao redefinir de forma efetiva o preço de compra aos investidores da rodada anterior para o preço da proposta financeira atual.

Para ilustrar o efeito antidiluição, imaginemos que, apesar de seus melhores esforços, as coisas não foram muito bem e, depois de dezoito meses, você já consumiu todo o capital e ainda não atingiu o progresso necessário. Você ainda acredita na empresa (assim como seus VCs originais), mas seu valuation estará refletido, ainda assim, em seu progresso abaixo do esperado. Portanto, a Momentum Capital está disposta a investir mais US$2 milhões na empresa, mas apenas com um valuation de US$6 milhões, pre-money [antes do aporte].

A primeira pergunta é se as cláusulas antidiluição existentes se aplicam aqui. A resposta, infelizmente, é sim, pois o valuation que está sendo proposto está abaixo dos valuations dos term sheets da Haiku e da Indigo. Se você fizer as contas, verá que os preços iniciais por ação propostos pela Momentum são de US$0,90 (seguindo a proposta da Haiku) e de US$0,78 (seguindo a proposta da Indigo). O valuation, obviamente, é o mesmo, mas o preço por ação é diferente, porque temos um número distinto de ações totais em circulação entre as duas propostas de capital de risco. (Espero que você consiga ver que a forma de calcular o preço por ação é dividindo o valuation pre-money de US$6 milhões pelo número total de ações em circulação.)

Mas esse não é o panorama completo. Esses preços por ação não serão aqueles com base nos quais a Momentum poderá investir na empresa. E por que não? Porque a Momentum quer investir US$2 milhões e obter 25% de participação na empresa (US$2 milhões divididos pelo valuation de US$8 milhões post-money). No entanto, quando colocamos em jogo a proteção antidiluição que a Haiku ou a Indigo recebem como parte da negociação, a empresa precisa emitir mais ações para elas, o que, por sua vez, dilui a participação da Momentum. Desta forma, entramos em um modelo circular: as ações adicionais emitidas para a Haiku/Indigo reduzem a participação da Momentum, exigindo que abaixemos o preço real por ação para a Momentum e emitamos mais ações para ela, e isso exige que recalculemos a proteção antidiluição, e assim vai.

Mais cedo ou mais tarde, depois de inúmeras tentativas em nosso modelo no Excel, conseguiremos chegar à resposta certa, mas isso não é fácil. E agora, a parte dolorosa: quanto cada uma das cláusulas antidiluição custará em termos de ações adicionais emitidas para a Haiku e para a Indigo? Vamos analisar a tabela de capitalização para cada transação da Momentum.

Esta é a tabela de capitalização considerando o term sheet da Haiku e o negócio com a Momentum:

Acionista	Nº de Ações	Nº de Ações Emitidas no Novo Negócio	Nº de Ações após o Negócio	% de Participação
Fundadores	4.000.000	—	4.000.000	44%
Haiku Capital	1.333.333	156.863	1.490.196	16,4%
Pool de opções	1.333.333	—	1.333.333	14,6%
Momentum Capital	—	2.274.510	2.274.510	25%
Total	6.666.666	2.431.373	9.098.039	100%

E esta é a tabela de capitalização considerando o term sheet da Indigo e o negócio com a Momentum:

Acionista	Nº de Ações	Nº de Ações Emitidas no Novo Negócio	Nº de Ações após o Negócio	% de Participação
Fundadores	4.000.000	—	4.000.000	19,4%
Indigo Capital	2.580.645	7.741.935	10.322.581	50%
Pool de opções	1.161.290	—	1.161.290	5,6%
Momentum Capital	—	5.160.290	5.161.290	25%
Total	7.741.935	12.902.225	20.645.161	100%

É uma baita diferença: a participação dos fundadores difere mais de duas vezes entre as duas opções. O que normalmente pode ocorrer na prática é que a Momentum faria esse negócio com a condição de que a Haiku/Indigo (especialmente a Indigo) abrisse mão de sua proteção antidiluição ou que ao menos a modificasse para uma média ponderada de base ampla. Além disso, a Momentum poderia insistir que, de modo a diminuir o impacto diluente da rodada sobre os fundadores e funcionários, que os investidores existentes aumentassem o tamanho do pool de opções (e que também sofressem essa diluição a mais) para conseguir oferecer garantias adicionais de opções para os funcionários remanescentes. Afinal, a Momentum não desejará financiar a empresa caso acredite que o restante dos funcionários não terá o incentivo adequado para permanecer lá e ajudá-la a voltar ao caminho do crescimento.

Seja como for, é importante fazer tudo que puder para evitar estar nessa situação. As cláusulas antidiluição são muito comuns nas negociações de capital de risco, então é improvável conseguir levantar capital sem elas. No entanto, como você viu, a diferença entre a diluição de média ponderada e de full ratchet é muito substancial. Sendo assim, independentemente do seu nível de confiança em suas habilidades empreendedoras, aconselho-o a prestar muita atenção a todos os termos econômicos em um term sheet.

Avaliando os Termos de Governança

Agora que já fizemos uma boa análise nos termos econômicos, passemos para os termos principais de governança, considerando os dois term sheets.

Ao observarmos as amplas diferenças entre os dois term sheets, veremos que o da Haiku usou o Preferencial com "P" maiúsculo em seus limites de votos, ao passo que a Indigo usou apenas as preferenciais da Série A. Embora seja impossível saber exatamente as implicações que isso terá lá na frente, em geral é mais simples ter um voto de Preferencial com "P" maiúsculo como um precedente de linha de base em um estágio inicial do que estabelecer uma série específica de votos nessa altura do ciclo de vida da empresa. É claro, isso não teria importado na rodada de financiamento da Momentum, desde que saísse logo cedo (tanto a Haiku quanto a Indigo poderiam controlar seus respectivos votos), mas a configuração de governança pode ter influenciado os termos exigidos pela Momentum. Por exemplo, se ela estivesse seguindo o term sheet da Indigo, poderia também ter exigido um conjunto separado de cláusulas protetivas e de autoconversão a serem votadas apenas por ela (a Série B).

Termos de Governança	Haiku Capital	Indigo Capital
Autoconversão	IPO de US$50 milhões ou voto majoritário dos Preferenciais	IPO de US$100 milhões ou maioria da Série A
Cláusulas Protetivas	Maioria dos votos Preferenciais	Maioria da Série A
Drag-Along	Acionado pela maioria dos votos do Conselho + ações ordinárias + Preferenciais	Acionado pela maioria dos votos do Conselho + ações ordinárias + Série A
Composição do Conselho	2 detentores de ações ordinárias + 1 Preferencial	1 detentor de ações ordinárias + 2 Preferenciais

Para deixar claro, não há uma regra que diz que todos os investidores subsequentes terão os benefícios dos mesmos termos que os investidores iniciais; porém, em minha experiência, esse normalmente é o ponto de partida para a discussão: se eles tiveram esses termos, por que não posso tê-los também? Sem dúvidas, a melhor resposta será: desta vez, as coisas são diferentes.

Por exemplo, talvez a empresa estivesse em uma situação ruim em uma rodada anterior de financiamento e, assim, tenha precisado oferecer termos levemente mais onerosos para atrair um investidor. E agora a empresa está a todo vapor e pode negociar termos financeiros mais favoráveis a si. Todos esses são argumentos válidos, e você deve usá-los caso alguma vez se encontre nessa situação, mas não subestime o valor do precedente. Ele estabelece o ponto de partida com o qual você precisa negociar; independentemente de você achar justo ou não, é assim que essas negociações normalmente ocorrem. Um pouco de planejamento enquanto estiver fazendo a transação atual considerando possíveis transações futuras ajuda muito.

Igualmente importante é a composição do Conselho proposto pelas duas firmas de venture capital. A Haiku está propondo um Conselho controlado pelos acionistas com ações ordinárias. A maior implicação disso é que a Haiku sozinha não conseguiria contratar ou despedir o CEO nem controlar quaisquer ações corporativas que exijam aprovação do Conselho. A Indigo é menos amigável nesse sentido, propondo que ela leve dois assentos no Conselho, ficando apenas um para o representante dos acionistas com ações ordinárias.

Isso significa que a Indigo controlaria o Conselho e, desta forma, teria uma influência substancial em todas as principais ações corporativas.

Tendo agora visto as duas propostas e suas partes econômicas e de governança, qual term sheet você considera o melhor?

Sinto muito, pergunta capciosa de novo. O exercício existe para mostrar que há prós e contras em cada negócio e que, normalmente, não há uma resposta certa definitiva. Parte da decisão depende do nível de sua confiança na empresa (e em si mesmo como CEO), de quanto dinheiro realmente precisa para atingir seus objetivos e de sua disposição de arriscar com as partes negativas para angariar mais vantagens.

Muito disso depende de contingências que são difíceis de prever em um estágio tão inicial; assim, em muitos casos, manter a simplicidade provavelmente será o melhor caminho. Mas, veja, você é um empreendedor, então talvez arriscar seja o melhor caminho!

O importante, porém, como procurei lhe mostrar nessa análise, é que você precisa pensar além de apenas no valuation e considerar implicações combinadas do conjunto completo de termos econômicos e de governança.

CAPÍTULO 12

Membros do Conselho e o Selo de uma Boa Administração

Agora que levantamos o dinheiro e estamos a todo vapor, devemos voltar nossa atenção às atividades contínuas da empresa. O CEO, é claro, é o responsável pelas operações do dia a dia (assim como pela visão de longo prazo), e tenho um respeito ilimitado por eles e por suas equipes. Embora eles sejam aqueles que "respirem" suas startups, não estão sozinhos no trabalho de conduzir a empresa. É crucial entender que o Conselho de Administração de uma empresa tem um papel na startup.

Portanto, este capítulo fala sobre o papel do Conselho de Administração e como ele influencia o caminho da startup e a potencial habilidade do fundador em continuar conduzindo o navio. Os Conselhos, incluindo o fundador, também precisam trabalhar sob diversas restrições legais bem definidas que podem impactar de forma substancial os graus de liberdade de uma empresa. Compreendê-las e saber qual é a melhor forma de alcançar os objetivos da startup sem ir para a cadeia ou falir provavelmente vale a pena o esforço!

Conselhos de Empresas com Capital Aberto e Fechado

Há algumas distinções importantes entre os Conselhos de startups de capital fechado e as empresas de capital aberto, pois podem afetar a direção geral e as decisões da startup.

Primeiro, para as *empresas de capital aberto*, os membros do Conselho são tipicamente eleitos pelos acionistas detentores de ações ordinárias. Lembre-se de que, na maioria dos casos nos EUA, as empresas de capital aberto não têm todas as ações ordinárias e preferenciais em circulação (embora seja o caso de algumas empresas como Facebook e Google, com duas classes de ações ordinárias que podem ter cláusulas diferentes de votação). Sendo assim, além dos potenciais diferenciais de voto, há apenas uma classe de acionistas que, pelo menos em teoria, tem um único objetivo em mente: maximizar o valor da empresa para o benefício dos acionistas ordinários.

Como vimos, as *startups de capital fechado* normalmente divergem desse modelo. A composição do Conselho é ditada pelos termos negociados no curso de uma rodada de financiamento. E, como resultado, a tendência é haver não apenas múltiplos tipos de acionistas — para ações ordinárias e diversas séries de ações preferenciais —, mas também partes específicas enumeradas que controlam o acesso aos assentos do Conselho. Em nosso term sheet do VCF1, por exemplo, foi designado que o Conselho tivesse um representante dos acionistas ordinários, um do VCF1 e um terceiro a ser eleito pelos acionistas com ações ordinárias e preferenciais juntos.

Segundo, o impacto das decisões do Conselho também pode variar entre as empresas de capital aberto ou fechado por causa da presença das cláusulas protetivas que em geral acompanham as ações preferenciais do VC. As empresas de capital aberto são muito mais simples nesse aspecto. Se, por exemplo, o Conselho de uma empresa de capital aberto decidir votar a favor de uma aquisição, é muito provável que ela ocorra. É claro, há a necessidade do voto dos acionistas donos de ações ordinárias, mas recorde que esse voto terá apenas uma classe votante, e certamente não há divergências contratuais sobre a questão (além dos direitos de votos da ação com duas classes), que dependam do tipo de ação que o acionista possui.

Novamente, contraste isso com a situação da empresa de capital fechado. No exemplo da aquisição, não apenas o Conselho precisa votar a favor dela, mas também devemos levar em conta as múltiplas séries de ações preferenciais cujos votos são necessários com base nas cláusulas protetivas. Se nossa startup passou por diversas rodadas de financiamento e não conseguimos manter o limite de votação dos Preferenciais com "P" maiúsculo nas cláusulas protetivas, poderíamos ter uma série de investidores preferenciais com uma participação econômica pequena na empresa, mas com um poder desproporcional de decisão no resultado da aquisição por virtude de possuírem um voto com uma cláusula de proteção oriunda de uma série específica.

Por fim, a presença de outros termos (em especial o de antidiluição e o de preferências de liquidação) também pode afetar a tomada de decisão em uma startup de capital fechado. Nas empresas de capital aberto, como não há múltiplas classes de ações com esses termos variantes, a conta é bem simples: fazer o valor da empresa crescer para o benefício dos acionistas com ações ordinárias.

Como veremos nos próximos capítulos, os investidores com ações preferenciais ou ordinárias nem sempre estão alinhados. Especialmente no caso de uma aquisição, em que as preferências de liquidação podem entrar em jogo, os interesses das duas partes podem divergir de maneira significativa. Assim, embora o Conselho tenha certos deveres fiduciários a manter em mente — que analisaremos brevemente no Capítulo 13 —, ainda há maneiras pelas quais a dinâmica do Conselho e a presença de ações ordinárias e preferenciais podem criar desafios interessantes ao tentar tomar decisões sobre grandes ações corporativas, como levantamento de fundos e aquisições.

Fiduciários Duplos

Aqui está a questão fundamental a termos em mente ao lidarmos com os Conselhos de empresas de capital fechado e as tomadas de decisões corporativas em geral: os VCs são fiduciários duplos. O que isso quer dizer?

Bem, como membro do Conselho, o VC (assim como é o caso dos membros de Conselhos de empresas de capital aberto) tem um dever fiduciário com os acionistas que têm ações ordinárias da empresa. Falarei mais a respeito no Capítulo 13, mas é suficiente dizer que isso significa que o membro do Conselho de Administração precisa sempre ter em mente como seu voto ajuda a maximizar o valor de longo prazo da ação que os acionistas ordinários possuem.

Porém, sendo um GP em uma firma de capital de risco, ele também tem um dever fiduciário com suas LPs, que lhe forneceram certo capital para que ele maximizasse seu valor. E como mencionei brevemente há pouco, há vezes em que o interesse econômico do GP, sendo ele acionista preferencial com direitos e privilégios distintos, pode divergir daqueles dos acionistas cujas ações são ordinárias. É aí que a porca torce o rabo.

O Papel do Conselho

Voltemos ao papel do Conselho de forma mais específica. Já vimos de maneira geral várias de suas responsabilidades, porém, será uma boa ideia nos aprofundarmos nos detalhes.

Os bons Conselhos de Administração fazem a maioria destas coisas:

1. Contratar/Despedir o CEO

Um papel fundamental do Conselho é escolher a pessoa que terá a responsabilidade pelas operações cotidianas da empresa. Todos os executivos da empresa reportam para o CEO (e, assim, ele tem o poder de contratar ou despedir qualquer um deles), e o CEO reporta para o Conselho. Os Conselhos com um bom funcionamento reconhecem e respeitam essa distinção ao darem ao CEO a liberdade para tocar a empresa como achar melhor, sujeito à restrição de que ele é o responsável final perante o Conselho com relação aos resultados da empresa. Embora possa ser tentador, especialmente em startups pequenas, que o VC membro do Conselho se engaje de forma mais próxima com os executivos do CEO, isso pode enfraquecer, de forma involuntária, a autoridade do CEO e criar desafios administrativos para a startup.

E como qualquer um que já esteve em uma startup sabe, há um hiato enorme de conhecimento entre os membros do Conselho e o CEO, bem como com os outros membros da equipe executiva, proveniente do fato de que os membros do Conselho simplesmente não estão na empresa todos os dias. Sem a compreensão específica sobre quais funcionários sabem fazer o que, e quais atributos do produto são mais importantes para os consumidores, entre outras coisas, os membros do Conselho simplesmente não estão inseridos suficientemente na empresa para saber quais são as prioridades.

Dito tudo isso, é possível que os VCs, ainda assim, ultrapassem seus limites. Afinal, muitos deles já foram CEOs antes, daí a tentação de se envolverem mais nos assuntos da empresa. E os VCs em geral têm uma boa intenção ao fazer isso. Seu objetivo é ajudar a empresa a ter mais sucesso, muito embora o impacto de suas ações possa causar o oposto. Quando os VCs estão muito envolvidos com as operações diárias do negócio, você, como CEO, deve se engajar com o VC membro do Conselho para entender o porquê. É possível que ele apenas não perceba que esteja fazendo isso ou talvez haja uma preocupação mais profunda com suas habilidades como o CEO, fazendo-o aumentar seu nível de engajamento. Descobrir se uma ou ambas dessas situações estão acontecendo é algo importante para você fazer como CEO.

Como vimos no Capítulo 10, essa responsabilidade do Conselho justifica o fato de sua composição ser um assunto muitíssimo contestado nas negociações do term sheet. Se os acionistas com ações ordinárias controlarem o Conselho ao terem mais assentos, isso neutralizará efetivamente a capacidade do VC de remover o fundador de seu papel como CEO. E o oposto também é verdadeiro, é claro: se os VCs controlam o Conselho, o CEO fundador pode ficar preocupado com o fato de os VCs poderem agir de supetão e o removerem prematuramente da empresa.

2. Diretrizes sobre a Direção Estratégica de Longo Prazo da Empresa

Consistente com o comentário feito há pouco sobre a necessidade de dar um nível apropriado de liberdade (e responsabilidade) para que o CEO oriente a estratégia da empresa, o Conselho tem um papel em, ao menos, oferecer diretrizes e análises quanto a essa estratégia.

Por exemplo, executar a estratégia do CEO pode exigir certo orçamento (ou a necessidade de levantar mais capital): essas são as áreas nas quais as opiniões do Conselho são tão esperadas quanto desejadas. Afinal, sabemos que, especialmente no caso de financiamento adicional, o Conselho precisará votar para aprovar alguma operação em algum momento, e as cláusulas protetivas também garantirão aos VCs um voto separado de aprovação.

Com exceção dos itens que podem precisar dos votos, os Conselhos de Administração das startups também são ótimos lugares onde obter conselhos sobre áreas estratégicas de foco, dado que os VCs experientes tendem a ter uma abertura maior por meio da qual oferecer diretrizes. Em muitos casos, o CEO de uma startup pode estar nessa função pela primeira vez, ao passo que um VC experiente pode ter passado por dezenas e dezenas de Conselhos durante sua carreira e, assim, ter mais experiência, o que pode ajudar a informar os debates. Novamente, isso não significa que os VCs devem ditar a estratégia para o CEO, mas que geralmente podem oferecer lições aprendidas com outras experiências e que serão úteis para um CEO que for como um marinheiro de primeira viagem.

3. Aprovação de Diversas Ações Corporativas

Os Conselhos de Administração das startups também desempenham uma parte importante ao aprovarem as ações corporativas. Mencionei a aprovação de financiamentos há pouco, e, é claro, as grandes aquisições ou os desinvestimentos de ativos precisam ser aprovados pelo Conselho.

Com relação específica à remuneração, o Conselho também aprova diversas coisas importantes.

Primeiro, de modo a emitir opções de ações para um funcionário, o Conselho deve determinar inicialmente o valor justo de mercado apropriado da ação. Sob as leis tributárias dos EUA, se as empresas emitirem opções de ações para um funcionário nas quais o preço de exercício da opção estiver abaixo do então existente valor justo de mercado, o funcionário deverá pagar impostos, no momento da concessão, sobre a diferença entre o preço de exercício e o valor justo de mercado. Ninguém quer que isso ocorra, e os Conselhos tampouco querem criar problemas tributários em retrospecto para os funcionários ao fazer com que a IRS questione o preço justo de mercado no futuro.

Para evitar isso, é comum, nos EUA, que as empresas contratem uma consultoria externa para oferecer o que é denominado de análise 409A. Trata-se de uma análise financeira conduzida para chegar a um valor justo de mercado para a ação ordinária que o Conselho pode usar como base, aprovando-o como o preço de exercício das opções. Uma análise 409A tem um prazo médio de doze meses, desde que não haja alguma mudança substancial na empresa durante o período, como uma nova rodada de financiamento ou mudanças importantes na performance financeira. Desta forma, via de regra, os Conselhos atualizam essa análise no momento de um novo financiamento ou, no mínimo, a cada doze meses. Para aqueles de vocês que acabaram de entrar em uma startup, é por isso que sua oferta de trabalho pode lhes informar quantas opções estão recebendo, mas sem dizer o preço de exercício; é só após o Conselho aprovar o valor justo de mercado e realizar a ação corporativa para autorizar a concessão das opções que você saberá precisamente qual é o seu preço de exercício.

Outra função do Conselho relativa a remunerações é ajustar o tamanho do pool de opções conforme o necessário para permitir que a empresa conceda opções a novos contratados ou que aumente as opções dos funcionários existentes. Recorde-se de que, como vimos no Capítulo 9, nosso objetivo é estabelecer o tamanho do pool de opções no momento do financiamento de modo que seja suficiente para dar suporte ao planejamento de contratações e até a próxima rodada de financiamento. No entanto, mesmo os melhores planejamentos às vezes não dão certo, e o Conselho normalmente é convocado para aumentar o tamanho do pool de opções antes de um financiamento subsequente. Espero que, na maioria dos casos, isso aconteça porque a empresa está indo tão bem que acelerou suas contratações e precisa acomodar mais opções de ações. É muito comum, porém, que isso aconteça porque a previsão inicial está um tanto imprecisa.

Os bons Conselhos de Administração também devem avaliar a remuneração do CEO e dos executivos a cada um ou dois anos. Quando falei sobre o vesting de ações, mencionei que os VCs sempre ficam de olho na quantidade de ações que podem ou não ser exercidas pelo fundador (e outros integrantes--chave da equipe). Isso porque os VCs querem garantir que as pessoas mais cruciais ao sucesso da empresa tenham um incentivo econômico suficiente para permanecer como contribuidoras importantes no longo prazo. As opções de ações que não podem ser exercidas ["unvested"] dão tal incentivo ao vincular uma recompensa econômica à continuidade de trabalho para a empresa.

Assim, os bons Conselhos de Administração devem avaliar o desempenho do CEO regularmente e, quando apropriado, garantir que os contribuidores-chave tenham uma participação "unvested" suficiente para incentivar o comportamento desejado. Como já vimos, a concessão de opções de ações tem um preço, pois pode ser necessário expandir o pool de opções, e isso dilui a participação do VC na empresa. Desta maneira, os VCs querem garantir que qualquer expansão realmente leve ao aumento do valor da empresa como uma forma de compensar a diluição da porcentagem de participação que sentirão no curto prazo.

4. Mantendo o Compliance e a Boa Governança

No Capítulo 13, exploraremos os diversos deveres legais dos membros do Conselho, mas recorde que já vimos como os diretores e administradores buscam se proteger de terem que assumir responsabilidade legal pessoal por quaisquer contratempos da empresa. É um bom objetivo, mas exige que o Conselho funcione de forma consistente com seus deveres legais e mantenha uma boa governança corporativa. Assim, um de seus papéis importantes é reunir-se regularmente para manter os membros informados sobre a empresa, permitindo que ajam de forma consistente com seu papel fundamental de aumentar o valor no longo prazo para o acionista que tem ações ordinárias e, em especial caso isso não ocorra, proteger-se contra as responsabilizações jurídicas pessoais.

Você ouvirá os advogados dizerem que isso é desconsiderar a personalidade jurídica. É uma maneira chique de dizer que os Conselhos querem garantir que serão beneficiados pela responsabilidade limitada que uma estrutura corporativa pretende oferecer. A forma de fazer isso, claro, é satisfazer os diversos deveres legais que o Conselho tem perante a empresa e seus acionistas, como realizar reuniões regulares que reflitam as deliberações sobre o estado da empresa e garantir que os membros do Conselho não se envolvam demais no dia a dia do negócio.

5. Papéis Específicos do VC

Também há papéis que não estão relacionados com a parte jurídica ou de governança e que o VC, como membro do Conselho, desempenha com o objetivo de ajudar a melhorar as perspectivas da empresa. Muitas vezes, o VC é um mentor informal do CEO. Novamente, visto que o VC já teve o benefício de ter testemunhado muitas startups em ação ou de ter sido ele próprio um fundador, ele está em uma boa posição para ser um bom orientador. Admitidamente, isso pode ser um pouco estranho no sentido de que o CEO se reporta para o Conselho e pode ser removido por ele, então talvez sinta um pouco de reservas em se abrir com o VC que é membro do Conselho. Ainda assim, essa é uma área na qual os VCs podem ser de ajuda.

Outro papel informal do VC que é membro do Conselho é abrir sua rede de contatos para beneficiar o CEO. Às vezes isso ocorre para apresentar potenciais candidatos a vagas executivas ou assessores externos da empresa. Em outras, para apresentar possíveis consumidores ou sócios corporativos. E alguns VCs institucionalizaram isso para além do Conselho, incluindo outros da firma de capital de risco para ajudarem nessa atividade.

6. O que o Conselho Não Deve Fazer

Passamos por esse assunto anteriormente, mas o que o Conselho *não* deve fazer é tão importante quanto o que deve fazer. Claramente, o papel do Conselho não é tocar a empresa ou ditar a estratégia, em especial a do produto; esse é o trabalho do CEO. Não é possível que os membros do Conselho, por mais que se engajem com você na função de CEO, entendam as especificidades da capacidade da empresa de modo que possam influenciar significativamente a estratégia do produto. Só você sabe o que cada setor é capaz de entregar e como a orquestração desses entregáveis pode, por fim, ser realizada. Os bons Conselhos reconhecem essa distinção; os Conselhos ruins se excedem.

Por mais dolorosamente óbvio que isso possa parecer, às vezes alguns Conselhos de fato cruzam esse limite. O mecanismo do Conselho para "tocar" a empresa é avaliar o CEO e orientá-lo, ou então despedi-lo, caso não goste de como a empresa está sendo gerida; e não interferir em sua habilidade de gerir sua equipe diretamente nem ditar uma estratégia específica de produto.

Caso perceba esse excesso por parte do Conselho, você deve resolver diretamente com seus respectivos membros. A explicação inócua pode ser que eles são membros inexperientes e que precisam ser relembrados sobre as melhores formas pelas quais podem ser úteis. A explicação mais séria pode ser que o Conselho está perdendo a confiança em sua habilidade de continuar administrando a empresa, e essa é simplesmente a maneira de demonstrar isso. De qualquer forma, como CEO, você precisa saber!

Mais amplamente, uma grande parte de seu trabalho como CEO é gerir o Conselho. Pode parecer estranho, pois "gerir" normalmente se aplica a seus subordinados, aqueles que pode contratar ou despedir, ao passo que você se reporta ao Conselho. Apesar disso, há diversas coisas que você pode fazer com o Conselho para ajudá-lo indiretamente.

Primeiro, logo de cara, estabeleça as expectativas corretas sobre o que espera dos membros do Conselho. Muitos CEOs gostam de fazer reuniões individuais regulares com eles para garantir que tenham um momento fora da reunião do Conselho para compartilhar informações e receber feedback. Além disso, você espera que eles o ajudem a identificar integrantes futuros da equipe executiva, entrevistem candidatos a essas vagas, compartilhem seus contatos para identificar prospectos de vendas etc.? Não é necessário dizer, mas você também deve estabelecer expectativas sobre como pretende realizar as reuniões do Conselho. Por exemplo, você espera que os membros leiam os tópicos com antecedência e planeja usar o tempo da reunião primordialmente para debater as questões em aberto?

Segundo, obtenha uma concordância dos membros sobre como lhe darão feedback. Alguns Conselhos pedem que apenas um membro consolide todo o feedback dos outros e o passe em uma reunião individual com o CEO. Outros podem fazer uma sessão executiva com apenas o Conselho e o CEO ao fim de cada reunião para dar um feedback em grupo. Não há um modo exigido de operação, mas você deve deixar claro qual é seu interesse em ouvir o feedback e concordar com a melhor forma de obtê-lo.

Terceiro, estabeleça uma concordância entre você e o Conselho sobre um engajamento fora da reunião do Conselho envolvendo os integrantes de sua equipe executiva. Os bons membros de Conselho fazem questão de informá-lo se algum integrante executivo entrou em contato e lhe darão um feedback apropriado caso questões cruciais sejam levantadas. Os membros ruins interferem em seu relacionamento com seus subordinados diretos e levantam preocupações com sua equipe sobre sua viabilidade como CEO.

Por fim, você precisa orquestrar a reunião do Conselho em si e os tópicos a serem abordados. Isso não significa compartilhar más notícias ou ser seletivo em sua revelação de informações importantes, mas saber selecionar quais temas são válidos para a discussão no Conselho, sem desperdiçar tempo com assuntos que são apropriadamente delegados a você como o gestor do cotidiano da organização. Conversar com os membros logo no início para solicitar seus feedbacks sobre o que gostariam de ver como parte das reuniões é uma ótima forma de evitar perder o rumo durante a reunião do Conselho.

CAPÍTULO 13

Confiamos na Trados

Como mencionei, ao realizar suas funções como membros do Conselho, os diretores têm o direito de proteção contra responsabilizações legais. Mas isso exige que eles cumpram com seus deveres legais centrais perante os acionistas com ações ordinárias da empresa. Vamos analisar quais são esses deveres e como os diretores podem garantir seus benefícios.

Mas antes, uma palavrinha sobre este capítulo. Tenho certeza de que alguns de vocês podem se sentir tentados a pulá-lo, pois vamos falar de coisas jurídicas e já cobrimos de forma bastante exaustiva o assunto sobre os membros do Conselho. Entendo. Talvez você tenha coisas mais empolgantes para fazer agora (como, quem sabe, trabalhar em sua startup, não é?), mas permita-me ao menos fazer minha propaganda sobre o assunto.

É ruim abrir uma empresa, e ela vir a falir. Isso sem dúvida é uma droga, mas, ao menos, você deu seu melhor e não perdeu todo o dinheiro no processo (é o que espero!). Porém, será pior ainda se você falir e acabar em uma disputa legal que se arrastará por anos enquanto tenta se defender de algumas decisões que tomou (ou não tomou), as quais, agora, são motivo de questionamento por parte de alguns de seus acionistas.

Se a falência da empresa não levou à sua falência pessoal, as chances são muito altas de que isso aconteça em breve por causa dos honorários relacionados ao processo. Outra coisa muito ruim é quando sua empresa tem sucesso, você ganha bastante dinheiro e, depois, descobre que alguns dos primeiros acionistas sentem que foram sacaneados oito anos atrás e você perde muito dinheiro com isso. Estar na parte perdedora do processo significa que alguns dos ganhos irão pelo ralo dos honorários ou dos ressarcimentos de prejuízos.

Estar nessas situações não é nada bom, seja como CEO fundador ou como um VC que faz parte do Conselho. E você não precisa chegar a esse ponto, pois, se tirar um tempo para ler este capítulo, verá que há algumas formas razoáveis de ajudá-lo a se prevenir contra isso.

Obviamente, todas as ressalvas comuns se aplicam aqui — não sou seu advogado e não estou lhe fornecendo assessoria jurídica (de fato, não posso nem ser chamado de advogado, pois o estado da Califórnia diz que estou inativo na "OAB" daqui e, portanto, não posso exercer essa profissão). Assim, quando começar sua empresa, e se alguma vez a vaca for para o brejo em questões jurídicas, contrate um advogado de verdade para ajudá-lo nesse caminho, que é bastante trilhado.

Comecemos analisando os deveres de um membro do Conselho.

Dever de Diligência

O dever de diligência é uma responsabilidade fundamental do membro do Conselho. Em seu nível mais básico, esse dever diz que você precisa estar informado sobre o que está ocorrendo na empresa para desempenhar seu papel básico de maximizar o valor para os acionistas com ações ordinárias. Especificamente, você precisa estar informado a um mesmo nível que uma pessoa sensata estaria de modo a avaliar o potencial da empresa.

Você não precisa saber de tudo nos mínimos detalhes para conseguir prever como algum aluno incrivelmente inteligente de ciência da computação em Stanford poderá roubar clientes de você. Tudo de que precisa é estar informado — ler os materiais do Conselho, participar das reuniões, não ficar o tempo todo em seu smartphone tentando acertar as apostas nos jogos de futebol e fazer perguntas relevantes. O hilário aqui é que você pode cumprir com seu dever de diligência ao não cochilar na reunião do Conselho. Acho que ninguém chegou a testar isso, mas serve para lhe dar uma noção de como as exigências não são tão altas assim.

Dever de Lealdade

O dever de lealdade exige que um diretor não faça os negócios em interesse próprio, buscando enriquecer. Ele deve estar motivado unicamente por aquilo que for do melhor interesse da empresa e de seus acionistas detentores de ações ordinárias.

Como veremos em breve, embora isso pareça bem simples, no caso específico de startups financiadas com capital de risco, pode ser desafiador navegar pelas águas desse dever. Isso por causa do problema do fiduciário duplo sobre o qual falei. Como um VC membro do Conselho equilibra seus deveres perante a empresa e seus deveres perante suas LPs, se de fato houver conflito de interesses? Quando há casos jurídicos abertos contra as firmas de capital de risco (e não há muitos no total), eles quase sempre focam essa questão básica.

Dever de Confidencialidade

É exatamente o que parece. Se você for membro do Conselho de Administração de uma empresa, será preciso manter em confidencialidade quaisquer informações que lhe foram apresentadas durante seu mandato.

Falei anteriormente sobre os custos de oportunidade de um VC ao fazer um investimento. Entre os motivos para isso está o fato de que o VC pode participar de muitos Conselhos; assim, sempre que assume um assento, ele necessariamente reduz sua disponibilidade para investir em outras empresas. Outra forma de custo de oportunidade surge a partir dos conflitos: como VC, você realmente não pode investir no Facebook e na Friendster ou na Lyft e no Uber. A decisão de investir em uma empresa significa que você estará em conflito com outras empresas que são concorrentes diretas. Para esclarecer, não há uma proibição quanto a isso, mas a convenção dos negócios dificulta que isso aconteça — como VC, você está emprestando seu nome e o nome de sua firma para seus investimentos, então é difícil investir em concorrentes diretos sem criar desafios para ambas as empresas no mercado.

O momento em que isso se torna realmente difícil — e o motivo pelo qual estou trazendo esse assunto no contexto do dever de confidencialidade

— é quando as empresas "pivotam", mudando de estratégia. No momento do investimento, é muito fácil saber se a empresa na qual você está propondo investir está concorrendo diretamente com alguma outra; desta forma, lidar com o potencial conflito no momento do investimento é algo gerenciável. Mas sabemos que as startups mudam de estratégia o tempo todo. Algumas vezes, isso significa fazer apenas alguns ajustes, mas em outras, pode resultar na empresa adentrar um negócio totalmente novo, o que pode levá-la a um conflito com outro investimento que já está no portfólio do VC.

Nós, na Andreessen Horowitz, passamos por isso logo cedo na história de nossa firma. Investimos inicialmente na rodada semente da Mixed Media Labs, em 2010. Fundada por Dalton Caldwell, a Mixed Media estava desenvolvendo um aplicativo de compartilhamento de fotos via celular. Como já mencionei, nós também investimos na rodada semente da Burbn, que, na época, estava desenvolvendo um aplicativo de compartilhamento de geolocalização (parecido com o Foursquare). Sendo assim, na época de nossos investimentos iniciais, não havia conflitos. Posteriormente, a Burbn mudou de estratégia e entrou no espaço de compartilhamento de fotos, tornando-se o muito bem-sucedido Instagram, que foi adquirido pelo Facebook por US$1 bilhão em 2012.

Quando a Burbn e a Mixed Media Labs decidiram levantar rodadas A posteriormente, o conflito ficou aparente. Nós não fazíamos parte do Conselho de nenhuma das duas, então isso não criou quaisquer questões fiduciárias com relação ao dever de lealdade, mas criou um conflito mais amplo sobre o qual estamos falando. Por fim, investimos na Mixed Media como parte de sua rodada A (e outro VC liderou a rodada A da Burbn), decidindo que a melhor forma de honrar o conflito era conceder a preferência à empresa que havia começado originalmente no espaço de compartilhamento de fotos, e não àquela que havia entrado no espaço posteriormente. Não foi uma decisão fácil, dado nosso respeito por ambas — e, para deixar claro, não tínhamos restrições formais de investimento para restringir nosso comportamento —, mas foi assim que acabamos resolvendo o conflito.

No entanto, essas situações ficam mais complicadas quando as firmas de capital de risco têm investimentos existentes *e assentos no Conselho* das empresas que mudam completamente de estratégia e entram no espaço de outro investimento existente. Então, o dever de confidencialidade entra em cena, exigindo que a firma tome várias ações para garantir que os membros do Conselho possam cumprir com suas obrigações legais.

A maneira mais comum de lidar com essa situação é criar o que é conhecido como muralha chinesa entre os GPs que participam desses Conselhos concorrentes (vamos presumir agora que haja diferentes GPs envolvidos). Uma muralha chinesa é basicamente uma maneira formal de restringir o fluxo de informações entre as partes. Nessa situação, quaisquer fatos relevantes que um GP saiba no contexto de sua atuação no Conselho não serão compartilhados com o outro GP. Ao isolar o fluxo de informações, cada um dos GPs pode satisfazer seus deveres de confidencialidade.

No caso em que o mesmo GP participa dos dois Conselhos, há algumas opções. Se ele desejar manter ambos (e se as duas empresas concordarem), então a divulgação do conflito e a recusa são os mecanismos básicos para gerenciar a situação. Dessa forma, quando houver áreas substanciais de conflito, o GP deverá garantir que os outros membros do Conselho saibam do conflito em potencial e, geralmente, deverá recusar participar dessa parte da reunião.

Quanto mais direta for a concorrência entre as empresas, mais difícil será o caso, pois cada vez mais aspectos da reunião do Conselho poderão fazer surgir possíveis conflitos. Portanto, em tal situação, pode ser necessário que o GP abra mão do assento para outro sócio na firma, possibilitando o uso do processo de muralha chinesa para garantir a proteção de informações confidenciais.

Dever de Transparência

O dever de transparência exige que os membros do Conselho revelem aos acionistas todas as informações necessárias para que estejam cientes de ações corporativas importantes. Por exemplo, se a empresa estiver passando por uma aquisição, o dever de transparência exigiria disponibilizar aos acionistas todas as informações relevantes sobre o negócio: como foi aprovado, por que o Conselho acredita que foi feito tendo o melhor interesse dos acionistas em mente, quais são os termos econômicos etc.

O que você verá ao participar de Conselhos é que os deveres de diligência e de lealdade são realmente o âmago dos deveres fiduciários que tendem a entrar em cena. Não que os outros dois não sejam importantes, mas o ponto é que, na maioria dos casos, se o Conselho de uma startup se ver em problemas — ou ao menos se precisar considerar seus deveres fiduciários com mais detalhes —, isso envolverá os deveres de diligência e de lealdade.

Ação Ordinária e Ação Preferencial

Se você estiver prestando bastante atenção, talvez tenha percebido que, ao falar sobre os deveres do Conselho, faço referência apenas às ações ordinárias. Ou seja, informei que o dever fiduciário básico de um membro do Conselho é otimizar o que está nos interesses de longo prazo dos acionistas com *ações ordinárias*. Mas e todos os acionistas preferenciais que existem em nossa típica startup financiada com capital de risco?

Bem, o fato é que os membros do Conselho não têm um dever fiduciário perante os acionistas preferenciais. Nos EUA, os tribunais já disseram há muito tempo que os direitos dos preferenciais são puramente contratuais por natureza; isto é, eles são negociados pelas partes para o contrato de financiamento no momento do investimento. E, provavelmente o mais importante, são negociados por partes sofisticadas que sabem se cuidar sozinhas. Afinal, ninguém precisa se preocupar em proteger os poderosos VCs.

Sendo assim, o acionista preferencial realmente pode processar caso tenha sentido que os direitos contratuais que negociou foram violados — ou seja, ele tinha um voto de cláusula protetiva que a empresa ignorou ao realizar uma operação corporativa. Mas ele não poderia processar (ou, mais corretamente, até poderia, mas perderia) alegando que os diretores violaram seus deveres fiduciários perante ele, pois, de fato, não há nenhum.

E essa é realmente a questão fundamental subjacente à diferença entre como os Conselhos precisam tratar os acionistas com ações ordinárias e os que têm ações preferenciais. A ideia básica é a de que estes últimos podem se cuidar, mas os primeiros, de fato, não. Assim, precisamos impor deveres fiduciários para os membros do Conselho de modo a proteger os pequenos — os acionistas com ações ordinárias. Como consequência, caso se encontre em uma situação complicada e esteja tentando descobrir como colocar as coisas na balança, é importante honrar os direitos contratuais que os preferenciais têm, mas você precisa garantir que está zelando, de forma essencial, os melhores interesses dos acionistas com ações ordinárias. Muitas vezes, isso é algo mais fácil de dizer do que de fazer.

Business Judgment Rule

Agora que você está familiarizado com os deveres dos membros do Conselho, a pergunta é: como saber se de fato os estamos cumprindo e, desse modo, nos mantendo longe dos problemas? Entra em cena um mecanismo do direito norte-americano denominado business judgment rule (BJR) ["regra de julgamento empresarial", em tradução livre].

Via de regra, queremos que as pessoas participem dos Conselhos. Como sociedade, decidimos que, quando elas estão dispostas a dedicar parte de seu tempo como membros do Conselho, isso ajuda a melhorar as perspectivas de maximizar o valor no longo prazo dos acionistas com ações ordinárias. E se toda vez que alguém do Conselho tomasse uma decisão, a pessoa ficasse com medo de poder responder judicialmente, seria improvável que ela continuasse querendo participar. Também decidimos que é realmente difícil que os tribunais questionem as decisões tomadas por um Conselho, visto que podem não ter um entendimento completo de todas as considerações que foram levadas em conta no processo de tomada de decisão do Conselho.

Desta forma, os conselheiros em geral têm o direito de um padrão bastante leniente, conhecido como "business judgment rule". Em termos simples, o BJR diz que os tribunais relutarão em questionar uma decisão do Conselho desde que, para tomá-la, o Conselho tenha agido de maneira informada, de boa-fé e com a crença sincera de que a ação foi realizada no melhor interesse da corporação e dos acionistas detentores de ações ordinárias.

Algo importante é que , em última instância, a decisão não precisa ter sido correta. Os tribunais buscarão avaliar o *processo* de tomada de decisão para garantir que houve o cumprimento do dever de diligência: os conselheiros se informaram dos fatos, realmente leram os materiais à sua disposição e tiraram um tempo em uma reunião do Conselho para debater a questão? Basicamente, há um registro claro de um processo deliberativo informado? Ou seja, se você fez isso, mesmo que o resultado seja negativo, ainda estará protegido contra uma responsabilização legal.

Na realidade, é ainda um pouco mais favorável do que isso para os membros do Conselho. Em termos jurídicos, presume-se que eles fizeram todas essas coisas. Ou seja, é o autor (a pessoa que está levantando queixas contra a decisão do Conselho) que precisa provar o contrário; ele tem o ônus da prova para convencer o tribunal de que o processo foi errôneo, tendo levado a uma decisão ruim. É um desafio enorme a ser transposto e, também, um dos motivos pelos quais os Conselhos realmente desejam ficar dentro das proteções do BJR; é um "cobertor reconfortante" no qual se envolver.

Como você pode fazer isso?

Obviamente, a primeira coisa a fazer é, de fato, seguir um processo correto. Mas outro item crucial é não deixar de guardar as minutas das reuniões, refletindo a frequência e o nível das deliberações. Isso não significa que você precisa anotar todas as palavras proferidas na reunião — e os bons advogados sabem fazer isso muito bem —, mas que é importante ter informações suficientes no registro de modo que ele dê suporte ao argumento de que seu processo foi correto caso precise se defender contra uma ação judicial referente ao dever fiduciário algum dia.

É por isso que a reunião seguinte do Conselho sempre se inicia aprovando as atas da reunião anterior. Aí está a sua chance de garantir que o registro seja preciso e que mostre, em um eventual litígio, que você seguiu um processo correto de discussão das questões, registrando e aprovando as atas por refletirem o que ocorreu.

Entire Fairness

Considerando como o BJR é favorável aos membros do Conselho, será que precisamos nos preocupar com essa coisa de dever fiduciário? Afinal, parece que realmente não há muito espaço para que eles sejam responsabilizados judicialmente, desde que não fiquem "pescando" nas reuniões.

É aqui que o dever de lealdade entra em cena. O que acontece é que há uma maneira de sair do invólucro do BJR: demonstrar (ou, ao menos, alegar no princípio) que o Conselho de Administração violou seu dever de lealdade, colocando seus próprios interesses antes daqueles dos acionistas com ações ordinárias.

Como é possível fazer isso?

Claro, há várias maneiras, porém, a mais óbvia é demonstrar que, de fato, houve fraude ou uso ultrajante de poder em benefício próprio. Mas embora isso possa certamente existir, é muito raro e, em geral, muito difícil de provar.

A maneira mais simples de fazer isso é demonstrar que a maioria dos membros do Conselho estava de alguma forma em conflito (por exemplo, como fiduciários duplos) e que o conflito os levou a desfrutar de um benefício financeiro com a transação (como uma aquisição ou um financiamento) que não foi compartilhado igualmente pelos acionistas com ações ordinárias.

Veremos adiante um exemplo real e breve desse caso para que você entenda as nuances de forma mais detalhada, mas, em essência, o que isso faz é mudar o ônus da prova no processo judicial e dar ao tribunal mais margem de manobra para analisar os detalhes da transação da empresa. Se você ler os casos judiciais sobre esse assunto, verá que os tribunais estão basicamente dispostos a substituir o entendimento do Conselho por sua própria interpretação, caso cheguem à conclusão de que realmente não houve tomadores de decisão imparciais e qualificados no Conselho, representando fielmente os acionistas portadores de ordinárias.

Ao fazerem isso, os tribunais abandonam o BJR e adotam uma nova regra do direito norte-americano chamada de "entire fairness" ["justiça completa", em tradução livre]. Há duas facetas importantes nesse novo padrão.

Primeiro, como mencionei há pouco, o ônus da prova muda. Isso significa que, diferentemente do BJR, em que havia a presunção de que os membros do Conselho estavam agindo de acordo com um processo correto e o requerente assumia o ônus para derrubar tal presunção, no caso do entire fairness os membros do Conselho não obtêm essa presunção. Na realidade, são os conselheiros que ficam encarregados do ônus de provar que *eles* estavam agindo de acordo com os melhores interesses da empresa. Entendo que isso pode não parecer grande coisa para alguns de vocês, mas quando o assunto é se defender perante um tribunal, ter o ônus da prova para dar suporte a seu caso é muito mais difícil do que chegar lá com a presunção de que sua negociação foi justa.

Segundo, agora os tribunais irão muito mais a fundo para investigar o processo de tomada de decisão e analisar dois aspectos específicos da negociação.

Para começar, eles testarão a imparcialidade do processo em si [o mecanismo se chama "entire fairness test"], fazendo exatamente as mesmas perguntas que fariam sobre as deliberações do Conselho no contexto do BJR, porém, desta vez, são os próprios membros do Conselho que precisam fornecer provas afirmativas para o tribunal de que o processo foi correto. Em seguida, o tribunal testará a imparcialidade do preço a que o Conselho chegou (no caso do capital de risco, normalmente é o preço da aquisição ou de uma rodada de investimento).

Sendo assim, no âmbito da entire fairness, os membros do Conselho precisam provar duas coisas: (1) que o processo foi imparcial e que (2) o preço foi justo (o que realmente significa aquele obtido pelo acionista com ações ordinárias no negócio).

Por fim, já mencionei isto, mas é um ótimo momento para repetir. Uma diferença enorme entre as violações do dever de diligência e o dever de lealdade é que os diretores não podem indenizar a si mesmos no caso das quebras do dever de lealdade. Assim, caso você perca um caso de dever de diligência, certamente não será algo divertido, mas ao menos não terá responsabilizações pessoais pelos danos. Não é bem assim no caso das violações do dever de lealdade; perder, nesse caso, significa que terá que meter a mão no bolso.

Com Referência à Trados

Para ver como isso funciona na prática, voltemos ao influente caso de Delaware que abrange os tópicos do dever fiduciário no contexto de uma aquisição. Recorde que mencionei que não há muitos casos por aí envolvendo capital de risco nesse sentido, então, esse é realmente importante.

A Trados, como a maioria das histórias de capital de risco, começou como uma startup promissora. Ela conseguiu levantar diversas rodadas bem-sucedidas de financiamento de capital de risco com firmas muito respeitadas.

De fato, a empresa conseguiu um total de US$57,9 milhões ao longo de sua existência e, durante certo tempo, parecia fazer um bom progresso. Infelizmente, as coisas começaram a desandar cerca de cinco anos após sua abertura, e o Conselho decidiu vender a empresa. Uma oferta final de US$60 milhões foi aceita pela aquisição.

Além do capital de risco que a Trados levantou ao longo dos anos, ela acumulou preferências de liquidação no valor de US$57,9 milhões em capital que levantou. A liquidação de preferência era de 1x nonparticipating — lembre-se de que, nesse caso, o investidor tem a opção de acionar sua preferência de liquidação a partir do valor total ou converter suas ações preferenciais em ordinárias e obter sua parte refletindo sua porcentagem de participação, mas não as duas coisas. No caso da oferta de aquisição por US$60 milhões, todos os investidores de risco fariam um melhor negócio optando pela preferência de liquidação de 1x, e foi o que decidiram fazer.

Pois bem, se a coisa tivesse parado por aí, talvez esse caso nunca tivesse sido mencionado, e não poderíamos ler a respeito dele. Os VCs poderiam ter obtido seus US$57,9 milhões em preferência de liquidação, e os restantes US$2,1 milhões teriam ido para os acionistas com ações ordinárias. Definitivamente, não é um bom resultado para os acionistas ordinários, mas talvez eles decidissem não brigar por isso. Na realidade, há chances de que teriam dificuldade para encontrar um advogado disposto a assumir o caso, pois as probabilidades de vitória eram muito remotas.

Para onde Vai o "MIP"?

Contudo, há outro fato importante a acrescentar na história.

Uma vez que o Conselho decidiu vender a empresa, ele instituiu um plano de incentivo de gestão [MIP, na sigla em inglês]. Pense nisso como basicamente um recorte dos lucros obtidos com a aquisição destinados a incentivar a equipe gestora a trabalhar de forma diligente para concretizar a aquisição. Nesse caso — e na maioria dos casos em que o MIP é acionado —, o Conselho provavelmente já tinha uma noção muito boa de que as ofertas de aquisição não seriam atrativas o suficiente para pagar as preferências de liquidação e deixar muitas sobras para os acionistas com ações ordinárias (e, importante, para os funcionários da empresa a quem o Conselho queria incentivar para tentar vender a companhia.)

Dessa forma, o conselho colocou o MIP em prática — a quantia precisa foi baseada em alguma porcentagem do negócio e variava dependendo do tamanho da aquisição. Com uma oferta de US$60 milhões, o MIP pagava US$7,8 milhões para certos funcionários da empresa, voltado fortemente para alguns executivos seniores.

Basicamente, em parte, os VCs concordaram em separar esse dinheiro a partir de suas preferências de liquidação. Daí, os US$60 milhões obtidos com a aquisição foram distribuídos da seguinte maneira: US$52,2 milhões para os VCs (menos do que os US$57,9 milhões aos quais tinham o direito com sua preferência de liquidação), US$7,8 milhões para os participantes do MIP e zero para o restante dos acionistas portadores de ações ordinárias.

Um acionista ordinário com uma participação de 5%, que ficou consternado ao descobrir que sua participação agora não valia mais nada, processou a empresa e o Conselho, alegando que a negociação não foi justa. O Conselho, afinal, tem deveres fiduciários perante os acionistas com ações ordinárias e, nesse caso, o requerente alegou que o fato de eles não terem recebido nada no negócio, ao passo que os investidores e os participantes do MIP receberam os US$60 milhões integrais, provava que havia algo duvidoso no ar.

Conselho em Conflito?

A questão inicial que o tribunal tinha que resolver quanto à Trados é qual padrão de avaliação se aplicava — o "business judgment rule" ou o "entire fairness". Recorde que mencionei a importância disso, pois determina qual parte fica com o ônus da prova: se for aplicado o BJR, o autor precisa provar a parcialidade do processo, mas se for aplicado o entire fairness, os réus (nesse caso, os VCs e os diretores da empresa) ficariam com o ônus da prova.

Para determinar se o Conselho enfrentava conflitos reais que fizeram com que não agisse de forma imparcial e independente, o tribunal passou a avaliar cada um dos membros do Conselho. Basicamente, precisavam determinar se eles agiram ou não de forma independente. Caso a maioria do Conselho tivesse deixado de agir de forma imparcial, o Conselho estaria em conflito de interesses e o entire fairness seria aplicado. No caso da Trados, o Conselho era composto por sete diretores, assim, se ao menos quatro não tivessem sido imparciais, o problema estaria resolvido. Vamos analisar isso mais de perto, visto que é a questão primordial para qualquer um que participe do Conselho de uma empresa financiada por capital de risco.

Primeiro, os VCs: o fato é que três dos diretores representavam firmas de capital de risco que tinham parte na preferência de liquidação de US$57,9 milhões. Isso de modo algum surpreende, pois a empresa havia passado por diversas rodadas de financiamento, então não é incomum que o investidor líder de cada rodada peça por um assento no Conselho. Porém, o tribunal pega pesado com os VCs.

Ele diz que eles estão em conflito de interesses por dois motivos.

Tendo eles uma preferência de liquidação, os direitos ao fluxo de caixa dos VCs os faz divergir dos acionistas com ações ordinárias. Agora você já sabe disso, por causa da leitura deste livro (e por considerar as matrizes de remuneração), mas o tribunal afirma de maneira explícita: os VCs acabam ganhando menos com o aumento do valor da empresa do que sofrem com a diminuição no valor da empresa, devido à preferência de liquidação.

Faz sentido? Isso significa que, se a adquirente pagasse US$45 milhões (em vez de US$60 milhões), os preferenciais perderiam US$1 de rendimento para cada US$1 de diminuição no preço da aquisição; os VCs sentiriam isso no bolso. Porém, se a adquirente pagasse US$75 milhões pela empresa, como o valor investido pelos VCs ainda estava muito abaixo dos valuations existentes no momento do investimento, eles não teriam convertido suas ações para ordinárias e, assim, ainda teriam recebido apenas sua preferência de liquidação. Portanto, eles não estavam muito motivados a brigar com a adquirente por um preço muito mais alto, pois não lhes ofereceria um benefício econômico.

No entanto, esse não era o caso para os acionistas proprietários de ações ordinárias. Para cada US$1 a mais no preço de aquisição, eles teriam recebido US$1 a mais correspondente ao aumento. Isso porque, uma vez que os VCs decidem receber sua preferência de liquidação como acionistas preferenciais "nonparticipating", eles não participam de qualquer aumento de preço adicional. Nesse caso, todo o rendimento vai direto para os acionistas que detêm ações ordinárias.

O tribunal também descobriu que os VCs tinham conflito de interesse pelo que o próprio tribunal denomina de modelo de custo de oportunidade do VC. Ou seja, ele diz que os VCs não gostam de passar tempo com empresas perdedoras (por causa do sacrifício econômico que mencionei anteriormente), preferindo passá-lo com empresas que podem ter uma valorização econômica potencial para seus fundos (e, assim, melhorar sua média de "rebatidas por home run"). Como resultado, em casos como o da Trados, eles ficam motivados a obter sua preferência de liquidação o mais rápido possível, mas depois não passam mais tempo tentando aumentar o preço. Isso não os beneficiaria muito, e esse tempo causa um alto custo de oportunidade, que poderia ser passado com empresas vencedoras.

Infelizmente para os VCs neste caso, há algumas citações não tão boas de um dos VCs em particular que facilitou para o tribunal se decidir pelo conflito de interesse. Ele, que parou de tentar passar qualquer tempo com a empresa além de aparecer para as convocações relacionadas à aquisição, disse ao CEO para concretizar o negócio de fusão e aquisição o mais rápido possível e disse explicitamente que preferiria passar tempo com outras empresas com maior potencial de valorização. Nada disso é surpreendente, mas anote aí: você provavelmente não desejará ter uma afirmação dessas nos registros legais quando estiver tentando se defender no tribunal.

Pausemos por um momento para entender a situação.

Inúmeros advogados tentaram determinar o que tudo isso significava, mas acredito que a leitura conservadora do caso diz que, se você for um VC membro do Conselho que tem preferência de liquidação (algo que praticamente todos os VCs têm) e estiver vendendo a empresa por um preço inferior (isto é, você não fará a conversão de suas ações para ordinárias, mas pegará a preferência de liquidação), provavelmente deverá presumir que está em conflito de interesse. Você pode levantar vários argumentos para demonstrar o oposto, mas não desejará fazer isso perante um tribunal depois que o negócio foi fechado. Ao contrário, desejará garantir que faz tudo certinho enquanto estiver no Conselho para aumentar a probabilidade de manter-se imparcial.

Certo, não começamos muito bem aqui, visto que, logo de cara, há três membros do Conselho com conflito de interesse.

Analisemos as duas outras pessoas que representam os acionistas com ações ordinárias — o CEO e o presidente. O CEO recebeu US$2,3 milhões com o MIP, e o presidente, US$1 milhão. Assim, à primeira vista, o tribunal diz que eles estão em um potencial conflito de interesse no sentido de que receberam algo com a aquisição que não foi disponibilizado para os outros acionistas com o mesmo tipo de ações. Todavia, diz o tribunal, a verdadeira questão é se esses benefícios foram substanciais; obtê-los por si só não os coloca automaticamente em conflito.

E como podemos avaliar a substancialidade?

O tribunal fez uma análise econômica simples. Para o CEO, o fato é que o pagamento pelo MIP representava em torno de 20% a 50% de seu patrimônio líquido e dez vezes a remuneração que recebia em sua função. Esses números são suficientes para defini-los como substanciais. Para o presidente, o pagamento pelo MIP representava cerca da mesma porcentagem de seu patrimônio líquido que a do CEO e, além disso, ele teria um emprego na empresa adquirente que lhe seria muito substancial. Portanto, o tribunal decidiu que seria razoável considerar que seu apoio ao negócio poderia ter sido influenciado por tais benefícios substanciais.

Muito bem, tudo perfeito. O tribunal poderia ter parado por aí (visto que precisava apenas encontrar quatro membros com conflito de interesse para formar uma maioria), mas por que parar quando a coisa está indo bem? Sendo assim, os próximos a serem examinados são os dois diretores independentes.

O que poderia não ser independente no caso dos diretores independentes? Veja, o fato é que um deles tinha um relacionamento de longa data com um dos VCs que fazia parte do Conselho, tendo sido um investidor no fundo do VC (incluindo em um que tinha a Trados em seu portfólio), além de ter sido CEO de duas das empresas do portfólio da firma de capital de risco. Tal diretor independente também havia recebido ações da Trados por meio de uma aquisição de outra empresa na qual era investidor, assim como um dos VCs com conflito de interesse. O tribunal analisou tudo isso e chegou à conclusão de que esses relacionamentos criaram um sentimento de obrigação com aquele VC que poderia ter comprometido a independência do diretor independente. A propósito, o requerente nem se deu ao trabalho de questionar a independência do segundo independente, assim temos, de fato, um dos sete que realmente era independente.

Falei sobre a lição aprendida com respeito aos diretores VCs, mas agora temos mais algumas diretrizes a seguir que surgem do caso.

Primeira, se você tem executivos representantes dos acionistas com ações ordinárias no Conselho, que obtêm benefícios com o negócio que lhes são substanciais (por exemplo, como uma porcentagem de seu patrimônio líquido) e não são compartilhados com o restante dos acionistas que têm ações ordinárias, há uma hipótese muito boa dizendo que há conflito de interesse.

Segunda, chamar alguém de independente não torna a pessoa independente. Colocar no Conselho um amigão que deve a própria carreira e bem-estar a você, como um investidor, um CEO de uma empresa portfólio ou um membro em série de Conselhos, pode criar conflitos. É claro, tudo isso é muito específico, mas agora você está ciente de que precisa fazer essa análise factual no momento em que estiver considerando uma transação, para garantir que não terá um Conselho com conflito de interesses.

Aplicando o Entire Fairness

Tendo o tribunal chegado à conclusão de que o Conselho, de fato, tinha conflito de interesses, a condescendência normalmente conferida ao Conselho sob o padrão do BJR não mais se aplicava. Portanto, o tribunal usou o padrão do entire fairness para avaliar o caso. Recorde que há dois elementos quanto a esse padrão: (1) processo justo e (2) preço justo.

Quanto ao processo justo, o tribunal puniu o Conselho da forma mais severa possível. Há inúmeros fatores para poder falar de todos, mas destaco alguns observados pelo tribunal.

Primeiro, os VCs estavam interessados demais em obter seu dinheiro, em vez de tentar equilibrar a balança incluindo os interesses dos acionistas com ações ordinárias. Exemplos disso, que o tribunal citou, incluem: (1) os VCs se envolveram muito na contratação e gestão dos banqueiros envolvidos na transação; (2) eles mantiveram o presidente sob rédeas curtas com respeito às decisões operacionais da empresa para maximizar a possibilidade da fusão e aquisição; e (3) eles rejeitaram as propostas de financiamento feitas pelo CEO e, supostamente, o contrataram apenas para vender a empresa.

Segundo, o tribunal também impugnou a aplicação do MIP. Entre outras coisas, ele citou que os Conselhos precisam tomar muito cuidado quando a presença de um MIP por si só tira dinheiro dos acionistas com ações ordinárias. Recorde que, neste caso, sem o MIP, estes teriam recebido US$2,1 milhões — não é muito, mas é melhor do que nada, que foi o que levaram. Porém, visto que o MIP basicamente os levou de algo para coisa nenhuma, o tribunal se animou. Na verdade, ele observou que os acionistas com ações ordinárias haviam contribuído com 100% de seus rendimentos para o negócio (US$2,1 milhões) para bancar o MIP, ao passo que os preferenciais contribuíram com apenas 10% dos rendimentos (reduzindo sua fatia de US$57,9 milhões para US$52,5 milhões). Aqui, o tribunal não nos dá uma distinção clara que resolva a questão, mas disse que o Conselho deveria ter considerado se não havia uma forma mais igualitária de financiar o MIP.

E, por fim, houve inúmeros outros elementos do processo mencionados pelo tribunal que evidenciavam a falta de uma negociação justa. Por exemplo, havia testemunhos dos próprios membros do Conselho dizendo que realmente não haviam considerado os interesses dos acionistas com ações ordinárias, e nada nas atas oficiais das reuniões do Conselho podia provar o contrário. O tribunal também impugnou os elementos do processo de votação. Em especial, observou que a participação do presidente no MIP foi aumentada (de 12% para 14% do rendimento com a transação) durante o curso das negociações, e, aparentemente, tal aumento influenciou sua disposição para votar a favor da venda. Talvez não tenha sido um toma lá dá cá legítimo, mas tudo indicava que, de fato, foi.

Sendo assim, chegamos à última parte: a única maneira de salvar os réus seria se o tribunal decidisse que o preço que os acionistas com ações ordinárias receberam foi justo. Em outras palavras, eles realmente valiam mais do que nada?

Correndo o risco de lhe dar um "spoiler" do *grand finale*, esta é a parte do caso que surpreende muita gente. Se você realmente leu a decisão completa e chegou ao ponto em que o tribunal inicia sua análise da justeza do preço, poderia apostar, com chances de 100 para 1, que os réus seriam aniquilados. Tudo neste caso até aqui indica que os VCs, em particular, precisariam meter a mão no bolso e devolver parte de seus lucros para os acionistas ordinários.

E então o céu se abre novamente e o sol volta a brilhar — para os VCs, aliás.

Não veremos a análise integral, mas o tribunal avalia diversos testemunhos de especialistas (cada lado do caso tem seu próprio especialista para depor sobre o valor da empresa) e, por fim, conclui que os acionistas com ações ordinárias receberam exatamente o que mereciam. Ou seja, a empresa não valia praticamente nada antes da aquisição, e é a isso que tinham direito.

Veja a linha de raciocínio: a Trados não conseguiu garantir nenhum financiamento adicional (e o tribunal reitera a proposição geral de que os VCs não têm a obrigação de colocar mais dinheiro se não se sentirem inclinados para tanto), dessa forma, ela não tinha chances de poder executar seu plano de negócio. Na ausência de tal capacidade, a Trados "não tinha uma chance realista de gerar um retorno suficiente para escapar da atração gravitacional da grande preferência de liquidação…"

Salvos pelo gongo! Depois de receberem uma boa bronca durante 75% do tempo da decisão do tribunal, os réus emergem vitoriosos.

Veja, antes de começar a celebrar (dependendo de qual lado estava apoiando), todo mundo gastou uma quantidade altíssima de tempo e de dinheiro com os honorários advocatícios do caso, então houve custos reais, apesar da vitória pírrica dos réus. E é importante que você, como empreendedor ou VC, não dê por encerrada a parte do preço justo dessa análise; se chegar a esse ponto, as chances são muito boas de que qualquer outro tribunal em qualquer outro dia possa chegar a uma conclusão diferente.

Lições Aprendidas com a Trados

Portanto, qual lição você deve tirar do caso da Trados para ajudá-lo a navegar pelas águas da dinâmica dos Conselhos, especialmente em um cenário insosso de aquisição?

- Uma hipótese inicial muito boa é a de que a maioria das startups financiadas com capital de risco não tem Conselhos independentes.

Os VCs (preferenciais) provavelmente estarão em conflito de interesses por virtude de sua preferência de liquidação, e, caso os membros representantes dos acionistas com ações ordinárias no Conselho tenham uma participação substancial em um MIP, eles também podem estar em conflito. E, de fato, até os independentes podem não ser independentes.

- Caso se veja nessa situação, é melhor já presumir que o "entire fairness test" será aplicado. Nesse caso, você realmente precisa prestar muita atenção para demonstrar um processo justo e/ou um preço justo. Como mencionarei logo mais, provavelmente será mais fácil depender de um processo justo do que de um preço justo.

- Sendo assim, como garantir um processo correto? Veja a seguir uma listinha de coisas a considerar — nem todas podem ser relevantes para sua situação, mas quanto mais puder incorporar, melhor:

    Contrate banqueiros. Em geral, essa é uma boa maneira de executar um processo abrangente para solicitar lances de diversas partes, entendendo, é claro, que às vezes não é economicamente eficiente fazê-lo. Caso não possa fazer isso, ao menos garanta que a empresa entre em contato direto com várias partes durante o processo de aquisição. O outro papel de um banqueiro (que realmente vai mais para o lado do preço justo do teste) é fazer com que ele emita um "fairness". Trata-se de uma análise financeira que o banqueiro apresenta para o Conselho no momento da transação, afirmando que os termos financeiros estão dentro de uma faixa razoável de preços. Utilizar uma terceira parte para fazer isso (em vez do próprio Conselho) é uma proteção importante para ele.

    Os MITs são, em geral, ótimas ferramentas para incentivar os gestores, então não devemos chegar à conclusão de que você deve evitá-los devido ao caso da Trados. Porém, caso implemente um MIP, tenha cuidado quando fizer mudanças muito próximo da decisão para votar um negócio iminente. No caso da Trados, o fato de que o presidente talvez tenha recebido um aumento em sua participação do MIP para votar a favor do negócio levantou muitas preocupações para o tribunal. Outro fator a considerar é quanto à contribuição do MIP feita pelos acionistas com ações ordinárias em comparação com os preferenciais. Novamente, recorde que, no caso da Trados, o tribunal não gostou do fato de que os donos de ações ordinárias tenham concedido 100% de seus rendimentos para o MIP, ao passo que os VCs concederam apenas 10%. Não há um número mágico, mas uma alocação melhor (e, em especial, um debate sobre isso nas atas) ajudaria muito para dar uma cara melhor ao processo. Se os VCs tivessem separado uma fatia adicional de US$2 milhões de seus rendimentos (a quantia que os acionistas ordinários teriam recebido se não fosse pelo MIP) para destinar aos acionistas ordinários, acredito que o caso teria sido decidido de forma muito mais fácil a favor deles.

Às vezes, os Conselhos procuram estabelecer comitês especiais para isolar os membros com conflito de interesses e dar uma consideração especial aos interesses dos acionistas com ações ordinárias. Como uma questão prática, isso é difícil em muitos Conselhos de empresas financiadas com capital de risco, dada apenas a possibilidade da natureza de conflito de interesse de diversos diretores do Conselho. Mas quando for possível implementar os comitês especiais, eles poderão fornecer um ótimo isolamento contra acusações de agir em interesse próprio.

Outro mecanismo procedimental para proteger o Conselho é implementar um voto separado do representante dos acionistas com ações ordinárias. Lembre-se de que, na maioria dos casos, um voto majoritário desses acionistas e um voto separado dos preferenciais são suficientes para aprovar um negócio. Mas acrescentar voluntariamente um voto separado do grupo dos acionistas possuidores de ações ordinárias desprivilegiados — os imparciais — é uma boa maneira de garantir que estão confortáveis com a transação. Novamente, isso pode ser difícil de implementar na prática, mas, ainda assim, vale a pena considerar.

Embora possa parecer contraintuitivo, é importante ter cuidado para não permitir que os membros do Conselho tenham um engajamento exagerado com a empresa perto da aquisição. Lembrando o caso da Trados, um dos VCs selecionou o banqueiro e teria supostamente mantido o presidente sob rédeas curtas para garantir que abraçasse a aquisição de forma unilateral. Embora isso tenha ajudado o resultado, um engajamento exagerado pode ser visto pelo tribunal como um fracasso do membro do Conselho em considerar a gama total de opções potenciais disponíveis para a empresa.

O mais importante — e realmente o mais simples — é que você precisa demonstrar que o Conselho entende o potencial dos conflitos de interesse, tirando um tempo para conversar sobre o assunto e suas implicações para os acionistas com ações ordinárias e buscando formas de mitigar os conflitos. A maneira mais simples de aplicar isso é convidar os advogados da empresa para uma reunião do Conselho e basicamente rever os deveres fiduciários (ou pode pedir que todos os membros leiam este livro). Uma vez feito isso, documente tudo nas atas para ter um registro permanente do fato. Quando houver as reuniões do Conselho, não deixe também de falar sobre os acionistas com ações ordinárias e o que está fazendo para ajudá-los. No mínimo, você precisa demonstrar que não está alheio aos possíveis conflitos, mesmo que não consiga encontrar maneiras de resolvê-los como gostaria.

CAPÍTULO 14

Financiamentos Difíceis: Quando Coisas Ruins Acontecem com Pessoas Boas

Passamos uma grande parte do Capítulo 13 falando sobre o papel do Conselho e seus deveres fiduciários com relação a uma aquisição que refletiu um resultado muito medíocre para a empresa. Embora, é claro, eu espere que todas as startups consigam continuar levantando capital a preços mais altos do que o fizeram previamente, esse infelizmente nem sempre é o caso. Sinto muito por continuar mais um pouquinho com o tema "estraga-prazer".

Neste capítulo, passaremos um tempo analisando como lidar com financiamentos difíceis. O fato é que os mesmos princípios de dever fiduciário sobre os quais falamos no contexto da aquisição se aplicam ao famoso e temido down round de financiamento.

Como já mencionei, um down round é quando uma empresa levanta fundos com um valuation mais baixo do que o da rodada anterior. A propósito, há diversos tipos de down rounds. Às vezes, um investidor lidera uma rodada que é normal na maioria dos aspectos, com exceção do valuation menor do que o da rodada anterior. Outras vezes, temos um down round que é liderado pelos investidores existentes da empresa — e, como veremos, isso toca no âmago das questões do dever fiduciário que vimos.

Ou, ainda, temos o que é chamado de recapitalização da empresa (liderado por um novo investidor ou pelos investidores existentes). Uma recapitalização inclui não apenas um valuation muito mais baixo do que o obtido anteriormente, mas também pode incluir ações na preferência de liquidação e até o desdobramento inverso ["reverse split"] para reduzir a participação dos investidores existentes.

Essa É a Nossa Situação, e Algo Precisa Mudar

Infelizmente, tais situações difíceis podem fazer parte do processo empreendedor. De forma compreensível, os fundadores muitas vezes procuram manter o sorriso no rosto e buscar outras formas de financiar o negócio. Vimos isso ocorrer muitas vezes na a16z. Quando as coisas ficam complicadas, ninguém começa a conversa fazendo uma proposta de recapitalização; o empreendedor ou o Conselho consideram primeiro fazer um financiamento "bridge" ["ponte"]. Em geral, isso significa uma infusão de dinheiro dos investidores existentes na forma de uma nota conversível ou como uma extensão à última rodada de financiamento (basicamente, apenas reabrir a última rodada e fazer com que os investidores existentes invistam sob esses termos).

Embora esses possam parecer o caminho mais fácil, em geral são a maneira errada de proceder, pois realmente não resolvem o problema subjacente: por uma variedade de motivos, a empresa simplesmente não desenvolveu o caminho que o Conselho e o fundador haviam originalmente planejado seguir.

Talvez o mercado tenha se desenvolvido de forma mais lenta do que o previsto, o produto inicial não tenha atingido o objetivo — fazendo com que a empresa esteja com o produto certo no mercado, porém, mais tarde do que o previsto —, o mecanismo de vendas não tenha se materializado como esperado ou foi necessário muito tempo para contratar a equipe gestora e torná-la funcional. Qualquer que tenha sido a causa, seria inteligente encarar a realidade e dizer: "Essa é a nossa situação, e algo precisa mudar."

Em praticamente todos esses casos, a empresa provavelmente aumentou suas despesas além do nível que poderia razoavelmente suportar nesse estágio. Isso é compreensível no sentido de que o plano de contratações antecipou um conjunto de marcos que agora parecem estar mais longe do que o originalmente contemplado. Como resultado, geralmente não funciona "empurrar com a barriga" ao não tomar as medidas rigorosas necessárias para deixar a empresa novamente com uma base sólida — o que inclui solucionar a estrutura atual de custos bem como a estrutura certa de capitalização.

Um down round ou uma recapitalização, quando executados de modo adequado, redefinem a empresa e permitem que ela recomece a jornada rumo ao sucesso. É doloroso, sem dúvida, tanto para a empresa quanto para os investidores existentes, mas se todos acreditam na missão, será o caminho mais provável ao sucesso.

Ao não fazer isso, a empresa pode continuar seguindo em frente, mas há chances de que enfrentará outro desafio quando buscar levantar sua próxima rodada de financiamento. Pois quando chegar o momento de levantar mais capital, o novo investidor provavelmente sentirá que o valuation da empresa e a quantidade de preferência de liquidação estão além do estado atual do negócio. E nada pode causar mais danos a uma empresa do que precisar recomeçar após ter acabado de reconquistar parte de seu impulso.

É totalmente possível sair com sucesso de um down round, mas também é totalmente possível que, apesar dos melhores esforços de todos, o CEO e o Conselho não acreditem que haja um caminho viável à frente para a empresa nem alternativas de aquisição. Às vezes, a única alternativa é fechar a empresa.

Porém, não falemos sobre isso ainda. Analisemos primeiro outras opções. Lembre-se, muitas vezes "viver para lutar mais um dia" é a resposta certa.

Reduzindo as Preferências de Liquidação

Falemos primeiro sobre a redução ou a eliminação das preferências de liquidação.

Já mencionei a autoconversão em um term sheet. Essa é a cláusula que governa as circunstâncias sob as quais a ação preferencial pode ser convertida em ação ordinária, seja de forma voluntária ou automática. No caso de ser de forma voluntária, observei que é comum que o term sheet defina algum limite de voto para as Preferenciais com "P" maiúsculo ou para as diferentes séries de ações preferenciais que são necessárias para converter as ações preferenciais em ordinárias. Entre outras coisas, o principal motivo para fazer isso é eliminar as preferências de liquidação que as preferenciais existentes acumularam.

Pode parecer estranho que os VCs cheguem a fazer isso de forma voluntária, mas caso acreditam nas perspectivas para a empresa, mas percebam que o excesso de preferências de liquidação atuais pode desmotivar a equipe de funcionários ou desestimular um novo investidor a colocar dinheiro na empresa, o potencial de valorização a partir de suas participações pode estimulá-los a abrir mão das preferências atuais.

Em alguns casos, os VCs criam um incentivo para que outros investidores existentes participem na recapitalização, oferecendo um mecanismo chamado "pull-up". Há várias nuances dessa opção, mas a ideia básica é dar a um VC participante crédito pelo novo capital que ele está colocando na empresa ao permitir que ele "puxe" ["pull up"] parte de sua antiga preferência de liquidação para a nova capitalização. Em outras palavras, em vez de pegar seus 100% de preferência de liquidação, ele pode direcionar parte disso como um estímulo para investir na nova rodada de investimento.

Em situações extremamente difíceis, os VCs também podem concordar com um desdobramento inverso de suas ações existentes. Ou seja, com isso eles convertem as ações preferenciais em ordinárias, e sua participação na empresa é reduzida (talvez de 10 para 1) para uma porcentagem de participação que é uma fração do que tinham. E por que fariam isso? Bem, assim como na situação da preferência de liquidação, os VCs podem desejar dar à empresa (e a seus funcionários) um novo começo ao reduzir a diluição com a qual se deparam em consequência de um novo fluxo de capital com um valuation baixo e para atrair capital de fora para a empresa. Claro, é uma medida muito extrema a ser tomada, então ela não ocorre com muita frequência.

Como você pode imaginar, nas situações que estamos analisando, normalmente é difícil trazer capital novo e de fora para a empresa. Sendo assim, os financiamentos em um down round ou as recapitalizações, caso ocorram, em geral são liderados pelos VCs existentes da empresa.

Isso levanta muitas das mesmas questões sobre o dever fiduciário que vimos na problemática situação de aquisição. O cenário tende a se desenrolar da seguinte maneira: a companhia está com problemas; não há investidores externos que queiram injetar capital no negócio; os VCs existentes decidem dar à empresa mais uma chance, mas querem investir com um valuation baixo que reflita o estado real da empresa; e, cinco anos depois, a empresa se torna um sucesso arrasador e os VCs (e o restante do Conselho) se encontram no lado errado de uma ação judicial aberta pelos desprivilegiados acionistas com ações ordinárias, agora diluídos, que querem questionar a validade da recapitalização original. A vida é injusta.

Lições do Caso da Bloodhound

Para lhe provar que não fico inventando essas coisas, analisemos um caso em particular que destaca tais questões. Decidi escolher este pois tem um nome muito legal: *Carsanaro v. Bloodhound Technologies* (vamos resumir para Bloodhound).

Eis os fatos.

Os autores neste processo são os fundadores e os primeiros funcionários de uma empresa de serviços de saúde que passou por diversas rodadas de financiamento, algumas delas lideradas pelos VCs existentes. Como é geralmente o caso, a empresa tem um histórico um tanto conturbado, mas os investidores existentes continuam a financiá-la, e, de alguma forma, a empresa dá a volta por cima e é vendida por US$82,5 milhões.

A princípio, parece ser um bom resultado, mas ao analisarmos abaixo da superfície, veremos que nossos autores receberam apenas US$36 mil com a aquisição (os acionistas com ações ordinárias, como um grupo, receberam menos de US$100 mil). O restante do dinheiro foi principalmente para os acionistas preferenciais, satisfazendo suas preferências de liquidação, e para um MIP de US$15 milhões. Sem qualquer surpresa, os autores processaram a empresa e o Conselho, alegando que os diversos financiamentos diluentes que aconteceram ao longo do tempo violaram os deveres fiduciários do Conselho perante os acionistas donos de ações ordinárias.

Assim como no caso da Trados, o tribunal do caso da Bloodhound analisou os diversos membros do Conselho para decidir se a maioria deles tinha um conflito de interesses ou se agiram de forma imparcial. Como já vimos antes, os VCs diretores que também participaram dos muitos financiamentos internos foram considerados estar em conflito. E, em dois dos financiamentos internos, o então CEO recebeu a oferta de uma opção significativa na época dos financiamentos.

Por outro lado, isso não parece um absurdo; o CEO será altamente diluído pelo down round, então não é incomum que os VCs desejem incentivá-lo ao lhe conceder mais opções. Contudo, a proximidade da concessão das opções com a aprovação da rodada de investimento levantou sérias dúvidas sobre a independência do CEO, membro do Conselho. E foi isso que incomodou o tribunal: havia ao menos a aparência de que o voto do membro do Conselho foi basicamente comprado em troca das opções recebidas. As coisas não pareciam bem.

Tendo concluído que a maioria do Conselho tinha conflito de interesse, o tribunal do caso da Bloodhound procedeu então a avaliar a transação sob os dois aspectos do padrão de entire fairness: processo justo e preço justo.

O tribunal não ficou feliz com o processo. Entre outras coisas, citou que:

- O Conselho não fez uma verificação de mercado, ou seja, concordou com os termos dos financiamentos internos sem realmente verificar com os investidores externos se teriam interesse em participar no negócio;
- O Conselho precisou do consentimento da maioria dos acionistas com ações ordinárias para aprovar os financiamentos, contudo, engajou-se em algumas falcatruas para falsificá-los. Em um caso, o Conselho não disponibilizou informações completas sobre a transação para um acionista detentor de ações ordinárias fundamental e, de forma mais geral, não revelou totalmente certos elementos da transação para outros acionistas dessa mesma categoria.
- O Conselho não atualizou os termos das transações de financiamento à luz da performance financeira melhorada da empresa; e
- Os termos não foram aprovados pela maioria de membros imparciais do Conselho.

Sendo assim, que lições podemos tirar da Bloodhound em relação ao processo adequado que um Conselho deve seguir em uma situação de down round ou de recapitalização? Veja algumas coisas a ter em mente:

- É realmente importante fazer uma verificação de mercado e executar um processo completo com investidores externos. Talvez você ache que ninguém desejará participar do investimento, dada a performance da empresa até o momento, mas as melhores práticas sugerem que você precisa verificar suas opções. É bom receber "nãos" de diversos investidores potenciais antes de iniciar uma rodada liderada pelos investidores internos. Isso demonstra que você não está tentando guardar a oportunidade para si mesmo, mas que está reagindo a uma real falta de interesse do mercado. Se puder contratar um banco de investimentos para executar esse processo, melhor ainda.

- Cuide para não conceder novas opções de ações a funcionários perto demais do financiamento interno. É comum querer incentivar mais a equipe, mas fazer isso depois do fechamento do financiamento e contratar um assessor de remuneração para avaliar o tamanho de uma concessão apropriada eliminaria qualquer suspeita de que o voto de um membro executivo do Conselho dependa de receber sua nova concessão de opções.

- Dê a outros investidores (e particularmente à maioria dos acionistas com ações ordinárias) a oportunidade de participar do negócio. Chamamos isso de oferta de direitos, e a ideia básica é dar a todos que estão à mesa da capitalização o direito de participar do negócio de forma *pro rata* sob os mesmos termos. Você verá na prática que a maioria das pessoas recusará essa oferta, mas o fato de tê-la apresentado a elas é uma ótima prevenção contra litígios futuros.

- Implemente uma cláusula de "go-shop" para a rodada de financiamento interno. Recorde que falamos sobre "no-shop" no Capítulo 10. O no-shop proíbe a empresa de mostrar seu term sheet a outros de modo a induzi-los a fazer ofertas melhores. Um go-shop é exatamente o contrário. Ele permite especificamente que a empresa leve o term sheet para outros investidores potenciais e é normalmente usado em rodadas lideradas internamente. Essa é a versão proativa da verificação de mercado: dar à empresa os termos propostos e permitir que ela veja se qualquer investidor externo está disposto a igualar a oferta ou melhorá-la.

- Como foi o caso no contexto de aquisição, será muito útil quando conseguir a aprovação do negócio com a maioria dos diretores imparciais ou dos acionistas desprivilegiados com ações ordinárias. De forma compreensível, às vezes a composição do Conselho ou a dinâmica dos acionistas inviabiliza isso.

Por fim, garanta que as atas das reuniões do Conselho reflitam a compreensão do Conselho sobre o potencial conflito de interesses de uma rodada interna e demonstrem a tentativa de considerar o interesse dos acionistas imparciais. Peça aos advogados da empresa que relembrem os membros do Conselho sobre seus deveres fiduciários e reflitam as deliberações nas atas oficiais das reuniões do Conselho.

Sucesso Depois de um Down Round

Embora um down round certamente seja desafiador, não é o fim do mundo! Há maneiras de reconfigurar a empresa para o sucesso, presumindo que você, de fato, levante mais capital. Afinal, já que enfrentará todas as dores do down round ou do processo de recapitalização, seria uma pena sair dessa situação sem um plano claro para alcançar o sucesso.

Naturalmente, algo muito importante a considerar deve ser como você e sua equipe serão incentivados de forma adequada para continuar maximizando o valor da empresa depois da rodada de financiamento. Há alguns modos de conseguir isso.

Primeiro, como já mencionei, esperamos que os VCs existentes tenham considerado alguma forma de redução do total de preferências de liquidação. Pode não ser realista para eles abrir mão de todas elas, mas muitos VCs visionários reconhecerão que certa redução é exigida para alinhar os incentivos de maneira adequada para a equipe gestora e para a base de funcionários. Não há um número mágico nesse caso, mas você deve conversar com os VCs sobre as abrangências dos valuations razoáveis de uma saída próxima que a empresa pode conseguir e dimensionar o restante das preferências de liquidação adequadamente para dar aos acionistas com ações ordinárias ao menos uma chance de obter algum retorno de sua participação.

Segundo, visto que a emissão de novas ações com um preço mais baixo diluirá a participação existente dos gestores e dos funcionários, você pode considerar aumentar o pool de opções e fornecer novas concessões aos funcionários restantes. Muitas vezes, em conexão com uma recapitalização, a empresa precisa reduzir seu quadro de funcionários (porque ela pode precisar ser redimensionada para o estado do negócio e para determinar uma meta menor de consumo de capital). Dessa forma, alguns de seus funcionários podem sair da empresa com opções de ações muito desfavoráveis a eles, ou seja, quando o exercício do preço dessas opções excede substancialmente o valor corrente das ações. Portanto, a maioria dos funcionários que estão saindo não escolherá exercer essas opções, ao menos não nesse momento. Caso suas opções permitam seu exercício anos depois do término do contrato de trabalho, elas podem permanecer em circulação durante esse período. Se, no entanto, esses funcionários decidirem não exercê-las, elas voltarão ao pool e ficarão disponíveis para a empresa redistribuí-las aos funcionários que continuam na empresa. Entendo, é claro, que não é agradável ter esse debate sobre as opções que estão sendo basicamente perdidas pelos funcionários que não fazem mais parte da empresa, mas isso, de fato, acontece com frequência em tais situações.

No entanto, além disso, também é sensato que o Conselho aumente o tamanho do pool de opções por conta própria para criar uma margem maior para a empresa incentivar mais seus funcionários remanescentes com novas opções. Recorde que, como já vimos, aumentar o pool de opções não sai de graça; significa que todos serão diluídos proporcionalmente ao tamanho do aumento. Mas ao alocar novas opções para os funcionários remanescentes, a empresa pode mais do que compensar essa diluição na forma de uma concessão adicional de ações. Os investidores, portanto, sofrerão as consequências da diluição; porém, de novo: se eles acreditam no plano de retomada da empresa, normalmente concordarão com isso como uma maneira de alinhar adequadamente os incentivos econômicos.

Um último mecanismo a considerarmos nessas circunstâncias é a implementação de um plano de incentivo de gestão (MIP). Vimos isso no caso da Trados, e, como ficou demonstrado, há certas considerações legais a serem feitas. Não obstante, um MIP é, com frequência, implementado nos cenários de recapitalização ou de down round nos quais uma venda iminente da empresa está sendo contemplada.

Há muitas formas de estruturar um MIP; entretanto, basicamente, considere-o como um mecanismo pelo qual os investidores com preferência de liquidação concordam em disponibilizar certa quantia do rendimento obtido com a aquisição primeiramente para funcionários definidos, antes de pegarem suas preferências. Em geral, a porcentagem do MIP fica entre 8% e 12% do preço de compra da aquisição, e seus beneficiários são aprovados pelo Conselho. Esses beneficiários normalmente são os funcionários mais cruciais para concretizar a aquisição.

O outro elemento comum do MIP é uma proibição contra ganhar duas vezes. Isso quer dizer que, se o preço da aquisição acabar sendo mais alto do que o previsto e, com isso, os acionistas com ações ordinárias de fato participarem nos rendimentos da transação, os rendimentos do MIP serão reduzidos dólar por dólar. A razão para isso é que o propósito da implementação do MIP é incentivar os funcionários que, de outro modo, não receberiam nada com a aquisição devido à presença da preferência de liquidação; assim, se esse não for o caso, não precisaremos mais dele.

Operacionalmente, a remuneração de um MIP segue o mesmo padrão de uma aquisição. Então, por exemplo, se todos os rendimentos da aquisição forem pagos para os investidores imediatamente no fechamento da transação, os rendimentos para o MIP também serão pagos no mesmo momento. Se, no entanto, parte do rendimento for reservado para uma data futura — falarei mais sobre esse conceito posteriormente quando abordarmos a custódia na seção de fusões e aquisições —, então o pagamento do MIP também será feito dessa maneira. A forma de pagamento também será a mesma utilizada para os outros acionistas: dinheiro, ações ou uma combinação dos dois.

Todavia, se o Conselho entende que a recapitalização é um recomeço para a empresa tentar caminhar com as próprias pernas, um MIP pode, de fato, criar os incentivos errados. Em tal caso, ele pode dar à equipe gestora (ou a quem for seu beneficiário) um incentivo de curto prazo para vender a empresa, em vez de focar o longo prazo. Por exemplo, se você, como CEO, pode receber US$2 milhões por meio do MIP para vender a empresa no curto prazo, seus esforços se darão nesse sentido, muito embora possa receber muito mais dinheiro se a empresa for autossuficiente e chegar a abrir seu capital em cinco anos. Talvez você considere que o risco da segunda alternativa seja muito alto, de tal modo que menos dinheiro agora certamente parece ser uma opção mais atrativa. Portanto, você e o Conselho devem considerar cuidadosamente qual comportamento estão procurando incentivar.

A questão central nessas situações é garantir que a empresa esteja estruturada para o caminho adequado ao qual o Conselho e o quadro de funcionários estão se dirigindo. Se houver uma concordância geral em buscar um "home run", então maximizar os incentivos de participação para o longo prazo de todos os envolvidos será a jogada certa. Se estivermos encarando esse novo financiamento apenas como um "bridge" de curto prazo para uma aquisição, o MIP poderá fazer mais sentido.

Encerramento das Atividades

Às vezes, apesar dos melhores esforços de todos, o CEO e o Conselho simplesmente não veem um caminho viável para a empresa, e não há alternativas de aquisição. Nessa altura, o único caminho possível é fechar a empresa.

Se você estiver nessa situação, há algumas coisas importantes a considerar como executivo ou diretor.

Primeira, dependendo do número de funcionários que tiver, poderá considerar a Lei WARN [aplicável nos EUA]. Há estatutos estaduais e federais: a lei federal se aplica a empresas com mais de cem funcionários, ao passo que alguns estados (incluindo a Califórnia) aplicam a lei para empresas com apenas cinquenta funcionários. Embora essa lei tenha sido originalmente elaborada para lidar com demissões em massa, especialmente nas empresas do setor manufatureiro, ela é aplicável a qualquer empresa com esses números de funcionários que esteja planejando fechar e, portanto, demitir todos eles. Em tais circunstâncias, a WARN exige que você dê aos funcionários um aviso-prévio de sessenta dias, e, caso não o faça, a empresa talvez precise pagar o salário correspondente a esse período. Embora a lei não seja totalmente determinante nesse sentido, é improvável que os membros do Conselho e os executivos tenham uma responsabilização jurídica pessoal (além da responsabilização da corporação) pelas violações da WARN.

Há uma exceção à responsabilização da WARN sob o que é denominado "faltering company exception" ["exceção de empresa vacilante", em tradução livre]. Isso dá à empresa mais flexibilidade com relação à exigência de aviso-prévio de sessenta dias caso esteja ativamente buscando um financiamento e acredite que o aviso arriscaria de forma significativa a probabilidade de conseguir um. Por exemplo, se você estivesse preocupado que dar o aviso-prévio faria com que todos seus engenheiros saíssem da empresa e esse êxodo dissuadisse um possível investidor de injetar capital no negócio, você poderia usar esse mecanismo de exceção. Claro, para isso é necessário ter um processo legítimo de levantamento de capital que a empresa acredite sensatamente que poderia resultar em um investimento. Assim, é importante que as startups que se encontram nessa situação mantenham um registro ativo que reflita todas as tentativas de financiamento que estão realizando, e as atas do Conselho devem refletir todas essas atividades de maneira adequada.

Outro fator a considerar nessa situação é a responsabilização potencial pelos salários e férias adquiridas dos funcionários. A regra nesse caso é a de que você não pode mantê-los trabalhando além do ponto em que pode pagá-los — parece muito simples. Por exemplo, se você tem US$100 mil na conta da empresa e a folha de pagamento excede essa quantia, você não poderá mantê-los registrados, mesmo se ainda faltarem duas semanas antes do próximo ciclo oficial de pagamentos e você acredita que conseguirá levantar mais capital antes disso. Se fizer isso e não conseguir o dinheiro, os administradores e diretores podem ser responsabilizados *pessoalmente* pelo pagamento das despesas. Observe, isso é diferente da responsabilização potencial da WARN, que está relacionada apenas com a corporação; no caso dos salários dos funcionários, a remuneração pode ter de sair diretamente dos bolsos dos administradores e diretores.

Uma segunda área de potencial responsabilização pessoal são as férias adquiridas. Digamos que sua empresa tenha a política de dar duas semanas pagas de férias. Os funcionários adquirem (ou ganham) essas férias à medida que trabalham durante o ano — por exemplo, se estiver no meio do ano agora, os funcionários terão adquirido uma semana de férias. Essa aquisição tem um custo econômico para a empresa, que é igual ao salário que eles teriam recebido por essa semana trabalhada. Uma vez que as férias são adquiridas, elas pertencem ao funcionário, e agora é uma responsabilidade da empresa pagá-las. É por isso que, por exemplo, se você pedir demissão, além do seu último salário, seu empregador lhe pagará o valor correspondente às férias adquiridas e não gozadas.

No contexto do fechamento da empresa, as férias adquiridas são, portanto, outra despesa pela qual os administradores e diretores poderão sofrer uma responsabilização pessoal. E esse valor pode se tornar gigantesco se você não ficar de olho nele. Algumas empresas, por exemplo, permitem que os funcionários decidam não gozar as férias adquiridas, acumulando-as. Assim, um funcionário com muito tempo de casa que não estiver tirando férias anualmente pode causar uma despesa enorme para a contabilidade da empresa. Para evitar isso, muitas empresas fazem uso de uma política "tire férias ou perca-as", o que zera a contagem no fim de cada ano; então, em qualquer ano específico, não haverá mais do que duas semanas de férias que a empresa precisará pagar.

Como resultado dessas responsabilizações potenciais, é importante que as startups que se encontram em uma situação de encerramento das atividades revejam regularmente esses tópicos com o Conselho e garantam que não terão de enfrentar processos abertos pelos funcionários por causa da dissolução da empresa. Como já mencionei, essa é uma situação em que pode valer muito a pena ser cuidadoso ao documentar as observações das reuniões do Conselho de modo que reflitam sua diligência.

O que acontecerá com as outras despesas que a empresa talvez tenha assumido e para as quais não tem dinheiro para pagar? Por exemplo, as despesas devidas aos fabricantes que estão desenvolvendo o produto ou para outros terceirizados que estão prestando algum serviço para a empresa? A boa notícia — ao menos para os administradores e diretores — é que tais entidades geralmente são tratadas como "credores comerciais não garantidos" em uma situação de encerramento da empresa. É uma forma chique de dizer que estão muito ferrados. Eles precisam se juntar com qualquer outra pessoa que precise receber da empresa, agora defunta, e ver se há quaisquer sobras com as quais possam ser pagos.

A única exceção significativa a isso é quando a empresa age de má-fé com respeito a esses credores. Por exemplo, se você sabe que o fechamento da empresa é inevitável, mas ainda assim escolhe fazer um novo contrato com um fabricante, sabendo que nunca poderá pagá-lo, ele pode alegar que você agiu de má-fé e processá-lo. É difícil que ele ganhe a causa, mas, como vimos no caso da Trados, é bom não brincar com a sorte e nem gastar rios de dinheiro e muito tempo com litígios após o fechamento.

Além de levantar capital, muitas startups atualmente também levantam algum tipo de dívida. Não estou falando aqui sobre a dívida conversível, que é quase sempre usada durante as rodadas de financiamento semente, mas daquela contraída com um banco comercial ou com alguma outra instituição financeira. A maioria dessas dívidas é mais barata do que o capital, principalmente porque não envolvem a emissão de mais ações (que, espero, valham muito dinheiro no caso da startup). Como resultado, muitas startups preferem suplementar seus aumentos de capital com alguma quantia de dívida bancária.

Sendo assim, no contexto do encerramento das atividades, também precisamos pensar sobre tais devedores de uma forma diferente daquela que pensamos quanto aos acionistas. Isso porque os acionistas sabem que estarão na base da pirâmide de compensações caso haja um fechamento; normalmente, não receberão nada e entenderão que isso faz parte do acordo inicial que fizeram quando compraram sua participação. No entanto, os devedores estão no topo da pirâmide e podem ser os primeiros da fila a receber qualquer dinheiro que a empresa possa ter. Além de estarem na frente dos acionistas, eles também estão na frente dos credores comerciais não garantidos que mencionei (e que também têm prioridade em relação aos acionistas).

É importante citar, porém, que o Conselho não tem deveres fiduciários com os que optaram por assumir dívidas bancárias. Assim, mesmo que a empresa esteja enfrentando uma situação em que possa fechar as portas, os deveres fiduciários do Conselho continuam sendo devidos apenas para os acionistas. Na prática, contudo, os Conselhos tomam um cuidado a mais nessas situações para manter uma comunicação constante com os que têm dívidas bancárias para devolver ao menos a parte delas relacionada com o encerramento.

CAPÍTULO 15

Saindo de Cena (no Bom Sentido)

Se acabou de ler o Capítulo 14, provavelmente precisa fazer uma pausa para tomar um ar fresco e uma boa dose de positividade. E aqui está ela, em uma bandeja de prata, na forma de uma realização bem-sucedida do ciclo de vida do empreendedor.

Viajemos para o futuro com sua startup que obteve sucesso e imaginemos que você está considerando sair de cena. Desta vez, é uma saída boa, não como as alternativas nada empolgantes de uma aquisição do tipo "última e desesperada tentativa" que vimos nos capítulos anteriores.

As empresas financiadas com capital de risco geralmente fazem essa saída por meio de uma aquisição ou de um IPO. Estou usando o termo "sair" de uma forma um tanto eufemística aqui, pois, no caso de um IPO, a empresa em si não está saindo de nada (mas, de fato, entrando em um novo capítulo de sua vida, agora como uma empresa negociada na bolsa), mas é comum que os VCs saiam de suas posições de participação na empresa. Eles conquistaram o que pretendiam: investir no estágio inicial de uma empresa e fazer crescer o valor de seu investimento até o ponto em que podem devolver o capital para suas LPs. Essa é a saída do VC.

Falarei mais neste capítulo sobre a saída no caso de um IPO, mas também abordarei outro tipo mais comum de saída: a aquisição, em que outra empresa compra sua startup.

Conhecendo Você

Antes de mergulharmos em uma discussão ampla sobre os termos e as considerações de uma aquisição, vamos dar um passo atrás. Uma consideração importante para todas as startups — não importa se você pretende permanecer autossuficiente ou buscar por uma aquisição algum dia — é procurar entender aqueles que podem ser seus potenciais adquirentes e descobrir maneiras de se engajar com eles. Essa noção muitas vezes parece contraintuitiva para muitos empreendedores fortes. Eles se perguntam: por que eu gostaria de informar um possível concorrente ou adquirente sobre o que estou fazendo ao entrar em contato com ele de forma proativa?

Bem, não é preciso nem dizer que você não tem que expor a ninguém sua propriedade intelectual principal, os segredos comerciais ou seus roadmaps ["planos de ação"] detalhados. Porém, dito isso, desenvolver relacionamentos é, ainda assim, importante — e você pode escolher revelar um nível de informações com o qual esteja confortável. Mesmo que não esteja interessado em uma aquisição, essas empresas podem ser boas parceiras de desenvolvimento de negócios, pois provavelmente já têm canais de vendas em alguns dos mercados nos quais você está tentando entrar. Algumas das melhores aquisições surgem de relacionamentos que começam como parcerias de desenvolvimento de negócios.

O mais importante: as empresas são compradas, não vendidas. Ou seja, é muito difícil um cenário como este: certo dia, você acorda e deseja vender sua empresa e presume que pode apenas ligar para diversos compradores potenciais, fazendo com que fiquem doidos para fazer a aquisição. Às vezes, isso de fato acontece, mas uma estratégia muito melhor é fazer com que as potenciais adquirentes busquem o seu interesse em ser adquirido. Quando qualquer um deles decidir que chegou a hora de pensar em fazer uma aquisição no espaço em que você está, você não desejará ficar de fora da lista de possíveis candidatos. É mais ou menos como o baile do ensino médio — você quer ser convidado para a dança (e por mais de um/uma pretendente), mesmo se recusar o convite depois. Mas não receber o convite pode ser doloroso.

Aquisições e Termos-chave

Estou falando primeiro sobre as aquisições, pois é a forma predominante de saída no mundo do capital de risco. Houve um tempo — a maior parte dos primeiros vinte a trinta anos na história do capital de risco — em que as saídas ficavam distribuídas de forma bem igualitária entre aquisições e IPOs. No entanto, como já vimos, a partir do final da década de 1990 (com exceção, é claro, da bolha pontocom de 1999 e 2000), o número de IPOs começou a cair bastante. Como resultado, se olharmos as saídas dos VCs atualmente, mais de 80% acontece com a aquisição, algo muito diferente do "meio a meio" entre aquisições e IPOs que dominou a maior parte da história do capital de risco.

Vejamos alguns dos termos e condições importantes que os Conselhos consideram ao avaliar uma oferta de aquisição.

Para a surpresa de ninguém, o número um da lista é o preço. Mas ele não é a única coisa a se ter em mente. Em geral, a forma de consideração pode influenciar a visão do Conselho sobre o preço. Por exemplo, se a adquirente estiver propondo trocar suas ações pelas ações da empresa adquirida, o Conselho fará uma análise do valuation das ações do comprador — será que estão sobreprecificadas, subprecificadas ou têm um valor justo?

Para lidar com o fato de que é comum levar tempo entre o anúncio de uma transação e seu fechamento de fato, os Conselhos podem solicitar alguma proteção de preços caso o preço das ações da adquirente seja alterado de maneira significativa nesse ínterim. Há diversas maneiras de fazer isso, e uma das mais comuns é criar um "collar" — basicamente, você cria limites superiores e inferiores para o movimento de preços da ação e, enquanto eles permanecerem dentro desses limites, o preço não muda, mas, se os ultrapassarem, influenciarão o preço do negócio. É como em uma política de seguro: você procura cobrir os movimentos extremos em qualquer direção.

Outro aspecto a considerar em termos de aquisição de uma ação é se a ação que a empresa adquirida receberá é negociada livremente. Presumindo que a adquirente seja uma empresa negociada na bolsa, aquele que a recebeu espera poder vendê-la imediatamente para garantir seu lucro. Contudo, se a quantidade de ações for substancial, a adquirente talvez não consiga registrar imediatamente as ações envolvidas na transação, exigindo, assim, que aqueles que as receberam permaneçam com elas por um certo tempo. Obviamente, isso introduz o risco de mercado para os acionistas da empresa adquirida.

Um fator importante para os funcionários da empresa adquirida: como serão afetados no caso de uma aquisição? Em particular, o que acontece se o vesting de suas opções não completou o período de exercício e a empresa decide que será vendida? Há diversas possibilidades que devem estar definidas em seu plano de opções de ações, sendo assim, vejamos cada uma delas:

Cenário 1. Suas opções não exercidas vão para a adquirente. Isso significa que, caso você receba a oportunidade de permanecer com a empresa adquirente e a aceita, o cronograma de vesting de suas opções não será alterado (mesmo que agora incorram na participação da empresa adquirente). Parece razoável, a menos que você considere que esse não era o plano inicial, que não quer trabalhar na nova empresa e pede demissão. Nesse caso, você abriria mão da oportunidade de exercer os dois anos restantes de suas opções.

Cenário 2. Suas opções não exercidas são canceladas pela empresa adquirente e você recebe um novo conjunto de opções com novos termos (presumindo, é claro, que decida continuar na nova empresa). A teoria aqui é a de que a adquirente deseja incentivar os possíveis novos funcionários ou trazer novos funcionários em linha com essa filosofia geral de remuneração. Novamente, parece razoável, embora, obviamente, seja um plano diferente daquele com o qual você concordou a princípio.

Cenário 3. Suas opções não exercidas são aceleradas, ou seja, elas podem ser exercidas automaticamente se você já cumpriu com os dois anos restantes de trabalho. Vimos isso na seção sobre vesting do term sheet, e observei que há cláusulas de aceleração com gatilho único ou duplo para as opções concedidas aos executivos. Para a surpresa de ninguém, as adquirentes não gostam de gatilhos únicos, pois desejam, ao menos, que as opções retenham os bons talentos sem ter de lhes conceder opções totalmente novas. Os gatilhos duplos ajudam a diminuir a preocupação sobre os gatilhos únicos (que são raros) ao conceder à adquirente uma chance de manter os melhores talentos. Ainda assim, é muito incomum que a maioria dos funcionários tenha qualquer uma dessas formas de aceleração. São, em geral, reservadas aos executivos seniores, visto que, no caso de uma aquisição, é muito improvável que eles não recebam (ou não possam receber) uma oferta para continuar na nova empresa — por exemplo, não é possível ter dois CFOs na mesma empresa — e, portanto, nem terão a chance de exercer suas ações remanescentes.

A consideração mais ampla neste caso é a de quais funcionários da empresa adquirida serão cruciais para o negócio dali em diante. É comum que a adquirente faça uma lista com aqueles que deseja manter (e também é comum, nessa situação, que a adquirente ofereça incentivos financeiros substanciais na forma de concessão de participação na empresa) e qual porcentagem desses funcionários precisa, de fato, passar para a nova empresa como parte do negócio.

Você pode imaginar que, às vezes, isso cria alguns problemas de retenção. Por exemplo, se eu sei que estou na lista, será que peço mais vantagens para concordar em continuar na nova empresa? Sendo assim, a empresa que está sendo vendida desejará manter a taxa de aceitação exigida o mais baixo possível, ao passo que a adquirente desejará reter o maior número possível daqueles funcionários que considera essenciais.

Para obter o resultado desejado, a adquirente criará uma condição de fechamento do negócio (ou seja, ela não terá a obrigação de concretizar a aquisição até que a condição seja cumprida) exigindo que alguma porcentagem acordada de funcionários-chave aceite a oferta de trabalhar na nova empresa. Não há um número mágico nesse caso, pois depende muito de o motivo principal da aquisição ser o acesso aos talentos ou se há um negócio mais geral em operação do qual a adquirente está buscando ter parte.

Falando em condições de fechamento, mais uma, importante na maioria das negociações: o número de votos de aprovação que a empresa que está sendo vendida precisa obter. Já vimos isso na parte das cláusulas protetivas, e também quais votos são de fato necessários para a transação. Embora a maioria das empresas exija apenas que a maioria de votos dos portadores de ações ordinárias e dos preferenciais (votando como classes separadas, isto é, a maioria de cada grupo precisa aprovar a transação) seja a favor do negócio, as adquirentes geralmente exigem um limite mais alto. A propósito, é aqui que as cláusulas de drag along também entram em cena; é um mecanismo útil para forçar ao menos um subconjunto dos maiores investidores a votar a favor do negócio, mesmo que não estejam muito empolgados com ele. As adquirentes geralmente querem obter um voto favorável de no mínimo 90% dos acionistas; o principal propósito disso é reduzir a quantidade de acionistas que possam rejeitar o negócio e acabar buscando ressarcimentos na justiça.

Na maioria dos cenários de aquisição, o comprador não paga o preço total de compra de uma só vez. Ele destina alguma porcentagem desse preço a uma conta de custódia (que é apenas uma conta administrada por uma terceira parte) para cobrir possíveis surpresas que talvez venha a descobrir depois do fechamento do negócio. O tamanho da custódia varia, mas é comum ficar entre 10% a 15% do preço de compra. As condições para a conta de custódia também variam, mas, em geral, envolvem de doze a dezoito meses pós-fechamento. Os tipos de contingências que a custódia pretende cobrir incluem, entre outras coisas: (1) representações básicas da empresa (por exemplo, o número de suas ações totais é exato); (2) qualquer litígio que possa surgir depois do fechamento com relação a algo que a empresa fez antes do fechamento; e (3) registro de propriedade intelectual e quaisquer possíveis ações judiciais contra ela.

Há inúmeros recursos adicionais que podem se aplicar à custódia em caso de litígios. Às vezes, por exemplo, a empresa adquirente concorda com um limite mínimo de preço abaixo do qual ela assumirá os custos e não usará a custódia. Outras vezes, se esse limite for ultrapassado, a adquirente reservará a quantia total reivindicada ou poderá reservar apenas a quantia que ultrapassou o limite. Às vezes, a quantia da custódia é o único remédio que uma adquirente tem com relação a quebras de contrato; outras vezes, ela pode processar a empresa para recuperar as quantias que ultrapassaram a custódia. E, por fim, os períodos de tempo podem variar dependendo do litígio. Alguns litígios, por exemplo, que surgem depois dos doze ou dezoito meses da custódia, são irrelevantes, ao passo que outros (às vezes relacionados com propriedade intelectual) podem ultrapassar o período de custódia.

Outro item econômico relacionado ao panorama geral — e, acredite, nem mencionei diversas questões nas quais os advogados passam muito tempo trabalhando — tem a ver com nosso tema favorito: a indenização. Em geral, o comprador deseja que a empresa vendida faça a indenização de quaisquer processos que possam surgir depois do fechamento. A custódia, é claro, deve ser a primeira linha de defesa para tais processos, mas é comum que os compradores busquem mais proteção.

As grandes negociações nessa área tendem a se agrupar em alguns setores.

Primeiro, quais litígios podem ser cobertos além da quantia em custódia? Isto é, se uma terceira parte mover uma ação judicial importante de propriedade intelectual envolvendo uma quantia maior que está em custódia, a adquirente conseguirá recuperar esse excedente com os vendedores? Se houver um limite para a recuperação, ele dependerá do preço da aquisição, ou os vendedores ficarão devendo quantias ainda maiores? E os membros do grupo vendedor poderão receber os encargos da dívida que outros membros não conseguirem pagar ou que se recusam a pagar? Em outras palavras, um vendedor pode ser forçado a pagar mais do que sua parte *pro rata* pelos danos ou será responsável apenas pela sua parte *pro rata*?

Por fim, temos os períodos de exclusividade. Lembre-se de que vimos o "no-shop" no Capítulo 10, que basicamente impede uma startup de mostrar o term sheet para outros investidores potenciais durante certo tempo (em geral, de quinze a trinta dias), com o propósito de permitir que o investidor que propôs o negócio tenha tempo de concluir sua due diligence e completar a documentação legal.

O mesmo conceito existe para a aquisição e é denominado "período de exclusividade". É o tempo entre a assinatura do term sheet e (tomara) o fechamento da transação durante o qual o vendedor está engajado com o comprador. A forma de engajamento significa que não é possível levar o term sheet para outros compradores, tampouco buscar o interesse de outros compradores potenciais. Para a surpresa de ninguém, os compradores desejam que esse período seja o mais longo possível; no entanto, em muitos negócios com startups ele é definido por quanto tempo for necessário para que a due diligence e a organização da papelada legal sejam concluídas. Assim, o período razoável de exclusividade para tais aquisições tende a ser de entre trinta e sessenta dias.

Aquisições: Responsabilidades do Conselho

O que o Conselho precisa fazer ao considerar uma oferta de aquisição?

Recorde que o BJR é o padrão para avaliar as ações corporativas, e o entire fairness acontece quando há um Conselho com conflito de interesses. Há um padrão jurídico intermediário no caso das transações normais de aquisição. Para esclarecer, observe que estamos vendo aqui situações em que não há um conflito de interesses no Conselho e que estamos considerando o que gostamos de considerar como uma boa transação de aquisição.

As responsabilidades do Conselho em tais circunstâncias normalmente são referidas como "deveres *Revlon*", uma referência ao caso jurídico da Revlon, que estabeleceu o padrão de análises de atividades relacionadas a aquisições. (Houve um caso subsequente ao da Revlon, chamado *Paramount*, que esclareceu ainda mais os deveres do Conselho; porém, a maioria das pessoas usa o termo Revlon como um "apelido" para os deveres do Conselho em aquisições.)

Em resumo, os deveres Revlon dizem que, embora o Conselho não tenha a obrigação de vender a empresa, deverá buscar maximizar o valor das ações ordinárias caso decida seguir esse caminho. Isso significa que o Conselho deverá agir de boa-fé para obter o melhor preço disponível (e explorar todas as opções razoáveis para tanto). E os tribunais poderão analisar de forma retrospectiva os processos do Conselho e a razoabilidade do preço ao determinar se o Conselho satisfez os deveres Revlon.

Tais deveres se aplicam à maioria dos cenários de aquisição em que, nas palavras dos tribunais, não há futuro para os acionistas com ações ordinárias. Ou seja, esta é a última chance para esses acionistas aproveitarem o valor econômico de suas participações; então, o Conselho deverá fazer tudo que puder para obter o melhor preço disponível. Desta forma, a visão temporal do Conselho muda, passando de maximizar o valor em longo prazo dos acionistas minoritários para maximizar o valor no curto prazo por meio da transação. É comum considerar isso como um nível intermediário de padrão entre o BJR e o entire fairness, que vimos anteriormente.

Como falei nas seções anteriores, o processo é importante aqui.

Para cumprir os deveres Revlon, os Conselhos devem: (1) fazer um contato amplo com possíveis adquirentes, tendo a ajuda de bancos de investimento, quando possível; (2) considerar outros caminhos possíveis (por exemplo, será que há uma alternativa de financiamento pela qual a empresa poderá permanecer autossuficiente para maximizar o valor do acionista?); (3) considerar incorporar uma cláusula de go-shop na oferta recebida de uma adquirente para permitir outras ofertas; e (4) documentar um processo bem examinado que demonstre que o Conselho considerou todas as possibilidades disponíveis para maximizar o valor do acionista.

O Conselho não tem a obrigação de aceitar o preço mais alto em todos os casos, mas apenas maximizar razoavelmente o valor do acionista. Assim, por exemplo, o Conselho poderá aceitar uma oferta levemente menor caso sinta que ela tem mais chances de ser fechada ou quando os termos da transação (ações ou dinheiro) forem mais favoráveis. Em última análise, os processos de negociação com o comprador e a avaliação das diversas alternativas provavelmente serão suficientes, desde que o preço fique dentro dos limites razoáveis.

Há muitos outros assuntos envolvidos no contexto da aquisição, e é por isso que os contratos de fusão e aquisição têm centenas de páginas, mas já vimos os pontos principais.

Obviamente, uma aquisição pode ser uma ótima validação do que você, como empreendedor, construiu incansavelmente ao longo dos anos. Às vezes, ela é uma oportunidade de continuar desenvolvendo e aplicando sua visão de produto, embora com um novo conjunto de donos e colegas. Outras vezes, pode ser o fim de um capítulo e a oportunidade de tirar umas férias ou de recomeçar o processo em uma nova startup.

Em meio à empolgação da transação, o que você, como CEO, deve pensar no contexto de uma fusão ou aquisição?

Primeiro, seus funcionários. Como observei, você precisará ajudar a adquirente a definir quais funcionários farão parte da nova equipe e quais, infelizmente, precisarão buscar novas oportunidades. Para os que permanecerão, parte de seu trabalho será garantir que estejam adequadamente incentivados em termos econômicos e organizacionais para ajudá-los a entregar o que a adquirente está buscando obter com o negócio. O essencial nisso será compreender e, potencialmente, influenciar a estrutura organizacional que a adquirente está contemplando pós-aquisição: sua equipe será transferida de maneira intacta para uma organização existente, distribuída em diversas organizações funcionais na empresa, ou a empresa será gerida como uma entidade separada (com ou sem você como líder)? Dependendo das respostas a essas perguntas, a adquirente lhe pedirá ajuda não apenas para alocar os funcionários nas melhores funções, mas também para garantir que continuem empolgados e bem preparados para executar o plano de negócio.

Quanto aos funcionários que não terão a oportunidade de continuar depois da aquisição, é importante que você, obviamente, garanta que sua saída seja feita com o mesmo nível de respeito e valorização por suas conquistas que você demonstrou quando os recebeu na equipe. Como mencionei, tomara que esses funcionários consigam ao menos desfrutar dos benefícios financeiros da aquisição enquanto buscam novas aventuras. Independentemente disso, a comunidade das startups é pequena, e muitas pessoas reaparecem várias vezes no mesmo ecossistema; sendo assim, sua reputação será conquistada — e lembrada — com base em como trata os funcionários que estão saindo.

Uma vez resolvidas todas essas questões, chegou a hora de pensar em si mesmo. Se você for uma parte crucial da organização pós-aquisição, deverá esperar passar muito tempo com a adquirente, planejando os próximos passos. É claro, você terá inúmeras conversas com ela na fase pré-fechamento, mas o trabalho duro de integração continuará.

Panorama Geral do IPO

Passemos ao IPO, a outra forma principal de saída para uma empresa financiada por capital de risco.

Embora não seja possível detectar isto a partir das tendências atuais, o IPO já foi o prêmio mais buscado pelas empresas financiadas por capital de risco. Entre 1980 e 2015, o tempo médio até um IPO era de sete anos, em média; a partir de 2010, porém, passou a ser mais de dez anos. Há muitos motivos para isso, que já mencionei no livro.

Deixando de lado as razões pelas quais cada vez mais empresas estão decidindo não abrir seu capital, vamos nos concentrar por um momento em por que as empresas, de fato, abrem seu capital.

- **Levantar capital:** é um motivo óbvio, mas curiosamente tem recebido menos importância ao longo dos anos como um dos principais fatores pelos quais as empresas abrem seu capital. Era comum que as empresas precisassem abrir seu capital porque o mercado de private equity desistia rapidamente quando você desejava levantar US$100 milhões ou mais em rodadas de financiamento. Atualmente, essa quantia não significa quase nada, e vemos algumas empresas levantando bilhões de dólares no mercado privado, como Uber, Lyft, Airbnb, Pinterest, entre outras. Há um debate constante sobre o que causou isso: os principais players financeiros começaram a investir nos mercados privados porque as startups estavam demorando para abrir o capital, ou as startups começaram a demorar para abrir o capital porque passaram a conseguir levantar quantias enormes nos mercados privados? Não vale a pena discutirmos isso aqui, além de observarmos que a atratividade dos mercados de empresas com capital aberto como uma fonte de capital muito alto está claramente diminuindo.

- **Branding:** também houve uma época em que as startups não apareciam nas capas dos principais jornais e não eram acompanhadas por repórteres populares e dedicados da área tecnológica. Dessa forma, para muitas empresas, um IPO era um grande evento público para divulgar sua marca — uma oportunidade para contarem sua história diretamente para seus consumidores e para a comunidade financeira mais ampla, ajudando a impulsionar a empresa no processo. Hoje, quem ainda não ficou em um Airbnd ou usou o Lyft ou o Pinterest? E se ainda não fez essas coisas, certamente já leu a respeito delas nos canais populares de notícias, mesmo que não viva no Vale do Silício. Portanto, o ponto número dois contra abrir o capital está aí: o valor do branding [gestão de marca] como um evento de abertura de capital simplesmente não é mais tão necessário quanto já foi.

- ***Liquidez:*** finalmente, um ponto a favor da abertura de capital. Até mesmo os funcionários que têm opções de ações (e, é claro, os investidores) e que adoram sua empresa, mais cedo ou mais tarde desejarão converter seus estimados investimentos em dinheiro. Como já vimos, para vender sua ação ela precisa estar registrada (situação em que o processo de IPO é um importante primeiro passo) ou ter alguma isenção de registro. Desse modo, vender sua ação nos mercados privados é muito mais difícil do que clicar no botão VENDER em sua corretora depois que a empresa abriu o capital. Na maioria dos casos, se quiser vender sua participação em uma empresa não listada, é preciso encontrar uma terceira parte compradora (que tenha todos os requisitos legais para poder comprá-la) e, no mínimo, ter participação da empresa cujas ações está tentando vender para efetivar a transação. Como observei, às vezes, como funcionário, talvez você não tenha o direito de vender sua participação — por exemplo, se há uma restrição de transferência nas ações. E, nos casos em que isso não exista, você pode ficar limitado por um "direito de primeira recusa", que, cabe lembrar, pode impedir compradores de se engajar, visto que eles sabem que a empresa pode vir a usurpá-los do negócio comprando as ações. Em algumas startups, atualmente, as empresas estão oferecendo liquidez parcial para os funcionários na forma de "tender offer". Trata-se de uma venda estruturada, normalmente organizada pela empresa, na qual o funcionário pode vender parte de suas ações para um conjunto aprovado de compradores em intervalos periódicos, talvez uma vez por ano. Isso ajuda um pouco a abrir a válvula de escape para os funcionários, mas não resolve a questão de fornecer um mercado líquido para vendas maiores de ações. Assim, um IPO ainda tem um valor real para o objetivo de obter liquidez.

- ***Credibilidade para o consumidor:*** é particularmente relevante para as empresas que vendem tecnologias cruciais para outras empresas ("business to business", ou B2B). Em alguns casos, o potencial consumidor, que pode estar contemplando a compra de um dispositivo de segurança de redes, quer saber se a startup continuará existindo por certo tempo e que não quebrará amanhã ou depois e o deixará na mão. Assim, ser uma empresa de capital aberto e ter demonstrações financeiras claras para seus clientes avaliarem às vezes pode remover um impedimento para o processo de vendas. É claro, as empresas com capital fechado também podem compartilhar suas demonstrações financeiras com possíveis consumidores (e ser uma empresa de capital aberto não significa, por si só, que você não pode falir), mas a disciplina financeira e a visibilidade associadas com uma empresa de capital aberto normalmente podem ser úteis nas vendas B2B.

- *Moeda para fusão e aquisição:* as empresas de tecnologia criam produtos. Esses produtos têm ciclos que, esperamos, cresçam muito por um bom tempo. No entanto, como tudo na vida, o que sobe geralmente também desce, e não é diferente com o crescimento do produto quando ele chega ao fim de seu ciclo. Assim, para manter o crescimento, as empresas de tecnologia precisam desenvolver ou adquirir novos produtos para surfarem na onda de um novo ciclo. As aquisições tendem a ser uma parte importante dessa estratégia para tais empresas, e embora seja possível fazer aquisições de empresas enquanto seu capital ainda está fechado, é mais fácil quando já estão listadas. Por quê? Porque o mercado de ações lhe dá uma avaliação diária na forma da cotação de sua ação, dizendo à parte vendedora quanto sua empresa vale exatamente caso a adquirente esteja propondo usá-la como moeda para uma aquisição. No mundo das empresas de capital fechado, dada a natureza descontínua dos financiamentos privados, sempre há um debate saudável sobre como avaliar a ação a qualquer momento.

O Processo do IPO

Presumindo que sua empresa, de fato, decida abrir o capital, o processo é bem conhecido e altamente orquestrado.

Tudo começa com a escolha de bancos de investimentos, também conhecidos como subscritores ["underwriters"]. Esse processo é também eufemisticamente chamado de "concurso de beleza" ou "bake-off", visto que envolve vários bancos oferecendo seus produtos para a startup.

Há diversos fatores importantes que a startup deve considerar ao escolher um banco. Primeiro, seu domínio de expertise no setor, incluindo quem é o analista de research ["analista de pesquisa"] e quem provavelmente publicará a pesquisa sobre a empresa depois do IPO. (Os analistas de research geralmente trabalham para bancos de investimento e interagem bastante com investidores institucionais que podem estar comprando ou vendendo uma ação. Parte dessa interação se dá na forma de relatórios de pesquisa publicados que apresentam suas teses sobre a ação, incluindo seu potencial para gerar retornos financeiros para os acionistas. Para uma empresa que acabou de abrir seu capital, os analistas de research são ainda mais importantes, pois ajudam a informar os investidores institucionais, especialmente nos primeiros dias depois do IPO, nos quais a empresa ainda não é bem conhecida.) Segundo, seus relacionamentos com os investidores institucionais que poderiam ser compradores no IPO (e, em alguns casos, os relacionamentos com investidores individuais). Terceiro, a força das vendas e das mesas de operações do banco, não apenas para disponibilizar a ação no IPO para investidores institucionais, mas também para criar um ambiente organizado de negociações, especialmente nas primeiras semanas depois do IPO. E, por fim, seus recursos pós-IPO para conseguirem fornecer orientações sobre fusão e aquisição, financiamentos posteriores, emissões de dívidas e outras questões dos mercados de capital. E, é claro, os relacionamentos contam bastante; muitos banqueiros são escolhidos por terem cultivado relacionamentos com o Conselho e com o CEO por um longo período antes do IPO.

Uma vez escolhidos os bancos (e, a propósito, há a tendência de haver um subscritor líder e diversos cosubscritores na equipe geral), a empresa fará uma reunião de "kick off" ["pontapé inicial"] com os bancos. O propósito da reunião é dar início ao processo, apresentando os produtos, a estratégia, o go-to--market e as informações financeiras da empresa. A ideia é ajudar a informar os banqueiros sobre as nuances do negócio para que possam orientar a empresa e começar a pensar em como a divulgarão durante o IPO.

O componente que exige mais trabalho em um IPO tende a ser o processo de esboçar o prospecto. Trata-se de um documento legal altamente formal que tem como principal propósito fornecer todas as informações relevantes que são exigidas pelos possíveis investidores. Ele conta um pouco da história da empresa, mas a maioria das páginas está repleta de informações financeiras detalhadas e uma infinidade de todos os riscos que os investidores assumirão caso decidam comprar a ação. Seu objetivo não é ser um documento de marketing, mas realmente revelar informações e riscos e, em última instância, fornecer proteção legal para a empresa e seu Conselho caso algo dê errado após ela abrir seu capital. Nesse caso, você estará torcendo para que o prospecto tenha detalhado o risco que recai sobre a empresa! Caso contrário, espere baterem à sua porta com uma ação coletiva aberta pelos investidores que compraram a ação confiando no prospecto.

O Congresso dos EUA aprovou a Lei JOBS, em 2012, buscando otimizar as exigências de informações do prospecto e outros componentes do processo de abertura do capital. Para se qualificar para um IPO sob essa lei, a companhia precisa ser uma "empresa com crescimento emergente", ou [EGC, na sigla em inglês]. Uma EGC é uma empresa que tenha menos de US$1 bilhão em receitas em seu ano fiscal mais recente. Sendo assim, a maioria das startups financiadas com capital de risco se qualifica como EGC.

Os benefícios dessa categoria são muitos.

- **Sondar o terreno:** uma EGC pode se reunir com potenciais investidores (desde que eles cumpram com certos requerimentos de valor total de ativos) como um mecanismo de obter feedback e para desenvolver o relacionamento antes do IPO. Isso é realmente muito valioso, pois, quando não ocorre, as empresas normalmente passam apenas uma hora com um investidor institucional durante a sequência de reuniões de vendas para o IPO. O conjunto dessas reuniões de vendas relacionadas ao IPO é chamado de "road show," pois geralmente abarca de sete a dez dias fazendo reuniões com investidores em diversos lugares dos EUA e às vezes na Europa também. Sondar o terreno ajuda as duas partes a terem mais tempo para avaliar a oportunidade e tira um pouco da pressão das reuniões mais limitadas do road show.

- **Registros confidenciais:** uma EGC tem a permissão de registrar seu prospecto inicial com a SEC de forma confidencial, ao passo que, antes, era necessário fazê-lo de forma pública. O motivo pelo qual isso é importante é que leva tempo para que o registro de seu processo seja avaliado pela SEC e volte com os comentários, sendo que no ínterim, a empresa passa por um período de silêncio, com restrições em sua comunicação externa. As violações de tais restrições, denominadas "gun jumping" ["queimar a largada"], podem fazer com que a SEC atrase o IPO da empresa até que a poeira causada pelas comunicações tenha baixado no mercado. Em última análise, a SEC tem a preocupação de que as empresas causem uma comoção sobre suas ações antes da oferta, fazendo que os investidores tomem sua decisão sem considerar plenamente todos os riscos. Na ausência de um registro confidencial, a restrição de comunicações significa que todas as informações financeiras da empresa estarão em domínio público para que concorrentes e repórteres as esmiúcem, contudo, sem a possibilidade da empresa responder de forma significativa. Assim, o registro confidencial garante que a empresa não será um alvo fácil no período em que a SEC estiver completando sua análise. A propósito, os registros confidenciais começaram com as EGCs, mas desde o fim de 2017, a SEC alterou suas próprias regras de registro para estender os privilégios do registro confidencial para todos os IPOs, mesmo que a empresa não seja EGC.

- **Divulgações financeiras e regulatórias:** as EGCs desfrutam de exigências mais brandas de divulgações, tanto para o prospecto quanto depois do IPO. Por exemplo, uma EGC precisa disponibilizar apenas dois anos de históricos financeiros em seu prospecto e não fica sujeita a uma exigência para que seus auditores opinem sobre os controles internos da empresa. Basicamente a Lei JOBS diminuiu os custos regulatórios para se tornar uma empresa de capital aberto.

Uma vez que a EGC tenha completado todas as idas e vindas com a SEC com relação a seu prospecto, ela o tornará publicamente disponível (ou seja, apagará o carimbo de confidencial) e começará a fase formal de marketing do negócio. É também nesse momento que os subscritores fornecem um limite inicial de preços e o tamanho da oferta para a transação, com a compreensão de que esses números podem subir ou descer durante a fase de marketing com base no feedback dos investidores. Como mencionei há pouco, o processo de marketing é chamado de road show e envolve exatamente o que o nome diz: viajar ao redor dos EUA (e às vezes pela Europa) para fazer um número aparentemente infinito de apresentações ["pitches"] individuais para investidores institucionais.

Durante o road show, os subscritores fazem o que é chamado de "bookbuilding". Isto é, eles conversam com os diversos investidores institucionais e tentam ter uma noção de quanta demanda há para a oferta usando preços diferentes (em relação ao limite inicial de preço que os subscritores haviam estabelecido). Terminado o período de marketing, os subscritores e a empresa avaliam a força do bookbuilding e tomam uma decisão sobre quantas ações vender e a qual preço. Nessa altura, a SEC precisa dar seu pitaco mais uma vez para declarar que o prospecto está efetivo, permitindo que os subscritores distribuam as ações para os investidores, começando sua negociação pública.

Precificar um IPO é um dos aspectos mais desafiadores do processo e, sem dúvida, deixa ao menos uma das partes infeliz. Eis o desafio: os subscritores são figurinhas carimbadas no processo de IPO (assim como os investidores institucionais que compram ações no IPO), ao passo que a empresa, por definição, passa apenas uma vez pela abertura de seu capital. Assim, os incentivos para os subscritores são precificar o IPO de forma apropriada para que a empresa seja bem negociada no mercado; como já informei muitas vezes neste livro, o mundo é um lugar muito mais feliz quando as coisas dão certo, e isso não é exceção no caso de ações e preços. O incentivo para a empresa abrir seu capital é, obviamente, alcançar uma trajetória positiva da ação no longo prazo, mas também levantar o máximo possível de capital com o mínimo possível de diluição. Afinal, a empresa obtém as receitas da venda das ações no IPO, mas ela não se beneficia diretamente na forma de caixa em seu balanço quando suas ações são valorizadas posteriormente.

No entanto, estimar o preço certo de venda para a ação é mais uma arte do que uma ciência. Se o subscritor a precifica alto demais, a ação corre o risco de ser negociada abaixo de seu preço no primeiro dia de negociações. Isso se chama "quebrar o preço de emissão" e pode ser muito ruim para a empresa, em parte porque uma negociação de ações se baseia muito em sentimento, e um sentimento negativo pode se tornar uma profecia autorrealizável.

Lembre-se do que aconteceu com o Facebook durante os primeiros dias como empresa listada. Certamente, nunca poderemos separar os efeitos da pane no sistema de negociações da Nasdaq naquele dia da decisão dos subscritores em estabelecer o preço inicial a US$38 por ação, mas ambos podem ter contribuído com o sell-off [venda a qualquer preço] da ação. A ação do Facebook despencou para US$14, mas depois se recuperou e agora é negociada a quase quatro vezes o preço praticado no IPO.

Por outro lado, se os subscritores estabelecerem um preço baixo demais e a ação for muito negociada no aftermarket[1], os investidores institucionais poderão ficar felizes pela valorização, mas a empresa sentirá que errou na mão ou que sofreu uma diluição desnecessária. Curiosamente, quando eu era banqueiro no Credit Suisse First Boston durante a bolha pontocom, estabelecemos o recorde pelo maior aumento no preço de uma ação no dia do IPO. A empresa era a VA Linuz, e a ação, precificada a US$30 no IPO, imediatamente passou a ser negociada (na abertura do pregão) a US$300, e fechou o primeiro dia de negociações com um preço de US$242,38, um aumento de oito vezes em um dia. Ironicamente, na época, nós de fato celebramos e divulgamos o fato como sendo devido ao nosso brilhantismo em liderar o IPO; em retrospecto, vejo agora que foi um sinal muito certo de que erramos completamente o preço real de mercado da ação!

Depois dessa dança inicial de precificação, nos primeiros trinta dias depois do IPO, os subscritores podem estabilizar o preço de negociação da ação. O principal mecanismo pelo qual fazem isso é chamado de "green shoe" (nome

---

1 Prorrogação, geralmente de 30 minutos, do horário normal de funcionamento de uma Bolsa de Valores, cuja finalidade é auxiliar quem não conseguiu acompanhar as negociações durante o período comercial, utilizando o tempo extra para corrigir possíveis falhas, consolidar posições e até mesmo melhorar o saldo para o pregão do dia seguinte [N. da RT].

dado em referência à primeira empresa com que essa técnica foi usada, a Green Shoe Manufacturing Company).

O green shoe permite que o subscritor venda para o mercado até 15% adicionais de ações no momento do IPO; basicamente, ele supervaloriza o IPO, mas fica com o direito de recomprar essas ações com a empresa em até trinta dias com o preço do IPO. Assim, se o preço subir, o subscritor exerce o green shoe ao recomprar as ações e distribuí-las para os investidores institucionais a quem as ações extras foram vendidas. Se o preço cair abaixo do preço original de venda, o subscritor poderá recomprar as ações no mercado pelo preço mais baixo, sem exercer o green shoe.

Comecei esta seção falando que a liquidez é um dos motivos para a abertura de capital, mas até agora não mencionei nada sobre isso. Para os investidores, a liquidez ainda é algo muito distante, visto que normalmente precisam executar um "contrato de lockup", o qual restringe sua possibilidade de vender a ação durante os primeiros seis meses depois do IPO. O motivo para isso também é a estabilização de preço; nós nos preocupamos com a possibilidade de que, se os VCs (ou fundadores e executivos que possuem muitas ações) as venderem imediatamente, isso pode causar um grande impacto no preço de negociação. Até mesmo quando o lockup termina, os VCs ainda podem ter restrições, dependendo de continuarem ou não no Conselho de Administração (podendo estar sujeitos à política de negociação de ações da empresa, que restringe os intervalos de tempo durante os quais os administradores e diretores podem fazê-lo) ou de quantas ações possuem (às vezes há limitações de volume associadas com grandes acionistas).

Os funcionários e os executivos também ficam sujeitos ao contrato de lockup. Depois disso, com exceção dos executivos, que podem ter restrições com base na política de venda de ações da empresa, os funcionários poderão vender suas ações.

Por fim, a longa jornada desde o início da startup até a liquidez está à vista. Mas como as firmas de capital de risco obtêm liquidez para suas LPs, e quando decidem buscá-la? A decisão de buscar a liquidez varia entre as firmas, então é importante que você, como empreendedor, tenha essa conversa com as firmas que o financiam, presumindo vir a ter a sorte de chegar a um IPO.

Recorde que, quando falei sobre as LPs e o fundo patrimonial de Yale, mencionei que o capital de risco é apenas uma classe de ativos à qual a maioria dos investidores institucionais alocam capital — com títulos públicos, imóveis, dívida etc estando entre as outras classes. Sendo assim, a maioria de LPs de capital de risco adota a visão de que, quando uma empresa do portfólio abre o capital, o padrão deve ser que o VC saia de sua posição na ação ao devolver dinheiro ou as ações para as LPs. O raciocínio subjacente aqui é o de que as LPs pagam os VCs para investir e gerir a exposição da empresa de capital fechado, mas, em geral, têm outros gestores de fundos em quem confiam para fazer a gestão de ações de empresas listadas. Se uma LP quer possuir ações do Facebook, ela tem um gestor de empresas de capital aberto com expertise na área; ela não precisa que o VC faça isso em seu lugar.

Isso não significa que os VCs serão obrigados a sair imediatamente das ações de empresas listadas. Lembre-se de que uma função de ser uma parceria limitada é que você, de fato, está à mercê da decisão do GP em sair ou não. Todavia, na prática, muitos VCs tomam a posição de que buscarão sair das ações de empresas listadas em alguma proximidade razoável de um IPO, a menos que ainda tenham uma tese de que há uma valorização substancial ainda disponível para a ação. A definição de "substancial" varia de acordo com o VC, mas a maioria provavelmente concordaria que, se a ação tem chances de subir na mesma taxa que o mercado em geral, não seria o caso de ser substancial. Então, o nível para continuar mantendo a ação por mais tempo geralmente exige uma convicção mais forte quanto à sua valorização remanescente.

A decisão de saída também pode ser afetada pelo fato de o VC permanecer ou não no Conselho de Administração da empresa após o IPO ou se ele continua sendo um acionista significativo (o que geralmente significa que ele tem mais de 10% de todas as ações). Qualquer uma dessas condições pode impor restrições à possibilidade do VC sair da ação, limitando as janelas nas quais poderá sair (por exemplo, um membro de Conselho normalmente será proibido de sair da janela por causa da política empresarial de informações privilegiadas, o que normalmente ocorre dentro de certos períodos de divulgação de resultados) ou o volume de ações que poderá vender a qualquer momento.

Quando o VC decide sair de sua posição de forma total ou parcial, ele pode fazer isso ao vender as ações na bolsa e devolver o dinheiro obtido para as LPs ou distribuindo as próprias ações diretamente para elas. Assim como outros aspectos do relacionamento entre o GP e a LP, esta é uma decisão que apenas o GP deve tomar. Há diversas considerações nessa decisão, incluindo a liquidez geral de negociação da ação, e a opinião do VC em fazer uma venda ou uma distribuição em massa poderia enfraquecer substancialmente o preço da ação, assim como o desejo (ou a falta dele) de incorrer em tributações para as LPs e para o GP (a venda de uma ação é um evento tributável, ao passo que a distribuição de ações adia a tributação até que o beneficiário decida vendê-las).

Como empreendedor, é importante que você esteja ciente das deliberações do VC sobre venda ou distribuição, visto que podem causar um impacto na ação. Em particular, se uma ação tiver um baixo volume de negociações, a venda ou a distribuição significativa poderia causar um declínio substancial no preço da ação. Do mesmo modo, a própria sinalização de que um VC importante está saindo da ação pode ter um impacto no sentimento de negociação da ação.

Consequentemente, às vezes o Conselho da empresa procurará mitigar os possíveis efeitos deletérios das saídas do VC ao organizar o que é chamada de oferta secundária de ações. Assim como no IPO, essa é uma oferta coordenada pela empresa e seus subscritores pela qual a empresa procura orquestrar uma venda de ações, em geral para investidores institucionais existentes que querem aumentar sua posição na ação. No entanto, sendo distintas de um IPO, as ações vendidas são secundárias, ou seja, elas são de alguma outra pessoa, em vez de serem emitidas pela empresa. Normalmente, são de executivos ou VCs que ainda não saíram de suas posições. Assim, os rendimentos de tal venda não vão para a empresa, mas para os detentores da ação que a estão vendendo na bolsa. Em vez de os VCs simplesmente distribuírem as ações de forma independente para suas LPs ou vendê-las por conta própria, o principal objetivo da oferta secundária é dar à empresa uma oportunidade de colocar as ações nas mãos amigáveis de investidores institucionais e, desta forma, minimizar a pressão negativa de preço sobre a ação.

Seja lá como for realizada, a venda ou a distribuição de ações por um VC completa o ciclo comum de dez ou mais anos de investimento em uma startup, fazendo uma saída de sucesso. E o ciclo de vida para o VC recomeça novamente: buscar uma nova candidata com potencial de IPO.

Embora um IPO possa ser a saída final para os VCs — e fornecer uma liquidez mais ampla para você e seus funcionários —, ele também reflete um novo capítulo para você como CEO. Agora você tem um novo conjunto de coproprietários da empresa, ou seja, instituições de capital aberto que poderão avaliar a sua performance diariamente na forma do preço da ação. E, é claro, um novo conjunto de regras de governança pelas quais viver.

Contudo, o mais importante é que você também precisa pensar em como manter seus principais funcionários focados para entregar todas as promessas que você fez aos investidores durante o road show. Isso pode ser um desafio real, especialmente porque a liquidez que muitos funcionários antigos terão alcançado por meio do IPO pode mudar seus incentivos financeiros para continuarem na empresa. Além disso, o lembrete diário do sucesso (ou do fracasso) aparente que o preço da ação representa pode se tornar uma distração que não permite manter as pessoas focadas no prêmio de longo prazo ao executar seu plano de produto.

É claro, esses são problemas da "primeira classe", considerando que você conquistou o que uma minoria muito pequena de empreendedores financiados por capital de risco consegue: levar sua empresa da fundação a um IPO de sucesso. E, assim, um novo dia começa.

CONCLUSÃO

Oportunidades Iguais

Se chegou até aqui, meus parabéns! E posso lhe sugerir que encontre algum hobby?

Brincadeiras à parte, espero ter conseguido lhe dar uma perspectiva melhor sobre como o setor de capital de risco funciona e como as startups podem navegar melhor pelas águas das interações com as firmas de capital de risco.

Como mencionei no início, o propósito deste livro não é ser a bíblia do capital de risco. Porém, espero que ele seja mais como seu próprio feitiço Alohomora do Harry Potter: o encantamento de que precisa para destravar algumas portas muito pesadas e opacas, por trás das quais estão os funcionamentos internos, os incentivos e os processos de tomada de decisão dos capitalistas de risco. Em resumo, quero lançar uma luz sobre o que mexe com o VC, qual é o ciclo de vida do capital de risco e por que tudo isso importa para você como fundador, funcionário ou sócio de uma startup.

A decisão de levantar capital com uma firma de capital de risco é enorme, e este é meu lema pessoal sobre a maioria das coisas: *é melhor estar informado*.

A Evolução do Capital de Risco

Quando Marc Andreessen e Ben Horowitz fundaram a Andreessen Horowitz, eles estavam contemplando criar uma firma de capital de risco que fosse diferente daquelas já existentes no mercado. Em particular, decidimos contratar muitas pessoas que não eram da área de investimentos ou financiamentos para trabalharem de perto com nossas startups, ajudando-as a conquistar seus objetivos de desenvolver empresas grandes e autossuficientes. Hoje, de fato, há 150 pessoas empregadas na a16z, e 2/3 dos funcionários estão focados no engajamento pós-investimentos com as empresas de nosso portfólio.

Pensávamos, na época — e ainda hoje —, que isso fazia parte de uma evolução mais ampla no setor de capital de risco por meio da qual o dinheiro não seria mais a única fonte principal de diferenciação competitiva.

A tese era a de que o dinheiro havia sido um recurso escasso durante a maior parte dos primeiros trinta a quarenta anos do setor, e, como os VCs controlavam o acesso a ele, ficavam com o poder em suas mãos. Nos últimos dez ou mais anos, o dinheiro não é mais uma commodity escassa — há diversas firmas de capital de risco com rios de dinheiro e muitas outras firmas que não são de capital de risco que fornecem quantias significativas de capital em estágios posteriores no ecossistema de capital de risco — e, dessa forma, algo além do dinheiro servirá como uma fonte de diferenciação competitiva nesse mercado. Para a a16z, investir em uma equipe de recursos pós-investimentos é a única maneira pela qual a firma espera concorrer com um grupo de outras firmas de capital de risco muito bem-sucedidas e competitivas. É claro, há outras formas de obter essa diferenciação no mercado e, sem dúvida, novos modelos continuarão surgindo.

Como chegamos ao ponto em que o capital deixou de ser um recurso escasso? Falei brevemente sobre isso na introdução deste livro, mas aconteceram algumas coisas ao longo do caminho. Primeiro, a partir do início da década de 2000, os custos necessários para abrir uma empresa começaram a despencar.

À medida que a computação em nuvem deslanchava, os custos unitários de todos os produtos de hardware e software começaram a cair. Uma variante da lei de Moore estava varrendo cada segmento do "stack de tecnologia"[1]. Ao mesmo tempo, os sistemas de desenvolvimento de software também progrediram, e a eficiência de engenharia cresceu de acordo. Atualmente, os desenvolvedores podem usar a Amazon Web Services ou outros provedores concorrentes e alugar utilitários computacionais sob demanda, fornecendo uma precificação incremental acoplada com custos de insumos drasticamente menores. Assim,

---

1 Conjunto de ferramentas de software ou componentes utilizados na criação, desenvolvimento e implantação de aplicativos. [N. da RT.]

os dispêndios necessários para abrir uma empresa caíram de forma significativa e, portanto, a quantia de dinheiro que as startups precisam levantar nos estágios iniciais também caiu. No geral, isso é algo bom, pois significa que há muitas experimentações que uma nova empresa pode fazer tendo apenas quantias pequenas de capital real que são colocadas em risco. É por isso que você viu um aumento no número de empresas sendo fundadas.

Proporcionalmente a essa queda nos custos, uma nova forma de financiamento em estágios iniciais se desenvolveu. Antigamente (antes de 2005), os investidores-anjo eram pessoas que investiam pequenas quantias de dinheiro em startups, de seu próprio bolso. No entanto, como os custos de desenvolvimento de uma empresa caíram, o mercado institucional de investimento semente começou a se desenvolver. Ao longo dos últimos dez anos, provavelmente mais de quinhentas firmas de capital semente foram fundadas, sendo que a maioria tem financiamentos menores do que US$100 milhões, e muitas com financiamentos menores do que US$50 milhões. Contudo, diferentemente dos investidores-anjo de antigamente, que investiam seu próprio dinheiro, a maioria dessas firmas é financiada pelos mesmos tipos de LPs institucionais que financiam empresas de capital de risco maiores. A proliferação dessas firmas também contribuiu com o aumento no número de startups autofinanciadas.

Ironicamente (ou talvez não), ao mesmo tempo em que ficou mais barato abrir uma empresa, ficou mais caro para as empresas vencerem. Isso porque o campo de oportunidades está mais nivelado do que nunca. Os EUA dominavam o cenário de capital de risco, financiando até 90% de todos os investimentos globais desse tipo há apenas vinte anos, mas hoje em dia o restante do mundo está praticamente no mesmo nível dos EUA nesse aspecto. Como resultado, as startups se deparam com alguma concorrência em virtualmente todos os mercados globais nos quais buscam competir. A boa notícia é que os mercados finais para as empresas de sucesso estão maiores do que nunca (jamais havíamos visto uma empresa fazer o que o Facebook fez: ir do zero a uma empresa com capitalização de mercado de mais de US$400 bilhões em quatorze anos); a má notícia é que vencer nesses mercados exige muito capital para captar cada um de forma simultânea.

E com essa mudança, surgiram duas tendências de financiamento importantes.

A primeira é que muitas das firmas tradicionais de capital de risco aumentaram os tamanhos de seus fundos para conseguirem não apenas financiar startups nos estágios muito iniciais, mas também ser uma fonte de capital de crescimento ao longo dos ciclos de vida delas. Na segunda, à medida que as empresas decidiram manter seu capital fechado por mais tempo, fontes mais tradicionais de capital de crescimento entraram em cena no mercado de financiamento. Ao passo que era tradição que os fundos públicos mútuos, os fundos de hedge, os fundos soberanos, os family offices e outras fontes estratégicas de capital esperassem que as startups abrissem seu capital antes de investir capital de crescimento, praticamente todos esses players agora tomaram a decisão de investir diretamente nas startups em um estágio posterior, enquanto ainda permanecem no mercado privado. Essa é a forma mais viável para que esses investidores institucionais capturem a valorização relacionada às startups; tal valorização basicamente se deslocou da fase pós-IPO para a pré-IPO.

Considere o seguinte exemplo. A Microsoft abriu seu capital em 1986 com uma capitalização de mercado de US$350 milhões. Hoje, a capitalização de mercado da empresa é de aproximadamente US$800 bilhões. É um aumento maior de 2.200 vezes em capitalização de mercado *como uma empresa listada*. Sem dúvida, os investidores de risco na Microsoft se saíram muito bem em termos de retorno sobre seus investimentos, mas se um investidor de empresas com capital aberto mantivesse a Microsoft em seu portfólio desde seu IPO, ele teria ganhado mais do que a Accel o fez em seu investimento pré-IPO no Facebook. Isso sim é retorno de capital de risco em empresa listada!

Em contraste, o Facebook abriu seu capital com uma capitalização de mercado de US$100 bilhões, que agora é negociada por um valor em torno de US$400 bilhões. Absolutamente nada a ser desprezado aqui, especialmente considerando que o valor da empresa aumentou quatro vezes em seis anos. Apenas para nos divertirmos um pouco, porém, para que os investidores nos mercados de empresas listadas tivessem o mesmo múltiplo sobre suas participações no Facebook que suas participações na Microsoft, o Facebook teria de alcançar um mercado de mais de US$220 trilhões. Para colocar isso em contexto, o PIB mundial, ou seja, a soma de todo o valor econômico do mundo, está em torno de US$80 trilhões.

Veja, entendo que esses números são malucos e que a comparação pode não ser de "maçãs com maçãs", mas ele ilustra um ponto muito importante sobre o panorama geral dos mercados de capital. As empresas definitivamente estão demorando mais para abrir seu capital, resultando na valorização das startups ser maior para os investidores nos mercados de empresas não listadas, à custa daqueles nos mercados de empresas listadas. Isso significa que os investidores individuais, que dependem da valorização da ação listada na bolsa para bancarem suas aposentadorias, podem estar ficando de fora de uma porção real de crescimento econômico.

Seja lá como você considere suas estratégias, o capital em empresas não listadas está se tornando uma commodity, e é por isso que o acesso ao capital por si só não disponibiliza mais uma diferenciação significativa para a maioria das firmas de capital de risco. E, contudo, apesar de termos feito algo novo para diferenciar nossa oferta de serviços na a16z, meu sócio Marc gosta de nos manter na vanguarda ao nos perguntar se, de fato, não seríamos apenas os dinossauros mais avançados — a implicação é a de que achamos que somos diferenciados com relação aos outros, mas corremos o risco de ser a última geração na cadeia evolutiva de firmas de capital de risco tradicionais.

Qual Pode Ser o Fim do Capital de Risco como o Conhecemos?

- Crowdfunding[2] é uma alternativa. Em 2017, cerca de US$1 bilhão foi levantado nessa modalidade nos EUA, um aumento de 25% com relação ao ano anterior. Obviamente, é muito menos do que os mais de US$80 bilhões de financiamento de capital de risco naquele ano, mas não é algo a desconsiderar.

- A oferta inicial de moedas (ICO, na sigla em inglês) para os tokens digitais é outra candidata potencial para substituir o capital de risco. Em 2017, cerca de US$4 bilhões foram levantados por meio de ICOs, representando 5% do total de investimentos de capital de

---

2 Projetos e/ou empresas financiados de forma coletiva (várias pessoas contribuindo) por meio de uma plataforma online. [N. da RT.]

risco nos EUA. Alguns argumentam que os ICOs são um mecanismo para os fundadores levantarem capital institucional e individual (de pessoas físicas) sem precisar depender dos VCs para financiar seu crescimento.

Essas fontes de financiamento representam, em última instância, dois lados da mesma moeda: cada qual é uma maneira de democratizar o acesso ao capital, além do ecossistema mais centralizado de capital de risco que existe hoje. Nesse aspecto, elas fazem parte da mesma tendência sobre a qual a Andreessen Horowitz fundou sua empresa — o capital não é mais um recurso escasso, e, portanto, os retornos não ficarão acumulados só com aqueles indivíduos ou firmas que forneçam apenas acesso ao capital.

Esta é, acredito, a resposta fundamental sobre se o crowdfunding, os ICOs ou alguma outra forma de mecanismo de financiamento sobre a qual só podemos sonhar atualmente suplantarão o capital de risco. Caso o dinheiro permaneça abundante e o valor de criação das startups (ou moedas digitais) continue sendo uma função de poderem desenvolver empresas grandes e autossuficientes, então as firmas que fornecerem um valor significativo para os empreendedores, além de serem apenas uma fonte de capital, provavelmente terão um papel contínuo a desempenhar. Certamente é possível que essas firmas não tenham o modelo tradicional de capital de risco que vemos hoje, mas poderiam incluir uma variedade toda nova de organizações que combinem a disponibilidade de capital com a agregação de valor visando ajudar os empreendedores a conquistarem os seus objetivos comerciais.

E isso nos leva de volta ao ponto em que começamos este livro: os VCs e os empreendedores trabalhando juntos para realizar coisas maravilhosas.

Eis o que Acredito sobre os Bons VCs

Os bons VCs ajudam os empreendedores a alcançar os objetivos de seu negócio ao fornecerem orientação, apoio, rede de contatos e mentoria.

Os bons VCs reconhecem as limitações do que podem fazer como membros do Conselho e consultores externos como resultado da assimetria informacional que têm com relação aos fundadores e outros executivos que vivem o dia a dia da empresa.

Os bons VCs dão conselhos em áreas nas quais demonstraram expertise e têm a sabedoria de evitar opinar sobre tópicos nos quais não sejam os melhores especialistas.

Os bons VCs equilibram adequadamente seus deveres com os acionistas detentores de ações ordinárias e com suas LPs.

Os bons VCs reconhecem que, em última instância, são os empreendedores e os funcionários que desenvolvem empresas icônicas, com uma pitada de bons conselhos e estímulo ao longo do caminho oferecidos pelos VCs.

Se os VCs continuarem bons, não se tornarão dinossauros.

Oportunidades Iguais

Tenho o privilégio de fazer parte de um setor incrivelmente dinâmico que, embora relativamente pequeno em termos de capital, contribui com uma quantidade enorme do desenvolvimento tecnológico e do crescimento econômico da economia global. Durante muitos anos, como já mencionei, os EUA ocuparam um lugar especial no setor de capital de risco. Como um país, os EUA se beneficiaram tremendamente com as comunidades das startups e dos VCs, e precisamos continuar encorajando mais pessoas dos EUA e do mundo todo a buscar carreiras nesses setores. Um passo para realizarmos esse objetivo é eliminar as barreiras de assimetria de informação entre os empreendedores e os VCs.

Inegavelmente, as condições nunca estiveram tão iguais e abertas para as oportunidades de startups. Espero que este livro tenha ajudado pelo menos um pouquinho a inspirar mais pessoas a considerar os papéis que podem desempenhar nesse ecossistema cada vez mais importante, de modo a melhorar as perspectivas de crescimento e bem-estar financeiro para pessoas do mundo todo.

Apêndice

EXEMPLO DE TERM SHEET
[EMPRESA XYZ, INC.]

TERM SHEET PARA FINANCIAMENTO DE AÇÕES PREFERENCIAIS SÉRIE A

*Este term sheet, datado de 17 de janeiro de 2018, resume os principais termos da proposta de financiamento de Ações Preferenciais Série A da empresa XYZ, INC, uma corporação de Delaware (doravante denominada "**Empresa**"), pelo fundo de capital de risco Venture Capital Fund I (doravante denominado "**VCF1**"). Este term sheet serve apenas para os propósitos de debate e, exceto segundo expressamente estabelecido a seguir, não há obrigações de qualquer uma das partes negociadoras até que um contrato definitivo de compra de ações seja assinado por todas as partes e que outras condições aqui presentes sejam cumpridas. As transações contempladas por este term sheet estão sujeitas, entre outras coisas, à realização completa e satisfatória de due diligence. Este term sheet não constitui uma oferta de venda, e tampouco uma oferta de compra de valores mobiliários.*

TERMOS DAS AÇÕES PREFERENCIAIS

TERMOS DE OFERTA	
Valor mobiliário:	Ações Preferenciais Série A da Empresa (*"Ações Preferenciais Série A"*).
Rendimentos agregados:	US$10 milhões em capital novo, integralmente concedido pelo VCF1 (por no mínimo 20% da capitalização pós-fechamento totalmente diluída da Empresa) (o *"Investidor"*). Além do capital novo descrito, na extensão em que a Empresa tenha quaisquer outros valores mobiliários SAFE e/ou notas conversíveis em circulação, tais instrumentos serão convertidos em ações do capital social (as *"Ações de Conversão de Notas"*) por força de seus termos.
Preço por ação:	O preço por ação da Ação Preferencial Série A (o *"Preço Original de Compra"*) será baseado em um valuation totalmente diluído de US$50 milhões **post-money** (que inclui todo o capital novo descrito, as Ações de Conversão de Nota, o pool não alocado descrito a seguir e todos os outros direitos para adquirir ações do capital social da Empresa).
Capitalização:	A capitalização pre-money incluirá um pool de opções aos funcionários não garantido e não alocado representando pelo menos 15% da capitalização totalmente diluída pós-fechamento (depois de dar efeito à emissão da Ação Preferencial Série A, de quaisquer Ações de Conversão de Notas e de quaisquer outros direitos de adquirir ações do capital social da Empresa), exclusive de quaisquer ações da Ação Ordinária ou opções de adquirir ações da Ação Ordinária que tenham sido previamente emitidas, concedidas, prometidas ou de alguma outra forma comprometidas pela Empresa (de forma verbal ou escrita) antes do fechamento do financiamento da Ação Preferencial Série A (o *"Fechamento"*).
Uso dos rendimentos:	Os rendimentos serão usados para capital de giro e para os propósitos corporativos gerais.
Dividendos:	Os detentores de quaisquer séries prévias de ações preferenciais, Ação Preferencial Série A e todas as séries futuras de ações preferenciais (em conjunto, a *"Ação Preferencial"*) receberão um dividendo de 6% por ação sobre uma base *pari passu*, pagáveis quando e se declarados pelo Conselho de Administração (o *"Conselho"*), antes e em preferência a qualquer declaração ou pagamento de dividendos sobre as ações das Ações Ordinárias da Empresa (a *"Ação Ordinária"*); os dividendos não são cumulativos. Para quaisquer outros dividendos ou distribuições, a Ação Preferencial participa com a Ação Ordinária sobre uma base de valor convertido.

TERMOS DAS AÇÕES PREFERENCIAIS

TERMOS DE OFERTA	
Preferência de liquidação:	No evento de qualquer liquidação ou encerramento de atividades da Empresa, os detentores de Ação Preferencial terão o direito de receber antes e em preferência aos detentores de Ação Ordinária uma quantia igual ao Preço Original de Compra aplicável por ação para tal série de Ação Preferencial (ajustada para desdobramentos, dividendos em ações, recapitalizações etc.), além de quaisquer dividendos declarados, mas não pagos, sobre tais ações (a *"Preferência de Liquidação"*). Depois do pagamento da Preferência de Liquidação aos detentores da Ação Preferencial, os ativos remanescentes serão distribuídos proporcionalmente aos detentores da Ação Ordinária. A fusão, a aquisição, a venda de controle de voto, a venda substancial de todos os ativos da Empresa ou qualquer outra transação ou série de transações nas quais os acionistas da Empresa não tenham a maioria de ações em circulação da corporação sobrevivente (mas excluindo a emissão de ações nos termos dos financiamentos costumários de capital de risco pela Empresa) serão consideradas uma liquidação ou um encerramento (um *"Evento de Liquidação"*) e darão direito aos detentores de Ação Preferencial de receber, no fechamento (e em qualquer data depois do fechamento nos quais as quantias adicionais [tais como pagamentos de ganhos futuros, quantias em custódia e outros pagamentos contingentes] forem pagas aos acionistas da Empresa), a maior parte da (1) quantia que têm direito de receber como detentores de Ação Preferencial acima ou (2) da quantia que teriam o direito de receber caso tal detentor de Ação Preferencial a convertesse em Ação Ordinária antes do fechamento. Sujeito às Cláusulas Protetivas aqui dispostas, o tratamento de qualquer uma dessas transações como Evento de Liquidação pode ser renunciado apenas com o consentimento dos detentores da maioria de Ação Preferencial, votando como uma classe única ou sobre uma base de valor convertido.
Resgate:	Sem resgate.
Conversão:	Os detentores de Ação Preferencial terão o direito de converter a Ação Preferencial, a qualquer momento, em Ação Ordinária a um preço inicial de conversão de um para um, sujeito ao ajuste disposto a seguir.

TERMOS DAS AÇÕES PREFERENCIAIS

TERMOS DE OFERTA	
Conversão automática:	A Ação Preferencial será convertida automaticamente em Ação Ordinária ao preço da então conversão aplicável (i) no evento de que os detentores de uma maioria de Ação Preferencial em circulação consintam com tal conversão ou (ii) no fechamento de uma subscrição sólida de oferta pública de Ação Ordinária da Empresa nos termos de uma declaração de registro sob a Lei de Valores Imobiliários dos EUA de 1933 para uma oferta total não inferior a US$50 milhões (antes da dedução das comissões e despesas dos subscritores) (um **"IPO Qualificado"**).
Cláusulas antidiluição:	Proteção antidiluição proporcional para desdobramentos de ações, dividendos em ações, recapitalizações etc. Exceto como disposto a seguir, o preço de conversão de Ação Preferencial estará sujeito a ajustes para impedir a diluição seguindo uma base média ponderada ampla no caso de a Empresa emitir ações adicionais de Ação Ordinária ou títulos conversíveis em Ação Ordinária ou exercíveis a ela com um preço de compra inferior ao então preço de conversão efetivo; exceto, contudo, que, sem ativar os ajustes antidiluição, (1) a Ação Ordinária e/ou suas opções possam, daí, serem vendidas, emitidas, concedidas ou reservadas para emissão a funcionários, administradores ou diretores da Empresa nos termos do plano de compra de ações ou de opções de ações, de acordos ou de outros arranjos de incentivo por ações aprovados pelo Conselho, (2) as ações de Ação Ordinária ou Preferencial (ou, por isso, as garantias de opções) possam ser emitidas para empresas arrendadas, locadores, consultores da empresa, credores e outros fornecedores de bens e serviços para a Empresa, em cada caso com a aprovação do Conselho (incluindo ao menos um diretor eleito pela Ação Preferencial [um **"Diretor de Ação Preferencial"**]), (3) as ações de Ação Ordinária ou Preferencial (ou suas opções e garantias) possam ser emitidas para entidades com conexão com joint ventures[3], aquisições ou outras transações estratégicas, em cada caso com aprovação do Conselho (incluindo um Diretor de Ação Preferencial), (4) os valores mobiliários possam ser emitidos nos termos de desdobramentos, dividendos em ações ou transações semelhantes, (5) a Ação Ordinária possa ser emitida em um IPO Qualificado, (6) os valores mobiliários possam ser emitidos nos termos de garantias, notas ou outros direitos de adquirir valores mobiliários da Empresa que estejam atualmente em circulação (as emissões subsequentes descritas nas subseções [1] a [6] serão referidas como "**Valores Mobiliários Isentos**") e (7) os valores mobiliários possam ser emitidos em qualquer outra transação na qual a isenção das cláusulas antidiluição seja aprovada pelo voto afirmativo da maioria de Ação Preferencial então em circulação.

---

[3] Acordo de união temporária de negócios entre empresas. [N. da RT.]

TERMOS DAS AÇÕES PREFERENCIAIS

TERMOS DE OFERTA	
Direitos de voto:	A Ação Preferencial votará junto com a Ação Ordinária, e não como uma classe separada, exceto quando indicado nestes termos para a Ação Preferencial ou de outro modo exigido por lei. Cada ação de Ação Preferencial terá um número de votos igual ao número de ações de Ação Ordinária então emissíveis em uma conversão de tal ação de Ação Preferencial. Para todos os votos de Ação Ordinária, cada ação terá um voto. Sujeito às Cláusulas Protetivas a seguir, o Certificado de Incorporação da Empresa estabelecerá que o número de ações autorizadas de Ação Ordinária pode ser aumentado ou diminuído com aprovação da maioria de Ação Preferencial e de Ação Ordinária, votando juntas como uma única classe e sem uma classe separada de voto de Ação Ordinária.
Conselho de Administração	O Conselho terá inicialmente três diretores. Os detentores de Ação Preferencial Série A, votando como uma classe única, terão o direito de eleger um membro do Conselho (que será escolhido pelo VCF1). Os detentores de Ação Ordinária, votando como uma classe única, terão o direito de eleger um membro do Conselho, a ser o CEO. O membro restante do Conselho será um especialista do setor, externo e aprovado pelos dois outros membros do Conselho. As partes entrarão em um acordo de votação com respeito à eleição dos diretores.

TERMOS DAS AÇÕES PREFERENCIAIS

TERMOS DE OFERTA	
Cláusulas protetivas:	Enquanto quaisquer ações de Ação Preferencial permanecerem em circulação, além de qualquer outro voto ou consentimento necessário no aqui disposto ou pela lei, o voto ou o consentimento escrito dos detentores da maioria das ações em circulação de Ação Preferencial, votando juntos como uma única classe na qualidade de base convertida, serão necessários para efetivar ou validar as seguintes ações (sejam consumadas por fusão, emenda de contrato, recapitalização, consolidação ou de outro modo): (i) qualquer emenda, alteração ou revogação de qualquer cláusula do Certificado de Incorporação ou dos estatutos da Empresa (os ***"Estatutos"***); (ii) qualquer aumento no número de ações autorizadas de Ação Preferencial ou Ação Ordinária; (iii) qualquer autorização, designação ou emissão, seja por reclassificação ou de outro modo, de qualquer nova classe ou série de ação ou de qualquer outro ativo ou título de dívida conversível em ações da Empresa sendo classificado em paridade ou em senioridade à Ação Preferencial existente no direito de resgate, preferência de liquidação, votação ou dividendos ou qualquer aumento no número autorizado ou designado de qualquer dessa nova classe ou série; (iv) qualquer resgate ou recompra com relação à Ação Ordinária (excluindo as ações recompradas ao término de contrato de trabalho de um funcionário ou consultor nos termos de um acordo de compra restrita de ações); (v) qualquer acordo da Empresa ou de seus acionistas com relação a transferência de ativos, licença de propriedade intelectual fora do âmbito normal do negócio, aquisição ou um Evento de Liquidação; (vi) qualquer ação que resulte no pagamento ou na declaração de um dividendo sobre quaisquer ações de Ação Ordinária ou de Ação Preferencial; (vii) qualquer dissolução ou liquidação voluntária da Empresa ou qualquer reclassificação ou recapitalização do capital social em circulação da Empresa; (viii) qualquer aumento ou diminuição no número autorizado de membros do Conselho da Empresa; (ix) quaisquer empréstimos assumidos ou garantias que excedam US$500 mil; (x) qualquer transação de parte interessada, a menos que aprovada pelo Conselho (incluindo a maioria imparcial de diretores); ou (xi) qualquer aumento no plano de opções de ações da Empresa. Não haverá uma série separada de votos de quaisquer séries de Ação Preferencial.

TERMOS DAS AÇÕES PREFERENCIAIS

TERMOS DE OFERTA	
Direitos de informação:	A Empresa entregará a um comprador de US$2 milhões ou mais de Ação Preferencial (um **"Investidor Principal"**) suas demonstrações financeiras anuais auditadas ou trimestrais não auditadas, preparadas de acordo com a norma US GAAP, consistentemente aplicadas. Além disso, a Empresa fornecerá ao Investidor Principal as demonstrações financeiras mensais comparadas com um planejamento e providenciará uma cópia do plano anual de operações da Empresa antes do início do ano fiscal. Cada Investidor Principal também terá o direito de realizar inspeções e visitações padrão. Tais provisões serão extinguidas em um IPO Qualificado ou em um Evento de Liquidação.
Direitos de registro:	Direitos de registro costumários.
Direito de fazer investimentos *pro rata* nas ofertas da empresa:	No evento de a Empresa propor oferecer ações de participação do capital a qualquer pessoa (excluindo os Valores Mobiliários Isentos), o Investidor Principal terá o direito de comprar sua porção *pro rata* de tais ações de capital. O Investidor Principal terá vinte (20) dias corridos após a divulgação de comunicado feito pela Empresa descrevendo tal oferta para decidir comprar sua porção *pro rata*. Qualquer ação de capital não subscrita por um Investidor Principal pode ser realocada entre os outros Investidores Principais. Tal direito de primeira recusa será imediatamente extinto antes de um IPO Qualificado ou de um Evento de Liquidação.

TERMOS DAS AÇÕES PREFERENCIAIS

TERMOS DE OFERTA	
Restrição de ações:	Cada detentor, corrente e futuro, de 2% ou mais de Ação Ordinária da Empresa pós-financiamento executará um Acordo de Primeira Recusa e Venda Conjunta ["Drag Along"] entre o Investidor e a Empresa nos termos do qual a Empresa, e depois o Investidor, terão um direito de primeira recusa com respeito a quaisquer ações colocadas à venda pela Empresa ou retornadas à tesouraria. O Acordo de Primeira Recusa e o Acordo de Venda Conjunta também conterão um direito de venda conjunta contanto que, antes que qualquer detentor de Ação Ordinária possa vender suas ações, ele dará primeiramente ao Investidor a oportunidade de participar em tal venda proporcionalmente à quantidade de ativos detidos pelo vendedor e os ativos detidos pelo Investidor. Tal acordo conterá exceções para transferências a afiliados e a propósitos de planejamento patrimonial, mas sem incluir exceções para quaisquer outras transferências ou garantias de ações. Além disso, nenhum acionista será uma parte em qualquer Venda de Ação, a menos que todos os detentores de Ação Preferencial possam participar em tal Venda de Ação e que a consideração recebida nos termos dessa Venda de Ação seja alocada entre as partes para esse efeito como se a Venda de Ação fosse considerada um evento de liquidação. Uma **"Venda de Ação"** significa qualquer transação, série de transações relacionadas ou série de transações não relacionadas na qual uma pessoa ou entidade, ou um grupo de pessoas ou entidades afiliadas (ou de outro modo relacionadas) adquira mais de cinquenta por cento (50%) das ações votantes da Empresa. O Direito de Primeira Recusa e o Acordo de Venda Conjunta serão extintos em um Evento de Liquidação ou em um IPO Qualificado. Os Estatutos conterão uma restrição de transferência em bloco (incluindo promessas e reservas de domínio de ações e rendimentos da transferência futura de tais ações) de Ação Ordinária e das ações do fundador sem a aprovação de um Conselho imparcial, mas não uma restrição correspondente para as transferências de Ação Preferencial.

TERMOS DAS AÇÕES PREFERENCIAIS

TERMOS DE OFERTA	
Drag Along:	Cada detentor atual e futuro de 2% ou mais de ação de participação de capital da Empresa precisará entrar em um acordo considerando que, no evento da maioria do Conselho, de os detentores da maioria de Ação Ordinária (votando como uma classe separada) e de os detentores da maioria de Ação Preferencial (votando como uma classe separada) aprovarem uma aquisição da Empresa, seja por fusão, venda de ativos, venda de ações ou de outro modo, tal detentor garantirá quaisquer consentimentos ou aprovações necessários, razoavelmente determinados pelo Conselho como necessários, para aprovar ou participar na aquisição da Empresa sujeita a limitações costumárias.
Contrato de compra:	O investimento será realizado nos termos do Contrato de Compra de Ação feito pela Empresa e entre ela mesma e o Investidor, que conterá, entre outras coisas, representações e garantias adequadas da Empresa, cláusulas da Empresa refletindo as cláusulas aqui contidas e condições adequadas de Fechamento, incluindo a opinião de um conselho legal para a Empresa e a emissão ao Investidor de uma carta de direitos de gestão.
Seguro D&O	A empresa se comprometerá a manter um seguro para os diretores e administradores, com um limite estabelecido de no mínimo US$2 milhões, e outros termos considerados satisfatórios pelo Conselho.
QUESTÕES RELACIONADAS AOS FUNCIONÁRIOS	
Vesting:	Exceto quando de outro modo aprovado pelo Conselho, as opções emitidas após o Fechamento a funcionários, diretores, consultores e outros fornecedores de serviços da Empresa terão um período de exercício, após o término de contrato de trabalho, de não mais que noventa (90) dias, e estarão sujeitas ao vesting da seguinte maneira: 25% a ser exercido no aniversário (i) da data em que começou a fornecer serviço à Empresa no caso de novas contratações ou (ii) da data de concessão no caso de concessões de reincentivo, com os 75% a serem exercidos em parcelas mensais iguais durante os trinta e seis (36) meses a partir de então.
	As ações de participação de capital detidas pelos fundadores estarão sujeitas a um calendário de vesting de quarenta e oito (48) meses, estando a data de início do vesting relacionada com o início de prestação de serviços do fundador em tempo integral à Empresa. Tal vesting estará sujeito, se houver um Evento de Liquidação, a uma aceleração de 100% no caso de encerramento de contrato sem "justa causa".

TERMOS DAS AÇÕES PREFERENCIAIS

TERMOS DE OFERTA	
Contratos de funcionários e consultores:	Cada funcionário e consultor da Empresa assinará (ou terá assinado) um acordo de informações proprietárias estipulando (i) que ele é, por vontade própria, um funcionário ou consultor da Empresa, conforme seja o caso, (ii) que manterá confidenciais todas as informações proprietárias da Empresa e (iii) que atribuirá à Empresa todas as invenções criadas por ele como funcionário ou consultor durante o tempo como funcionário ou prestador de serviço.
OUTRAS QUESTÕES	
No-Shop:	A Empresa concorda que, antes dos (i) trinta (30) dias a partir da data que este Term Sheet for executado pela Empresa e pelo VCF1 e (ii) e da data em que o VCF1 notificar a Empresa por escrito de sua intenção em não continuar a transação da proposta de compra de Ação Preferencial Série A, nem a Empresa, nem qualquer diretor, administrador, funcionário ou agente da Empresa solicitará, iniciará, realizará ou encorajará, de forma direta ou indireta, quaisquer propostas de ofertas com uma terceira parte relacionadas com a venda da ação de participação no capital da Empresa (além das concessões costumárias de opções nos termos do plano de opções), com qualquer fusão ou consolidação da Empresa, com a dissolução da Empresa ou a aquisição de uma parte substancial dos ativos da Empresa, ou participará em quaisquer conversas a respeito disso nem fornecerá a qualquer um nenhuma informação com respeito a tal transação.
Confidencialidade:	Este Term Sheet e quaisquer correspondências relacionadas dos Investidores devem ser mantidos em estrita confidencialidade e não devem ser revelados a nenhuma parte além do Conselho, dos investidores existentes da Empresa, dos funcionários da Empresa com uma necessidade razoável de saber e de sua assessoria jurídica sem aprovação prévia de tais Investidores.
Fechamento:	Com exceção desta cláusula e das cláusulas contidas neste, intituladas "No-Shop" e "Confidencialidade", que são acordadas explicitamente pelo Investidor e pela Empresa a serem vinculativas no caso de execução deste Term Sheet, este Term Sheet não tem a intenção de ser um compromisso juridicamente vinculativo por parte do Investidor ou da Empresa, e qualquer obrigação por parte do Investidor ou da Empresa está sujeita à conclusão satisfatória de due diligence legal pelo VCF1, à conclusão satisfatória de due diligence do negócio e de sua tecnologia pelo VCF1 e da conclusão da documentação legal para a satisfação do VCF1.
Assessoria jurídica e honorários:	Mediante o fechamento da transação, a Empresa será responsável pelos honorários e despesas de sua parte e pagará honorários e despesas razoáveis do VCF1 que não ultrapassem US$35 mil.

O exposto anteriormente reflete de modo correto nossas intenções mútuas como uma base para procedermos com a negociação de um contrato definitivo.

EMPRESA XYZ, INC.	VENTURE CAPITAL FUND I, L.P.
Representada por:	Representado por:
Cargo:	Cargo:
Data:	Data:

Agradecimentos

Quando Marc Andreessen e Ben Horowitz entraram em contato comigo em 2008 para perguntar se eu teria interesse em fazer parte da jornada da a16z, confesso que inicialmente hesitei. Na época, morava na Carolina do Norte e trabalhava na Hewlett-Packard, e minha família desfrutava do merecido descanso da correria existente na Área da Baía de São Francisco. E isso sem mencionar que era o verão de 2008, o início do que se tornaria a crise financeira global que dizimaria o setor de serviços financeiros e faria com que a economia global entrasse em parafuso.

Nunca me esquecerei do telefonema com Ben em setembro daquele ano — exatamente no fim de semana que o Lehman Brothers faliu — discutindo os planos para a a16z e questionando se eu conseguiria abrir um novo fundo de capital de risco. De muitas maneiras, isso parecia desafiar todas as probabilidades, mas, novamente, eu já havia visto essa história antes.

Eu havia começado na LoudCloud no início de 2000, momento que se tornou o ápice da euforia pontocom. Menos de doze meses depois, precisamos "ajustar" nosso planejamento financeiro às novas realidades do estouro da bolha. E, como mostrei neste livro, abrimos o capital em 2001, na mira de um colapso tecnológico, conseguindo seguir em frente ao fazer uma restruturação colossal e vendendo a LoudCloud para a EDS, e, em seguida, lançar a Opsware como uma empresa listada com exatamente um cliente (a própria EDS).

Porém, chegando por fim à decisão de trabalhar com Marc e Ben na jornada da a16z, lembrei-me do que disse à minha esposa quando tomei a decisão de começar na LoudCloud: "Embora seja impossível prever se de fato conseguiremos desenvolver uma empresa de sucesso, sei que a jornada será incrível."

E tendo o privilégio de trabalhar com dois caras tão exitosos, ambiciosos e intelectualizados como Marc e Ben, foi exatamente isso que aconteceu. Vou ao trabalho todos os dias sabendo que serei desafiado a pensar de forma diferente e a reagir às novas oportunidades, nunca dependendo do que já fiz antes como a resposta para o porquê de fazermos algo, mas sendo forçado a pensar cuidadosamente sobre todos os aspectos e utilizando novos princípios.

Assim, e de muitas maneiras, as decisões de começar na LoudCloud em 2000 e na a16z em 2008 foram como um teste de QI. Por sorte, fui aprovado.

Este livro não teria sido possível sem essas decisões, e as oportunidades e a plataforma que tais experiências — e especificamente Marc e Ben — me proporcionaram são a base do que espero ter transmitido neste livro. E, por isso, sou eternamente grato aos dois.

Também quero agradecer aos meus colegas da a16z, numerosos demais para nomeá-los individualmente aqui e cujas contribuições para o sucesso da firma são igualmente numerosas demais para apontar aqui. Eles tornaram a firma bem-sucedida e ajudaram a desenvolver a plataforma da a16z a tal ponto que temos a possibilidade de nos comunicar diretamente com empreendedores em fóruns, como fiz neste livro.

Um agradecimento especial a algumas pessoas que revisaram as primeiras versões do manuscrito e deram um feedback muito útil: Joe Grundfest, professor na Stanford Law School, que me ensinou tudo que sei sobre a regulação de valores mobiliários; Bobby Bartlett e Adam Sterling, professores na UC Berkeley Boalt School of Law, que têm sido grandes parceiros na ampliação do conhecimento sobre o ecossistema do capital de risco a novos investidores, especialmente aqueles que estão fora do Vale do Silício; e Peter Stamos, CEO da Stamos Capital Partners, que sempre me força a expandir meu raciocínio relacionado à gestão financeira.

É claro, quaisquer erros neste livro são meus, e só meus. Espero que sejam poucos.

A meus pais: obrigado por instigar em mim o amor pelo aprendizado e por me conceder uma base sólida sobre a qual me sustento há tantos anos.

E, por fim, à minha amada esposa, Laura, e minhas três filhas incríveis, divertidíssimas e inspiradoras, Ashlee, Alexa e Amanda: sem seu amor e apoio, eu não seria nada.

Notas

3 **42% de todos os IPOs nos EUA:** Will Gornall e Ilya Strebulaev, "The Economic Impact of Venture Capital: Evidence from Public Companies", artigo de pesquisa N° 15-55 da Stanford Graduate School of Business, 1° de novembro de 2015; Tim Kane, "The Importance of Startups in Job Creation and Job Destruction", Firm Formation and Economic Growth, Kauffman Foundation Research Series (Ewing Marion Kauffman Foundation, julho de 2010).

Capítulo Um: Nascido na Bolha

10 **US$36 bilhões foram para as novas startups em 1999:** Thea Singer, "Where the Money Is", *Inc.*, 1° de setembro de 2000; *National Venture Capital Association Yearbook 2016* (NVCA e Thomson Reuters, 2016); *National Venture Capital Association 2018 Yearbook* (NVCA e PitchBook, 2018).

10 **No dia 10 de março de 2000, o índice Nasdaq:** Heather Long, "Tech Stocks Aren't at Bubble Levels", CNN Business, 10 de março de 2015, https:// money.cnn.com/2015/03/10/investing/nasdaq-5000-stocks-market/ index.html.

10 **o índice P/L da Nasdaq hoje está abaixo de 20:** "Nasdaq PE Ratio 2006–2018", Macrotrends.net, acesso em 18 de dezembro de 2018, disponível em https://www.macrotrends.net/stocks/charts/NDAQ/nasdaq/pe-ratio.

11 **esse valor atingiu um pico de US$555 bilhões:** Paul R. La Monica, "Cisco Is the Market's Comeback Kid", CNN Business, 15 de março de 2018, https://money.cnn.com/2018/03/15/investing/cisco-comeback-best-dow-stock/index.html.

11 **O índice Nasdaq começou uma queda vertiginosa:** "The Dot-Com Bubble Bursts", Editorial, *New York Times*, 24 de dezembro de 2000, https://www.nytimes.com/2000/12/24/opinion/the-dot-com-bubble-bursts.html.

Capítulo Dois: O que É Realmente Capital de Risco?

29 **os retornos médios de 10 anos sobre o capital de risco:** Cambridge Associates, "US Private Equity Was Strong, US Venture Capital More Middling in Second Quarter of 2017", 8 de janeiro de 2018, https://www.cambridgeassociates.com/press-releases/us-private-equity-was-strong-us-venture-capitalmore-middling-in-second-quarter-of-2017.

35 **Os investidores qualificados:** US Securities and Exchange Commission, "Accredited Investors", https://www.sec.gov/fast-answers/answersaccredhtm.html.

39 **A Accel Partners:** JP Mangalindan, "Timeline: Where Facebook Got Its Funding", *Fortune*, 11 de janeiro de 2011, http://fortune.com/2011/01/11/ timeline-where-facebook-got-its-funding.

39 **investimentos em empresas feitos por firmas de capital de risco chegaram a US$84 bilhões:** *National Venture Capital Association 2018 Yearbook* (NVCA e PitchBook, 2018).

40 **as firmas de capital de risco dos EUA levantaram cerca de US$100 bilhões:** *National Venture Capital Association 2018 Yearbook*.

40 **o setor global de buyout levantou cerca de US$450 bilhões:** Joshua Franklin, "Global Private Equity Funds Raise Record $453 Billion in 2017: Preqin", Reuters, 4 de janeiro de 2018, https://www.reuters.com/article/us-privateequity-fundraising/global-private-equity-funds-raise-record453-billion-in-2017-preqin-idUSKBN1ET23L; Christine Williamson, "Hedge Fund Assets End 2017 at Record $3.2 Trillion—HFR", *Pensions & Investments*, 19 de janeiro de 2018, https://www.pionline.com/article/20180119/ONLINE/180119827/hedge-fund-assets-end-2017-at-record32-trillion-8211-hfr.

40 **concentração de empresas financiadas por capital de risco nos mercados de capital aberto norte-americanos desde 1974:** Gornall e Strebulaev, "The Economic Impact of Venture Capital".

Capítulo Três: Como os Capitalistas de Risco de Estágios Iniciais Decidem Investir?

45 **"eu não sabia nada sobre companhias aéreas":** "Herb Kelleher: Father of Low-Cost Airline Travel Dies at 87", BBC News, 4 de janeiro de 2019, https://www.bbc.com/news/world-us-canada-46755080.

Capítulo Quatro: O que São as Limited Partners (LPs) e Por que Você Deveria Conhecê-las

52 **Financiar um empreendimento baleeiro:** Tom Nicholas e Jonas Peter Akins, "Whaling Ventures", Estudo de Caso 9-813086 da Harvard Business School, outubro de 2012 (revisado em 9 de dezembro de 2013).

53   aprovação da Lei Glass-Steagall, na década de 1930: Kurt Jaros, "The Men Who Built America: J. P. Morgan", Values & Capitalism," http://www.valuesandcapitalism.com/the-men-who-built-america-j-p-morgan.

59   o fundo ostenta mais de US$25 bilhões: Josh Lerner, "Yale University Investments Office: February 2015", Estudo de Caso 9-815-124 da Harvard Business School, abril de 2015; Yale Investments Office, *2016 Yale Endowment*.

Capítulo Seis: Criando Sua Startup

100   a Uber pagou US$245 milhões em ações para a Waymo: Aarian Marshall, "Uber and Waymo Abruptly Settle for $245 Million", *Wired*, 9 de fevereiro de 2018, https://www.wired.com/story/uber-waymo-lawsuit-settlement.

104   o Congresso dos EUA aprovou em 2002 a Lei Sarbanes-Oxley: Sarbanes-Oxley Act of 2002, 30 de julho de 2002, https://www.govinfo.gov/content/pkg/STATUTE-116/pdf/STATUTE-116-Pg745.pdf.

105   a SEC começou a promulgar diversas regras: Nicole Bullock, "SEC Urged to Review Rules for Equity Market Trading", *Financial Times*, 30 de março de 2017, https://www.ft.com/content/ac12e7b0-14c9-11e7-80f4-13e067 d5072c.

Capítulo Oito: A Arte da Apresentação

126   por US$1 bilhão: Megan Garber, "Instagram Was First Called 'Burbn'," *Atlantic*, 2 de julho de 2014, https://www.theatlantic.com/technology/archive/2014/07/instagram-used-to-be-called-brbn/373815.

Capítulo Treze: Confiamos na Trados

207   Posteriormente, a Burbn mudou de estratégia e entrou no espaço de compartilhamento de fotos: Garber, "Instagram Was First Called 'Burbn'".

214   a empresa conseguiu um total de US$57,9 milhões: *In re* Trados Incorporated Shareholder Litigation, 73 A.3d 17 (Del. Ch. 2013).

221   "não tinha uma chance realista de gerar um retorno suficiente": *In re* Trados Incorporated Shareholder Litigation, p. 111.

Capítulo Quatorze: Financiamentos Difíceis

235 **a Lei WARN:** Worker Adjustment and Retraining Notification of 1988, https://www.law.cornell.edu/uscode/text/29/chapter-23.

Capítulo Quinze: Saindo de Cena (no Bom Sentido)

254 **Para se qualificar para um IPO sob essa lei:** Equity Capital Formation Task Force, *From the On-Ramp to the Freeway: Refueling Job Creation and Growth by Reconnecting Investors with Small-Cap Companies* (11 de novembro de 2013).

257 **é negociada a quase quatro vezes o preço praticado no IPO:** Shayndi Raice, Ryan Dezember e Jacob Bunge, "Facebook's IPO Sputters", *Wall Street Journal*, atualizado em 18 de maio de 2012, https://www.wsj.com/articles/SB10001424052702303448404577411903118364314.

Índice

A

Accel Partners 38
ações
  ordinárias 136, 209–210
  preferenciais 136, 209–210
acordo
  de confidencialidade 181
  de venda conjunta 175
advogados 121
aftermarket 257
Airbnb 44, 51
alfa 53, 122
Amazon 11
  Web Services 12–13
analistas de research 253
Andreessen Horowitz 2–3, 21–23, 46, 262–263
antidiluição 159–161, 188–190
apresentar proposta 120–134
  equipe 126–130
  go-to-market 131–133
  planos 134
  produto 130
  tamanho de mercado 123–126
ativos
  de crescimento 56
  ilíquidos 62
autoconversão 155, 227–228

B

bancos 25
Bill Campbell, empresário 17
blanket vote 170
blind pool 69
Bloodhound Technologies 229–232
  lições 231–232
bolha pontocom 9–19, 63, 118
bookbuilding 256
bull markets 59
Burbn 125–126
business judgment rule (BJR) 210–211
buyout investors 16

C

capital
  de giro 145
  de risco 24–40
    ciclo de vida 7–8
    partes envolvidas 28
    percentual de acerto 36–39
    quanto levantar 112–114
    Séries 112
    setor 19–20
     tamanho 39–40
    tempo 64–67
    vs. bolsa de valores 32–33

capitalistas de risco 68
  bons 267–268
  incentivos 111
  relação com o CEO 196–197, 200–201
  saída 240
capitalização 148–149
capitalização de mercado x
carry interest 73, 78–80
C corporations 89–91
chamada de capital 71–72
Cisco 11
classe de ativos 28–29
cláusula de primeira recusa (ROFR) 96
cláusulas protetivas 168–171
clawback 80
collar 242
comerciais de Charles Schwab 6
companhias de seguro 54–55
Conselho de Administração 165–167, 193–203
  limites 201–202
  Uber 166–167
contrato
  de sociedade limitada (LPA) 70–86
    governança 83–86
  de sócios de equity 87–88
controle do morto 165
conversão 154–155
  voluntária 156–159
Credit Suisse First Boston 12
crise financeira de 2008 25, 58
crowdfunding 266
curva
  da lei de potência 35–37, 64
  de sino 29
  J 74–75

D

David Swensen, investidor xi, 58
deal heat 33

desconto por falta de liquidez (DLOM) 76
desdobramento inverso 171
dever
  de confidencialidade 206–208
  de diligência 205
  de lealdade 206
  de transparência 208
deveres Revlon 247–248
diluição 116–117
direito de primeira recusa (ROFR) 174–175
direitos
  de registro 172
  de voto 161–163
diversificação 35–36, 58
dívidas 25–27
  conversíveis 137–142
dividendos 149
domínio de investimento 84
down round 159–161, 225
drag along 164, 176–177
due diligence 63

E

efeitos de rede 124
empreendedores 2–5
empreendedorismo ix–x, 3–4
empresa com crescimento emergente (EGC) 254
empresas
  comparáveis 144
  de capital aberto 56, 194
  de capital fechado 56, 107–108, 194
  fechar 235–239
endowments (Veja também "fundos patrimoniais") xi
entire fairness 212–213
  test 213
equity (Veja também "participação acionária") 25

eventos de liquidação 149

F

Facebook 265
family offices 54
fiduciários duplos 195
financiamento
  "bridge" 226
  privado 106
fluxo de caixa descontado 145–146
Frank Quattrone, banqueiro de investimento 12
Freenome 124
full ratchet 160, 188
fundações 53–54
fundos
  de fundos 55
  de hedge 56–57
  de pensão 54
  mútuos 105–106
  patrimoniais xi, 53
    Universidade Yale 58–64
  soberanos 54

G

go-shop 231–232
go-to-market 128
governar do túmulo 165
green shoe 257–258

H

hedges
  deflacionários 58
  de inflação 57–58
Horowitz Andreessen Angel Fund 19
HP Software 18–19
hurdle rate 82

I

incentive stock option (ISO) 102–103
índice Nasdaq 10–11, 15
indústria baleeira 52
inflação 55–56
Initial Public Offering (IPO) 10, 17
  mais longos 103–104
investidores
  de risco 2–5
    pecados capitais 43, 49–50
  institucionais 28–29
  qualificados 34
  semente (Veja também "investidores-anjo") 27
investidores-anjo 19, 27, 121
investimentos
  de "controle" 16
  pro rata 172–174

J

Jim Breyer, capitalista de risco 85
joint venture 272
J. P. Morgan 52
juros transitados (Veja também "carry interest") 73

L

Lehman Brothers 12
Lei
  Glass-Steagall 53
  JOBS 254–255
  Sarbanes-Oxley 104
  WARN 235–236
limited partners 10, 52–67, 68–69
  investimentos 56–57
  parâmetros de sucesso 53
  tipos 53–55

liquidez 258
LoudCloud 12–18, 118–119
Lyft 123–124

M

maldição da vencedora 33
memorando de intenções ix
Microsoft 265
modelo de precificação de opções (OPM) 77
modelo de suavização 60
muralha chinesa 208

N

Netscape 9–10
Nicira 44, 127
non-qualified option (NQO) 102–103
no-shop 182, 246
notas
  "capped" 138
  conversíveis 27
  "uncapped" 137–138

O

oferta
  inicial de moedas (ICO) 266–267
oferta secundária de ações 260
Okta 124–132
opções de ações 101
Opsware 18–19

P

pari passu 152
participação acionária 25–27
período de exclusividade 246
Pesquisa e Desenvolvimento (P&D) x
piggyback 172
pivotar 48, 132–133
plano de incentivo de gestão (MIP) 214–215, 234–235

ponto-base 29
post-money 142
preferência de liquidação 149–153
pre-money 142
produto ajustado ao mercado 44
propriedade intelectual 99–100
  furto de 100
  Uber vs. Waymo 99–100
provisões de crowdfunding 35
pull-up 228

Q

Qatalyst 12
quebrar o preço de emissão 257

R

rainha Isabel 52
recapitalização 225–226
regime pass-through 69–70, 90
remoção de cofundadores 95
resgate 153–154
restrições de transferência 96–97
retorno preferido 82
road show 256
rodadas posteriores de financiamento 168–169

S

Sand Hill Road 1
Scott Kupor 9–23
seed-stage companies 19
seguro do otário 160
seguros de responsabilidade civil de administradores e diretores 177
senioridade 152
separações 92
sinalização positiva 31–32, 43
small caps 59
sócios gerais 69
  coinvestimento 85

indenização 88
suspensão 86
Southwest Airlines 45
Square 128–129
stack de tecnologia 263
startups
  aquisição 241–249
  avaliar 41–51
    equipe 42–46
    produto 47–49
    tamanho de mercado 49–51, 110–111
  IPO 249–261
  movimento das ix–x
subscritor 252
super ações 162

T

tabela de capitalização 184
tag along 175
Tanium 45
taxa
  de administração 71–72, 80
  de desconto 145
tender offer 251
term sheet ix, 135–163
  decisões monetárias 136–163, 183–190
  exemplo 269–279
  governança 164–182, 190–191
Tesla 108
Tiny Speck 132–133
Trados 213–224
  lições 221–224

U

unicórnios 41

V

VA Linuz 257
valor de mercado x
valuation 75–82, 114–119, 147–148
  post-money 142–143
vesting 87, 93–94, 103, 178–181
  aceleração 97–98, 180–181
voto por procuração 162

Y

Y Combinator 20–21